実践
マーケティング
データサイエンス

—ショッパー行動の探索的データ解析と機械学習モデル構築—

清水 隆史・淺田 晃佑

学術図書出版社

本書のサポートサイト

https://www.gakujutsu.co.jp/text/isbn978-4-7806-1051-2/

本書のサポート情報や正誤情報を掲載します.

■ 本書に登場するソフトウェアのバージョンや URL などの情報は変更されている可能性があります. あらかじめご了承ください.

■ 本書に記載されている会社名および製品名は各社の商標または登録商標です.

量子 AI・データサイエンス叢書

刊行にあたって

現在，ビジネスや研究の現場ではビッグデータが爆発的に増加し多種多様なデータが氾濫しているが，これまでの経験的価値観だけでは埋蔵された有意義な情報に出会い分析することは偶然に等しく，AI（人工知能）等のツールを使いこなしながらデータ分析することの重要性が高まっている．

過去に直面したことがない，答えのない課題に対して，科学的根拠に基づいた意思決定を行い，ビッグデータから有意義な情報を抽出し，法則，関連性を見出しながら「モノづくり」「コトづくり」におけるイノベーションを創出するためには，今までなかった新たな価値を創造することが必要になる．

電気通信大学が実施している「実践型 UEC データサイエンティスト養成プログラム」では，「AI を創る人材」と「AI を使いこなす人材」を育成する教育プログラムを実践し，座学では終わらない，実社会で活用できるスキルを身に付けることを特色としている．図書館など学内施設で収集したデータや，データ関連人材育成プログラム参加企業から提供されたビッグデータを活用したデータサイエンス教育を実践している．

本教育プログラムは，令和 4 年に文部科学省の「数理・データサイエンス・AI 教育プログラム認定制度（応用基礎レベル）」に認定された．さらに，認定された教育プログラムの中から，先導的で独自の工夫・特色を有するものが，教育プログラム（応用基礎レベル）プラスとして選定されたが，本教育プログラムはこれにも選定されている．

本教育プログラムにおいては，高度コミュニケーション社会において，日常の生活や仕事の場で，データを使いこなすことができる素養を学生が修得することを目標としている．さらに，学修した数理・データサイエンス・AI に関する知識や技能をもとに，データを取り扱う際には，人間中心の適切な判断を行うことができ，自らの意志で AI を利活用できるようになることを学修目標としている．

本叢書は，上記の教育プログラムにおいて使用する，学部学生向きの教科書・参考書のシリーズとして編集したものである．具体的には，AI，データサイエンス，確率統計，機械学習，コンピュータサイエンス，ゲーム情報学に加えて，最近，次世代の情報処理手法として注目を集めている量子コンピュータや量子アルゴリズムについても，わかりやすく解説するとともに，演習問題等を豊富に収録した実践的な内容となっている．

本叢書の執筆は，それぞれの分野の第一線で活躍中の教育に豊かな経験と深い理解を有する全国各大学，各企業の諸先生にお引き受けいただいた．そのため，講義を担当される先生方にとっては使いやすく，また，講義を受ける学生諸君にとっては自ら学び深い理解に到達するのに適した教科書となっている．本叢書の趣旨をご理解いただき，十分にご活用下さることを期待しております．

まえがき

本書を手に取られた皆さんは，リアル店舗で日々どのようなお買い物をしているだろうか．

リアル店舗とは，EC サイトではなく，スーパーマーケットやドラッグストアなど実際に存在している店舗のことを指している．例えば朝のコンビニエンスストアでは，限られた時間の中でお昼に食べるサンドイッチとお茶をササッと買っているかもしれない．ホームセンターでは週末に大掃除を行うための日用品を長い時間検討しているかもしれない．

スーパーマーケットの飲料売場におけるお買い物を思い浮かべてみよう．店舗に入店して商品棚の前に行き目的の商品を手に取る．ふと見るとテレビの情報番組で見かけた商品が．そういえば気になっていたんだった，ちょっと手に取ってみようかな．隣には有名人のグッズが当たると告知している販促物が見える．この商品も気になるな…．

そういった日々の購買行動を，近年の AI・IoT 技術の進歩により定量的・定性的に解析できるようになってきた．本書は，そのようなショッパー行動解析データを探索的・仮説検証的に解き明かしていくことを通して，ビジネスに通じるデータサイエンスの力を養うものである．来店した買物客は果たしてどのくらい売場に滞在しているのか，どのような商品を比較検討して，最後にどのような商品を買っていくのか，いつ頃売場に来ることが多いのか，様々な知見がデータから導き出せる．さらに，機械学習モデルを構築することにより，マーケティングに関する数値を予測したり商品や買物客を効率よく分類したりすることも可能になってきた．そしてそれは，そのままビジネスの課題解決に直結する可能性を秘めている．

本書で使うデータはたった数メガバイトの「スモールデータ」である．しかしそこから得られる気付きや発見は山のようにあり，知的好奇心を刺激されることだろう．それはまるで，知の冒険そのものだ．データサイエンスでビジネス課題を解決するという壮大なクエストをぜひ楽しみながら学習を進めていこう．

本書のねらい

本書のコンセプトは，ビジネスと学術の橋渡しをすることである．具体的には，以下の 4 点を意識して執筆している．

- 実際のビジネスで使われているデータを使う
- 実際のビジネスに携わっている者が執筆する
- 実際の講義や発表資料をもとにライブ感を大切にする
- 大学の授業や企業の勉強会で活用できるよう学びの要素も取り入れる

図1　ビジネスと学術の橋渡し

データサイエンスの教育現場では，インターネット上で無償公開されているサンプルデータを使用することが多く，実際にビジネスで使われているデータを使用することはほとんどない．一方で本書で扱うGIデータは，店頭マーケティングにおける販促物効果検証や計画購買・非計画購買の分類などビジネスの現場で実際に使用されているデータそのものである．ゴウリカマーケティング社が提供するショッパー行動解析サービス「Go Insight」[※1]で定義しているデータ形式であり，一部データを簡略化したりダミーの名称にしたりしている以外は実際のデータほぼそのままであり，ある意味で「生々しさ」を感じられることだろう．

本書は，電気通信大学において筆者が行った**データアントレプレナーフェロープログラム** (DEFP)[※2]における講義をベースとして執筆しており，「学術として学んだデータサイエンスの技術を実際のビジネスで活かすにはどうしたらよいのか」を考え抜いて開発された．文部科学省が進める**データ関連人材育成プログラム** (Doctoral program for Data-Related InnoVation Expert：D-DRIVE) では，**PBL** (Project Based Learning：課題解決型学習) を進めているが，大学で教鞭をとられている方で実際のビジネスやその課題を深く理解している方はそう多くはない．有力大の7割がデータ分析の初級授業を必修化としながらも，指導する教員を「不足している」と答えた大学が68.4％にのぼるとされており，教える側の人材不足が指摘されている側面もある[※3]．

この課題に対して，日々のお買い物の購買行動データという身近でありながらビジネスでも使われているデータを活用しデータサイエンスを進めることで，ビジネスと学術の橋渡しを行い，楽しみながらビジネスで活用できる実践力を身に付けることを目指した (図1)．筆者 (清水，淺田) もGIデータの分析に携わるデータサイエンティストでありコンサルタントでもある．このGIデータを活用したクライアントの課題解決に日々業務として携わっている経験を活かし，ビジネスにおける細やかな勘所もできるだけ紹介するように心がけており，資料作成やプレゼンの章も含めた．つまり，本書はデータサイエンスの教科書であるとともに，仕事 (ビジネス) の進め方の指南書でもある．

さらに，学術研究のような学びや気付きの要素も忘れないようにした．ビジネスにおけるデータ

[※1] ショッパー行動解析サービス「Go Insight」：https://gourica.co.jp/service/goinsight/
[※2] データアントレプレナーフェロープログラム (DEFP)：https://de.uec.ac.jp/
[※3] 日本経済新聞2021年12月8日付記事「大学が進めるデータサイエンス教育とは？」
https://www.nikkei.com/article/DGXZQODL0776T0X01C21A2000000/

サイエンスは，ともすれば無機質で無味乾燥で面白みがないものだと思われがちだ．しかし，そんなことはまったくない．そこには我々が知らないことやわからないことがまだまだあり，常に新しい発見の繰り返しなのだ．大学での授業や企業における勉強会や研究でも活用できるよう，演習や章末問題を通して考えを深め討論することを促しながら，学術的な探究にも取り組んでいることが特徴である．

以上のようなコンセプトから，2021年におけるDEFPの講義で受講生から出されたコメントや意見，発表された資料についてもふんだんに紹介している．講義を受けた受講生がどのように考え，アウトプットを出していたのか，リアルにイメージしてライブ感を楽しみながら本書を読み進めてほしい．

本書の範囲

本書のビジネス領域はショッパーマーケティングである．第2章で詳しく紹介するが，特にリアル店舗における購買行動データを取り扱っており，日々のお買い物を取り上げて分析を進めていく．このデータをテーマとして挙げたのは理由がある．それは，誰しもが**イメージしやすい**ことだ．おそらく本書を読まれている方は，日常的にスーパーマーケットやコンビニエンスストアなどでお買い物をされており，自分がリアル店舗でお買い物をすることもイメージしやすいと思う．これは，第6章でも扱う仮説出しが容易であることを意味する．かつ小売企業・消費財メーカー・広告代理店・卸売業者といった様々な企業での新たな施策への展開に結びつきやすく，ビジネス活用のハードルが比較的低い．すなわち，**データサイエンスのビジネス活用を学ぶのに適したテーマ**であるといえるのだ．例えば「工場における不良品検査」や「コールセンターにおける問い合わせ内容の解析」といったテーマでは，実際に業務に携わっている方以外には，そもそもビジネスの背景や経緯をイメージしづらく，その事業内容自体の理解がとても大変である．学術領域でよく用いられるオープンデータとして有名な「アヤメの品種」や「タイタニック号における生存者の割り出し」は学術的には興味深いデータかもしれないが，実際のビジネスで活用するイメージはなかなか湧きづらい．本書ではその間を取って，「イメージがしやすく学術的な面白さもあり，かつ実際にビジネスにも大いに活用できるデータ」としてショッパーマーケティングのデータを扱っている．もちろん，読者の皆さんが今後ショッパーマーケティングの分野を専門にしていくとは限らないだろうが，本書で学べるプロセスや手法については，どの業界・分野におけるデータサイエンスでも通用する汎用的なものだと考えている．

業務でデータサイエンスを行う上では，**ドメイン知識と分析スキルの両立**が必要だ．生産管理であれば製造業の業界知識や品質管理のワークフローを知る，マーケティングであれば小売業界や消費財メーカーの関係者や仕組みを知る，というようにドメイン知識を習得することもデータサイエンティストの重要な仕事である．そのため，ショッパーマーケティングという分野のドメイン知識もふんだんに紹介することとした．

本書では，Pythonというプログラミング言語を使用して分析を行っていく．ただ，プログラミングの方法論を学ぶことよりも，**実際のビジネス課題の解決に繋がることを第一目標としている**ため，プロセスと分析技術をともに学ぶことができる構成としている．またビジネス課題の着眼点やその解決のためのアウトプットの方法についても言及している．

本書では疑似的に1つのプロジェクトを進める形で解説する．プロジェクトとは独自性・有期性のある一種の物語だ．ぜひ物語を読み進めるような気持ちで読み進めていただけると嬉しい．

また，大学で使われるような教科書では通常不可欠(?)な「数式」については，極力省いて本書を構成している．ビジネスでのデータサイエンス活用においては，必ずしも数式は必須ではないからだ．もちろん必要に応じていくつか使うシーンはあるものの，最小限にとどめている．理屈から機械学習をしっかり学習したいという方には参考書籍を第15章に掲載したので，そちらを参照してほしい．

対象読者

本書は以下のような読者を対象としている．

- ビジネスに通じるデータサイエンス力を身に付けたい方
- マーケティングデータの分析に関心がある方
- 消費財メーカーや小売企業などにおいて業務をされている方

基本的なPythonプログラミングの作法を身に付けた方が，ビジネスに紐づいたデータサイエンスに取り組んでみたいという場合の最初の一冊として選んでもらえるように意識して執筆を行った．学生が本書を読み進めれば，仕事におけるデータサイエンスの流れや作業が具体的にイメージできるようになるだろう．

大学での授業を想定して執筆しており，大学の半期授業はおよそ15回であることから，章構成は全部で15章としている．もちろん大学だけではなく，企業における勉強会や個人学習でも大いに活用することができる．その場合は，週に1.5時間1章分を学習したとして，3か月程度で終えられる分量としている．ぜひ有志を募って読み進めてほしい．特に，最近の**DX** (Digital Transformation)化の流れから実際のビジネスの現場でデータサイエンスを活用してみたいと考えている方にも読んでいただけると嬉しい．

あるいは，Pythonプログラミングやデータサイエンスの知識はないけれど実務でマーケティングに携わっている消費財メーカーの方や小売企業の方，単に日々のお買い物行動の分析に興味がある，という方にも本書はお楽しみいただける．そのような方は，プログラミングのところは思い切って読み飛ばしていただいても構わない．ぜひ本文やコラムなどを拾い読みしながら，ショッパーマーケティングやデータサイエンスの奥深さを味わってほしい．新たな発見とともにデータサイエンスへのモチベーションが高まることだろう．

ビジネスにおけるデータサイエンスは冒険である．私たちと一緒に未開の大地や大海原へと歩みを進めていこう．Bon Voyage !!

2023年2月

筆者代表　清水 隆史

目　次

第1章　全体像と学習の進め方 1
1.1　分析の全体像と本書の構成 2
1.2　CRISP-DM 5
1.3　クエストを楽しむ 9
1.4　ふりかえりをしながら学びを得る 11
1.5　DEFP2021 発表資料からの学び 11
章末問題 13

第2章　ショッパーマーケティングの課題 15
2.1　ショッパーマーケティングと本書の範囲 16
2.2　バーチャル店舗とリアル店舗の対比 18
2.3　ショッパーマーケティングにおける課題 20
2.4　データ活用の道しるべ 26
2.5　今回のクライアントと仮想プロジェクト 30
2.6　ビジネス課題の理解を深めるためには 32
2.7　DEFP2021 発表資料からの学び 33
章末問題 35

第3章　ショッパー行動解析データ概論 37
3.1　ショッパーマーケティングにおけるデータの種類 38
3.2　ショッパー行動解析データ (GI データ) の仕様 39
3.3　GI データの確認 42
3.4　必要なデータはすべて集めるべきか？ 44
3.5　DEFP2021 発表資料からの学び 46
章末問題 47

第4章　探索的データ解析 (I) 49
4.1　探索的データ解析 (EDA) とは 50
4.2　`head/tail` で中身を確認する 51
4.3　`concat` で csv ファイルを結合する 53
4.4　`describe` で要約統計量を確認する 57
4.5　`hist` でヒストグラムを作成する 61

4.6 boxplot で箱ひげ図を作成する 62
4.7 astype でデータ型を変換する 64
4.8 DEFP2021 発表資料からの学び 66
章末問題 68

第 5 章 探索的データ解析 (II) 69
5.1 エリア情報を確認する 70
5.2 フレームとエリアの特徴を確認する 73
5.3 性別・年代を確認する準備 78
5.4 pie で円グラフを作成する 79
5.5 接触/購入の回数/人数の一覧表を作成する 81
5.6 CVR(接触人数→購入人数) を算出する 86
5.7 メーカー別に集計する 88
5.8 scatter で散布図を作成する 90
5.9 DEFP2021 発表資料からの学び 93
章末問題 95

第 6 章 仮説検証型データ分析 97
6.1 仮説検証のための事前準備 99
6.2 仮説 1「女性のほうがいろいろと商品を検討してそう」の検証 102
6.3 仮説 2「女性のほうが長い時間比較検討してそう」の検証 104
6.4 仮説 3「若い人はあまり商品を検討しない」の検証 108
6.5 仮説 4「『雪のしずく』は『岩清水』と比較検討されている」の検証 110
6.6 仮説 5「時間帯によって手に取られる商品が異なる」の検証 112
6.7 DEFP2021 発表資料からの学び 114
章末問題 116

第 7 章 報告資料の作成とプレゼン (I) 117
7.1 これまでのふりかえり 118
7.2 プレゼン資料の構成 119
7.3 表やグラフの表現方法 123
7.4 Python と PowerPoint 125
7.5 スライド作成のコツ 127
7.6 プレゼン (発表) 132
章末問題 136

第 8 章 モデル構築の準備 137
8.1 なぜ機械学習モデルを作るのか (Why) 138

8.2　どのように機械学習モデルを作るのか (How) 141
8.3　どのような機械学習モデルを作るのか (What) 142
8.4　特徴量を作成する 143
8.5　テストデータの特徴量抽出 153
8.6　準備結果の出力 156
8.7　DEFP2021 発表資料からの学び 158
章末問題 161

第 9 章　精度評価の手法 163
9.1　精度評価の概論 164
9.2　精度評価指標 165
9.3　過学習と検証法 170
章末問題 173

第 10 章　決定木 175
10.1　決定木とは 176
10.2　決定木モデルの実装 178
10.3　ハイパーパラメータチューニング 182
10.4　最適化した決定木モデルの実装 187
10.5　DEFP2021 発表資料からの学び 192
章末問題 193

第 11 章　ロジスティック回帰 195
11.1　ロジスティック回帰とは 196
11.2　ロジスティック回帰の実装 198
11.3　ハイパーパラメータチューニング 199
11.4　最適化したロジスティック回帰モデルの実装 203
11.5　DEFP2021 発表資料からの学び 208
章末問題 210

第 12 章　アンサンブル 211
12.1　アンサンブルとは 212
12.2　決定木とロジスティック回帰のアンサンブル 216
12.3　LightGBM 219
12.4　ハイパーパラメータチューニング 222
12.5　最適化した LightGBM モデルの実装 224
12.6　DEFP2021 発表資料からの学び 227
章末問題 228

第 13 章　報告資料の作成とプレゼン (II) 229
13.1　機械学習モデルの説明性 230
13.2　機械学習モデルの説明内容 231
13.3　DEFP2021 発表資料からの学び 233
13.4　中間報告時のフィードバック対応 233
13.5　結果にコミットする 234
13.6　鳥居さんの最終フィードバック 235
章末問題 236

第 14 章　システム化・回帰・クラスタリング 237
14.1　システム化 238
14.2　売場・販促施策の改善 240
14.3　DEFP2021 発表資料からの学び 241
14.4　回帰 243
14.5　クラスタリング 245
14.6　機械学習のさらなる活用 246
章末問題 247

第 15 章　全体のふりかえりと今後にむけて 249
15.1　全体のふりかえり 250
15.2　今後取り組んでみると面白いテーマ 251
15.3　商品開発や戦略への応用 253
15.4　参考文献 255

あとがき 263

索　引 266

第 1 章

全体像と学習の進め方

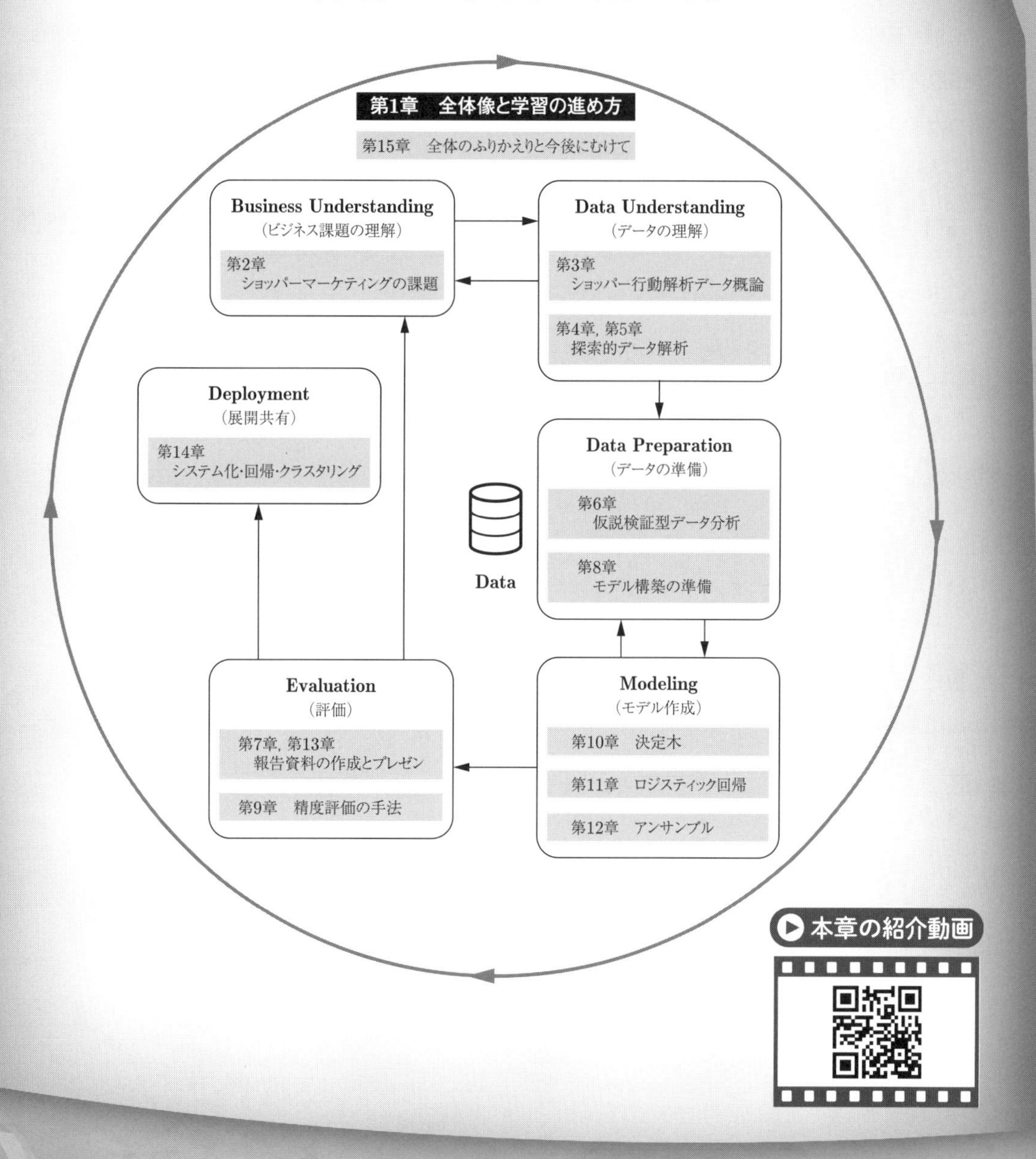

本章の紹介動画

それでは，学習を始めていこう．

ビジネス，とりわけマーケティングでは，顧客の行動解析，広告の最適化，新商品開発，需要予測など様々な側面でデータサイエンスが活用されている．**データサイエンス** (data science) とはデータを用いた科学的なアプローチのことである．しかし，マーケティングにおいてデータサイエンスを行うとは具体的にどのようなことなのかイメージが湧かない，まずはなにから始めればよいのかさっぱりわからない，という声は大変多い．データサイエンスを行う当事者だけではなく，その業務マネジメントの担当者，その事業を行う経営者など，多くの人が共通して持っている課題といえるだろう．もしかしたら皆さんも同じ気持ちかもしれない．

本章では，これから本書を読み進めていく上で理解しておきたいデータサイエンスの全体像について取り上げる．汎用的なプロセスモデルである CRISP-DM を紹介しながら，本書による学習の進め方について紹介する．

1.1　分析の全体像と本書の構成

▶サポートページ参照

1.1.1　CRISP-DM と学習プロセス

本書では，ビジネスの現場で実際にデータサイエンスを進める際のプロセスに近い形で章構成を組んでいる．そのため，順番に読み進めながら考えて手を動かすことで，無理なくデータサイエンスの段取りを体系的に実践できる．その際にベースとしているのが，CRISP-DM というプロセスモデルだ．CRISP-DM については 1.2 節で紹介する．

1.1.2　サポートページについて

以下の URL の本書サポートページに様々な情報を掲載している．

`https://www.gakujutsu.co.jp/text/isbn978-4-7806-1051-2/`

掲載している情報はおもに以下のとおりである．

- YouTube のリンク
  - 各章の紹介動画 (プレイリスト)
- GitHub のリンク
  - 環境構築
  - サンプルプログラム
  - 章末問題解答例
  - GI データ
- Kaggle コンペページのリンク

YouTube では，本書で全体的にどのようなことを取り扱っているのか，何が学べるのかについて，各章ごとに数分の動画にまとめて掲載している．各章の学習を始める前の予習として活用いただきたい．

GitHub では，Python の実行環境をまだお持ちでない方向けに環境構築の方法を掲載している．

Google Colaboratory などにより独自に環境を構築している場合はもちろんその環境で学習を進めていただいて構わない．また，本書で紹介しているプログラムや章末問題の解答例，本書で一貫して使用する GI データも GitHub にて公開している．一括してダウンロードする方法も GitHub のページを参照してほしい．

Kaggle では，本書で取り扱う機械学習モデルのコンペページを公開している．本書では機械学習モデルを構築した後，Kaggle 投稿用の csv ファイルの出力も行っている．Kaggle アカウントをお持ちであれば誰でもそのコンペサイトからその csv ファイルを投稿して，スコアや順位を確認できるようにしている．ぜひ世界中の読者とスコアを競ってみてほしい．なお，使用する GI データは GitHub と Kaggle ともにまったく同じものを掲載しているので，どちらから取得していただいても構わない．

1.1.3 プログラムについて

本書ではプログラムを扱うが，最初はごく簡単なプログラムの実行から始めていく．ぜひ自分なりに手を動かしながら学びを深めてほしい．なお，もしプログラムを実行する環境をうまく作れなかったり，まだプログラムの理解が追いつかなかったりする場合は，本文とプログラムの実行結果を追っていくだけでも構わない．「プログラムができないから…」と諦めるのではなく，まずは「プログラムでなにができるのか」を知ることから始めてみよう．「このような分析を行うとこのようなことがわかるのだな」ということをなんとなく理解できれば十分なので，安心して読み進めてほしい．基本的な Python の文法や知識については紙面の都合で説明しないが，データ分析でよく使う関数の解説は逐次入れていく．

1.1.4 演習について

本書では，「気付き」を書き出したりプログラミングを行ったりする演習を要所要所に取り入れている．

データサイエンスでは，仮説を立て，データで分析・検証をし，学びや気付きを得る，というループを回すことが多い．本書ではこれに従い，なにかグラフや表を出力するたびに「○○について『気付き』を書き出してみよう」といった演習を繰り返していく．そこで学びを得て次の仮説へとつなげていくのだ．

一般的に，データサイエンスは書籍を読んだだけではすぐに理解できるものではない．自分の頭で自分なりに考えを巡らせ，手を動かしてみて初めて知識が定着したといえるだろう．面倒に思わずにぜひ挑戦してもらいたい．

1.1.5 章末問題について

各章の章末には復習もかねて章末問題を準備してある．演習と同じく，ぜひ自分なりに考えて手を動かしてほしい．演習や章末問題を多数取り入れているのは，インプットとアウトプットのサイクルを回すことによって学習効率が高まるからである．ビジネスにおいても，知識や技術の習得など (インプット) と開発やプレゼンなど (アウトプット) を繰り返すことがあるだろう (図 1.1)．同様に，書籍を読みっぱなしにすることなく，演習や章末問題に取り組み，わからない点やもっと知りたい点は再度書籍を読む・・・というように，インプットとアウトプットを繰り返して学びを深めてほしい．

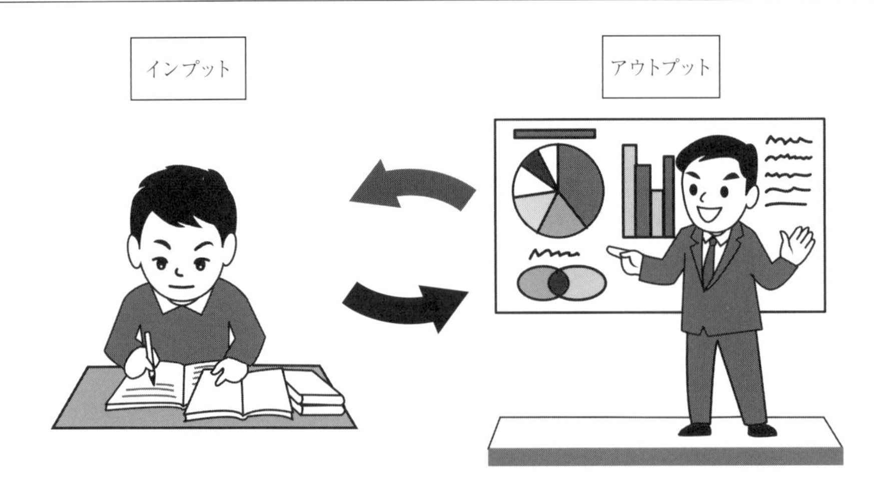

図 1.1　インプットとアウトプットのサイクル

1.1.6　参考書籍について

本書では全体的なビジネスの流れを捉えることを意識している．そのため，紙面の都合上どうしても詳細な説明は省いている箇所が多い．本書を足掛かりとしてぜひそれぞれの分野を深く学んでいっていただきたく，関連する書籍を紹介することとした．第1章～第15章の随所で関連する書籍を紹介しながら，第15章では一括して紹介している．

1.1.7　受講生の気付きと発表資料

本書では，2021年に実施したDEFPの講義(以降「DEFP2021」と表す)において挙げられた受講生のコメントや，各チームの発表資料をピックアップして紹介していく．ここに敬意を表すとともに6つのチーム名を紹介する(もともとAチーム～Fチームで仮決めしていたため，そのアルファベットを冠しているチームが多い)．

- Angels
- GIDelta
- C.C.Lemon
- DDbrothers
- ペンギン
- Fujiyama

以降，各演習における解答例は各チームのメンバー(受講生)から実際に出されたコメントや気付きを参考に編集しており，「DEFP2021発表資料からの学び」という節では授業での発表資料を一部加工した上で掲載させていただいている．なお，本書で使用しているデータとは一部異なるデータを使用して講義を行っていたため，結果の数字に若干のずれが生じていることがある．ただ，同じ飲料売場でのデータであり講義の流れは同じであるため，そのプロセスは参考になるだろう．

もし可能であれば，本書を読み進める際に，大学における学友や企業における同僚など複数の人と一緒に本書を読み進めてほしい．そして意見交換をしてほしい．「私はこう考えた」「自分はこのような手法を使った」などといったディスカッションを重ねることで様々な発見が生まれ学習効率も高まるだろう．

1.2 CRISP-DM

CRISP-DM (CRoss-Industry Standard Process for Data Mining：クリスプディーエム) は同名のコンソーシアムが開発したデータ分析プロジェクトのプロセスモデルである．**データマイニング** (data mining) とはその名のとおり「データからなにかを発掘する」もので，統計学や人工知能などの手法により「なにか」を発見することをいう．実際にビジネスの現場でデータ分析プロジェクトを進めてみると，このプロセスがよく実態に合ったものだとわかってくる．本書でもこのCRISP-DM を参考にしながら各章を構成した (図 1.2).

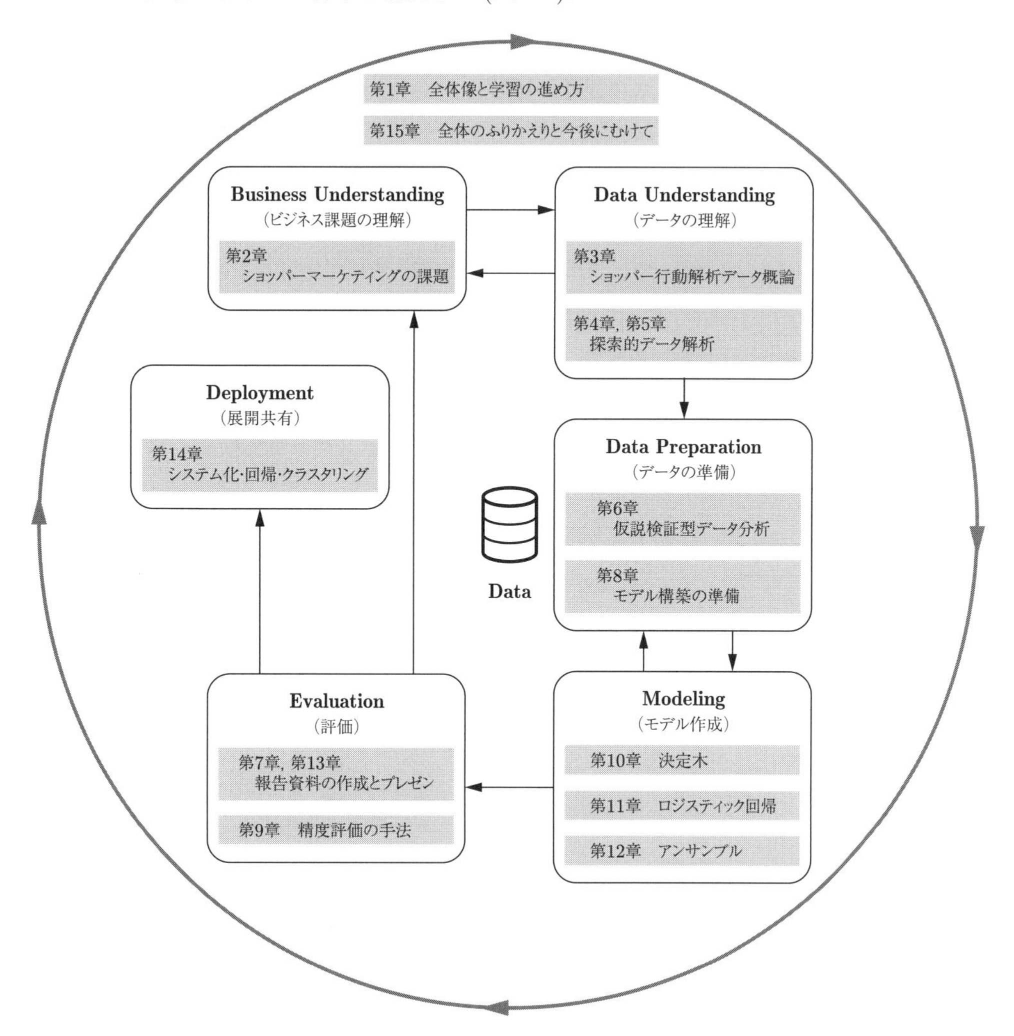

図 1.2　CRISP-DM と各章の位置付け

さて，それではさっそくだが演習をやってみよう．この CRISP-DM の図をみて，なにに気付くだろうか？　少し考えて自分なりに書き出してみよう．どんなに些細なことでも構わない．

演習 1.1　CRISP-DM の図をみて，気付いたことを書き出してみよう (1 分)

なにか1つでも書き出せただろうか？

あくまでもこの図から気付きを得ようとする行為が大切なのであって，その内容自体が合っているとか間違っているとかはあまり関係がない．

この図をみるとまず気付くのは，一方通行の直線的なプロセスではなく，ループを回すような形で**反復的なプロセス**になっていることだ．しかも，全体として大きなループが描かれているとともに，小さなループも描かれていることに気付く．このように，データサイエンスには「行ったり来たり」の試行錯誤が付き物であり，このプロセスも試行錯誤を前提としていることがわかるだろう．また，一番最初にビジネス課題の理解があったり，評価や展開といった少しイメージがしづらい言葉も使われたりもしている．ひとつひとつ読み解いていってみよう．

Business Understanding (ビジネス課題の理解)

一番最初に肝心なのは，ビジネス課題を理解することだ．

例えば大学の試験では問題用紙が配られ，それをみながら問題を理解して答えを考えて解答する．つまり，問題や課題がきちんと定義されている．当たり前といえば当たり前だ．

ところが，実際のビジネスの現場でビジネス課題が明確化されていることは実は少ない．『戦略的データサイエンス入門』[※1]では，「実際のビジネスの問題が，明確であいまいさのないデータマイニングの問題としてあらかじめ定義されていることなどありません．」と述べられている．たいてい「今あるデータを分析することでなにかしらの課題をどうにかしていい感じに解決したい」といったきわめてあいまいなものだ．業務担当者へのヒアリングや自身のビジネス理解を通して，ビジネス課題の解像度を高めていくことが求められる．

ビジネス課題に限らず，この後紹介するデータの理解や手法の理解についても同様であり，この「解像度を高める」ということ自体がデータサイエンスのプロセスの最初のキモであるともいえるだろう (図 1.3)．

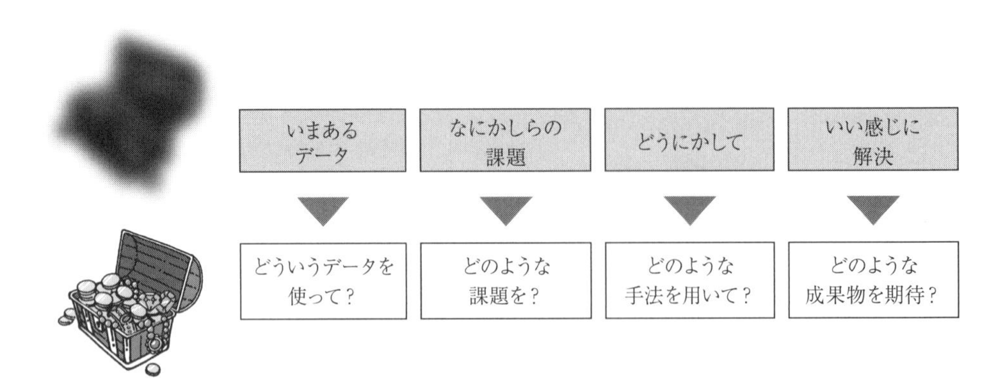

図 1.3　解像度を高める

※1 Foster Provost, Tom Fawcett (竹田正和監訳)『戦略的データサイエンス入門—ビジネスに活かすコンセプトとテクニック』(オライリージャパン，2014)

本書では以下の章が該当する.

- 第 2 章：ショッパーマーケティングの課題

Data Understanding (データの理解)

ビジネス課題を解決するために活用するデータがいったいどのようなものなのか，理解を深めていく．ここでいう理解とは，データの仕様はもちろんのこと，データ取得にかかるコストや，その信頼性，さらにはデータの限界といったことも理解しておく必要がある．“Garbage In, Garbage Out” という言葉がある[※2]．文字どおり，品質の悪い不完全なデータを入力しても，品質の悪い不完全な結果しか生み出されない，という意味である．このような結果にならないためにも，そのデータでなにが得られそうなのか，そのデータが信頼できるものなのか，そのデータにはどのような限界があるのかを知っておく必要があるだろう．

本書では以下の章が該当する.

- 第 3 章：ショッパー行動解析データ概論
- 第 4 章：探索的データ解析 (I)
- 第 5 章：探索的データ解析 (II)

Data Preparation (データの準備)

Data Understanding で理解したデータの性質をもとにして，Modeling でモデル構築を行いやすいようにデータ整形したり特徴量を作成したりするプロセスである．これも大学の試験に例えてみよう．大学の試験では，よく考えられて冗長性を排除したムダのない問題が出題されるだろう．また，一般的なデータサイエンスの教科書で使用するデータも，分析に適した綺麗なデータであることが多い．しかし実際にビジネスの現場でデータサイエンスの業務にあたると，ほぼ確実にデータは「汚い状態」で渡されてくる．ここでいう「汚い状態」とは，フォーマットがばらばらであったり，余計な情報が入っていたり，表記ゆれがあったりすることを指している．時には PowerPoint の資料に記載されている表を指して「データ」という場合もある．そのようなデータを，課題に対する仮説検証を行う過程で，あるいはモデル構築の準備をする過程で扱いやすい形で整理していく．この作業を**データクレンジング** (data cleansing) といったりする．非構造のものを構造化していくのだ．また，課題や仮説にもとづいて，データを分析しやすい形に変換していく作業もここで行う．

本書では以下の章が該当する.

- 第 6 章：仮説検証型データ分析
- 第 8 章：モデル構築の準備

Modeling (モデル構築)

準備したデータをもとにして機械学習モデルを構築していくプロセスである．**機械学習** (machine learning) とはデータサイエンスの手法の 1 つであり，「機械」(machine) が自分の力で自動的に「学

[※2] garbage は「ゴミ」という意味であり，直訳すると「ゴミを入力するとゴミが出力される」となる．1957 年にアメリカの新聞で使われたのが最初といわれており，データサイエンスに限らず情報技術分野全般における概念である．

習」(learning) していくことを指している．**人工知能** (artificial intelligence) の一種とみなされている．本書では「商品を手に取った人を，商品を購入する人と購入しない人に分類する」という二値分類の問題を解く過程で，決定木，ロジスティック回帰，アンサンブルといった機械学習モデルについて取り上げる．

本書では以下の章が該当する．

- 第10章：決定木
- 第11章：ロジスティック回帰
- 第12章：アンサンブル

Evaluation (評価)

データ分析を行った結果や構築したモデルがビジネス課題の解決に資するものとなっているのかを評価するプロセスである．精度の高いモデルが構築できたからといってビジネス課題が解決できるとは限らない．逆にいえば，高度なモデルを構築しなくてもビジネス課題が解決できる可能性は十分ある．CRISP-DMの図ではModelingの後のEvaluationは一方向しか矢印が書かれていないが，実際はModelingとEvaluationの間をいったりきたりすることも多い．

本書では，仮想的なクライアントへプレゼンテーション (以降「プレゼン」) を行いフィードバックを得ることと，モデルの精度を検証することの両方を効率よく学ぶ．特徴的な点としては，通常の機械学習やAIの教科書であれば精度評価に重きを置くところであるが，今回はプレゼン資料の作成と発表という章もここに含めた．ビジネスにおけるデータサイエンスでは，単純に機械学習モデルの精度 (スコア) の良し悪しだけではなく，クライアントに対する説明性や解釈性も含めたバランスにも留意したほうがよいためである．つまり，自分たちが行ったデータ分析の結果をクライアントに「評価」してもらうという意味を込めている．

本書では以下の章が該当する．

- 第7章：報告資料の作成とプレゼン (I)
- 第9章：精度評価の手法
- 第13章：報告資料の作成とプレゼン (II)

Deployment (展開/共有)

構築したモデルを実際にビジネスで活用するプロセスである．

例えばECサイトのWebページを考えてみよう．誰もがブラウザで使用できるWebページをフロントエンドとして構築し，商品のレコメンドを行う機械学習モデルをバックエンドで動かすといったシステムを開発・運用することが例として考えられる．この段階までくるとデータサイエンスが社会実装されたという手ごたえが出てくる．本書ではシステム化について考えるとともに，応用的なデータサイエンスの例として回帰とクラスタリングについて紹介する．

本書では以下の章が該当する．

- 第14章：システム化・回帰・クラスタリング

全体

本書全体を俯瞰しまとめを行う章として，最初と最後に以下の章を設けている．

- 第1章：全体像と学習の進め方
- 第15章：全体のふりかえりと今後にむけて

全体を通して，第3章～第6章は統計的な手法，第8章～第12章・第14章では機械学習の手法について述べている．まずは統計で「過去」を知り，機械学習で「未来」を予測する，という流れを意識するとよいだろう．

1.3　クエストを楽しむ

本書で一貫してお伝えしたいのは「データサイエンスの力でビジネス課題を解決する」ということだ．これは例えるならば，**RPG** (Role-Playing Game) によく似ている (図1.4).

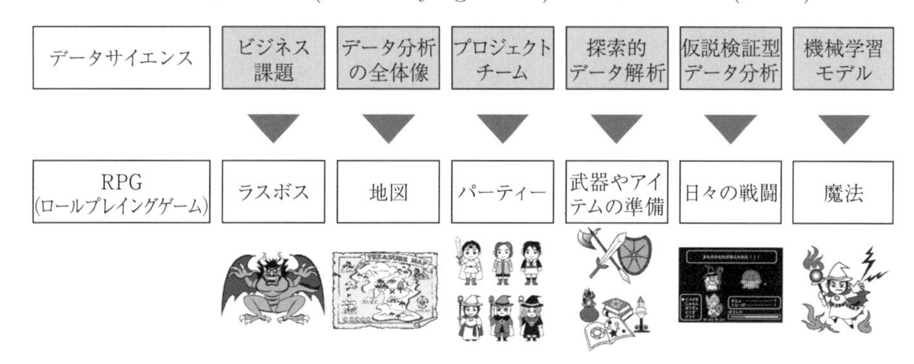

図1.4　データサイエンスとRPG

ビジネス課題はラスボス

ビジネス課題はRPGにおけるラスボス (冒険において最後に倒すべきボスキャラ) のようなものだ．ラスボスを攻略するために，情報やアイテムを収集したり日々の戦闘を通してスキルアップをしたりして冒険を進め，物語を読み解いていくことがRPGの醍醐味である．

データ分析の全体像は地図

本章ではデータ分析の全体像について紹介しているが，これはRPGにおけるマップ (地図) にあたる．地図がないとどこに行けばよいかわからない．それどころか現在地もわからない．序盤で地図を手に入れて今の居場所とこれからの道程をざっくりとでも把握しておくことが大切だ．

プロジェクトチームはパーティー

データサイエンティストに求められるスキルは多岐にわたることが多い．1人ですべてのスキルを兼ね備えることはなかなか困難だ．ビジネスに精通している人，モデル構築が上手い人，データを読み解くセンスがある人，様々なタイプの人の様々なスキルをうまく結集しながら，課題解決に取り組んでいく．これはまるでRPGにおけるパーティー編成のようなものだ．己の肉体を武器としてガンガン戦う武道家，攻めにも守りにも役に立つ魔法を操りながら戦闘をサポートする魔法使い，オールマイティなスキルを持ちながらパーティー全体を取りまとめる賢者，というように，いろいろな仲間を増やしながら冒険を進めていくことに似ているだろう．時には見習いのレベルアップをみんなでサポートすることも必要かもしれない．『実践　データ分析の教科書』[※3]では，データサイエンスチームで活躍しているメンバーは十人十色であり，プロジェクトマネージャータイプ，デジタルビジネスコンサルタイプ，ソリューション特化型分析アーキテクトタイプなど，様々なタイプがいると述べられている．また『機械脳の時代』[※4]でも，ビジネスにおけるデータサイエンスの活用は，一般的にイメージされているものよりもはるかにチームプレイに近いと述べられている．

探索的データ解析は武器やアイテムの準備

本書では探索的データ解析という方法によってデータの理解を深めていく．これはRPGにおいて町や村の人に話を聞いて情報を収集し，武器やアイテムを揃えながら冒険の準備を進めることにあたる．手に入れた武器やアイテムを試しに使ってみるとどのような効果があるのかがわかってくるのと同じように，探索的データ解析では多くの気付きが見つかるだろう．

仮説検証型データ分析は日々の戦闘

ビジネスにおけるデータサイエンスでは，仮説と検証を繰り返しビジネス課題をより深く理解していく．これを仮説検証型データ分析といっているが，これはRPGにおいてモンスター達との日々の戦闘に例えられるだろう．様々な敵と戦い続けるうちに「このような相手にはこのような戦い方をすればよいのか」「この武器にはこんな能力が秘められていたのか」と気付きを得るとともに，自身もレベルアップしていくだろう．

機械学習は魔法

機械学習モデルの構築は，RPGにおいて様々な能力を秘めた魔法を習得することに近い．レベルの高い魔法を操るためには様々な苦労や試練があるように，機械学習モデルの習得も一筋縄ではいかないことが多いだろうが，その分得られる効果も絶大だ．

データサイエンスは喜怒哀楽の物語

こうして，情報を収集する，武器や魔法の扱いを身に付ける，スキルを上げる，仲間と連携をし，日々の戦闘で学びを得る，ということを繰り返しながら，時には挫折し，時には喜び，知の冒険を続けていくのだ．データサイエンスとは人間の喜怒哀楽が交錯した物語でもある．

筆者はこれを「クエスト」と呼んでいる．**クエスト** (quest) とは探索や探求のことであり，物語などの冒険の旅のことだ．ぜひ本書を通して，データサイエンスでビジネス課題を解決するというクエストを楽しんでみてほしい．きっと自身のスキルアップとともに新しい発見や出会いがあることだろう．

※3 株式会社日立製作所 Lumada Data Science Lab. 監修『実践　データ分析の教科書』(リックテレコム，2021)

※4 加藤エルテス聡志『機械脳の時代―データサイエンスは戦略・組織・仕事をどう変えるのか？』(ダイヤモンド社，2017)

1.4 ふりかえりをしながら学びを得る

「**ふりかえり**」というのは，それまで行ってきた自分たちの業務を文字どおり振り返って評価し，称賛し，時には課題を挙げて次にやるべき指針を見出す活動のことをいう．おもにアジャイルなソフトウェア開発においてよく使われてきた手法で，**KPT**[※5]や**YWT**[※6]といったものがある．

本書では定期的にYWTを用いて「ふりかえり」を行っていく．一見すると回りくどいようにみえるかもしれないが，実はCRISP-DMのサイクルを精度よく完遂させるためには非常に重要なプロセスであり，効率よく学びを得て自身としてもプロジェクトとしてもレベルアップしていくためには効果的なプラクティスなのだ．

1.5 DEFP2021発表資料からの学び

さっそくだが，チームの役割分担について整理した資料のうち2つほど抜粋して紹介してみよう．

C.C.Lemonチーム (図1.5) は学生と社会人の混成チームであったが，それぞれの特長を活かして，柔軟な発想を必要とする購買提案を学生が，EDAや機械学習モデル構築は社会人が，それぞれ担当するような役割分担としていた．

Fujiyamaチーム (図1.6) は全員で仮説出しや議論を毎週行うこととし，モデル構築や特徴量の作成，追加課題の考察などをメンバーでうまく割り振りを行った．

データサイエンスやビジネスに関する経験・知見の量や，この活動に使える時間は，いずれも人それぞれだろう．特に企業における勉強会では，本業が忙しくてなかなか勉強会に時間が割けない

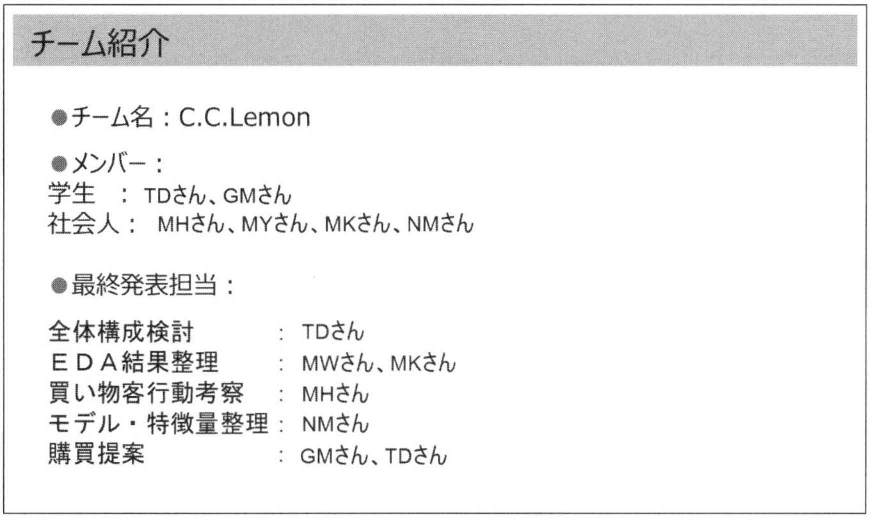

チーム紹介

●チーム名：C.C.Lemon

●メンバー：
学生　：TDさん、GMさん
社会人：MHさん、MYさん、MKさん、NMさん

●最終発表担当：

全体構成検討　　：TDさん
ＥＤＡ結果整理　：MWさん、MKさん
買い物客行動考察：MHさん
モデル・特徴量整理：NMさん
購買提案　　　　：GMさん、TDさん

図1.5 C.C.Lemonチームの発表資料

※5 ケー・ピー・ティー，またはケプトと読む．Keep (続けたいこと)，Problem (課題だと思うこと)，Try (挑戦したいこと) をそれぞれ挙げるふりかえり手法である．

※6 ワイ・ダブル・ティーと読む．Y (やったこと)，W (わかったこと)，T (次にやること) をそれぞれ挙げるふりかえり手法である．

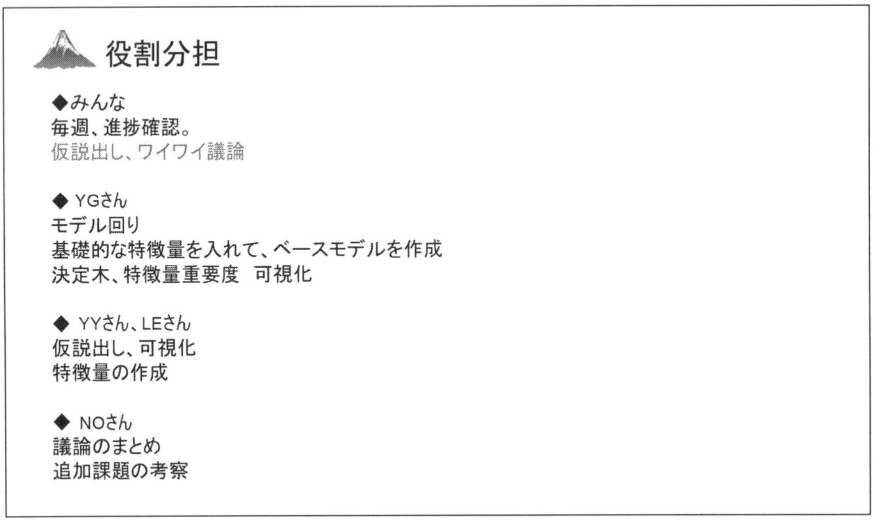

図 1.6　Fujiyama チームの発表資料

場合も多い．ただ，忙しい人ほど多くの知見を持っていたり効率的に分析を進められることも多いのだ．うまく各自が得意な分野を伸ばし，苦手な分野を補いながらチームとしての成功を遂げられるように役割分担を決めてほしい．

章末問題

以下の手順に従ってこれからの学習計画を考えてみよう.

1.1 目次を読んでそれぞれの章の学習日を決めよう.

1.2 本書を通して身に付けたいことを3つ挙げよう.

1.3 もし本書による学習を複数のメンバーで一緒に進めていたら, 各自のスキルや得意分野を書き出してみよう.

1.4 メンバーの役割分担を決めよう. 1人で取り組む場合は自分の得意な分野と苦手な分野を挙げておこう.

解答例は ▶サポートページ参照

第2章

ショッパーマーケティングの課題

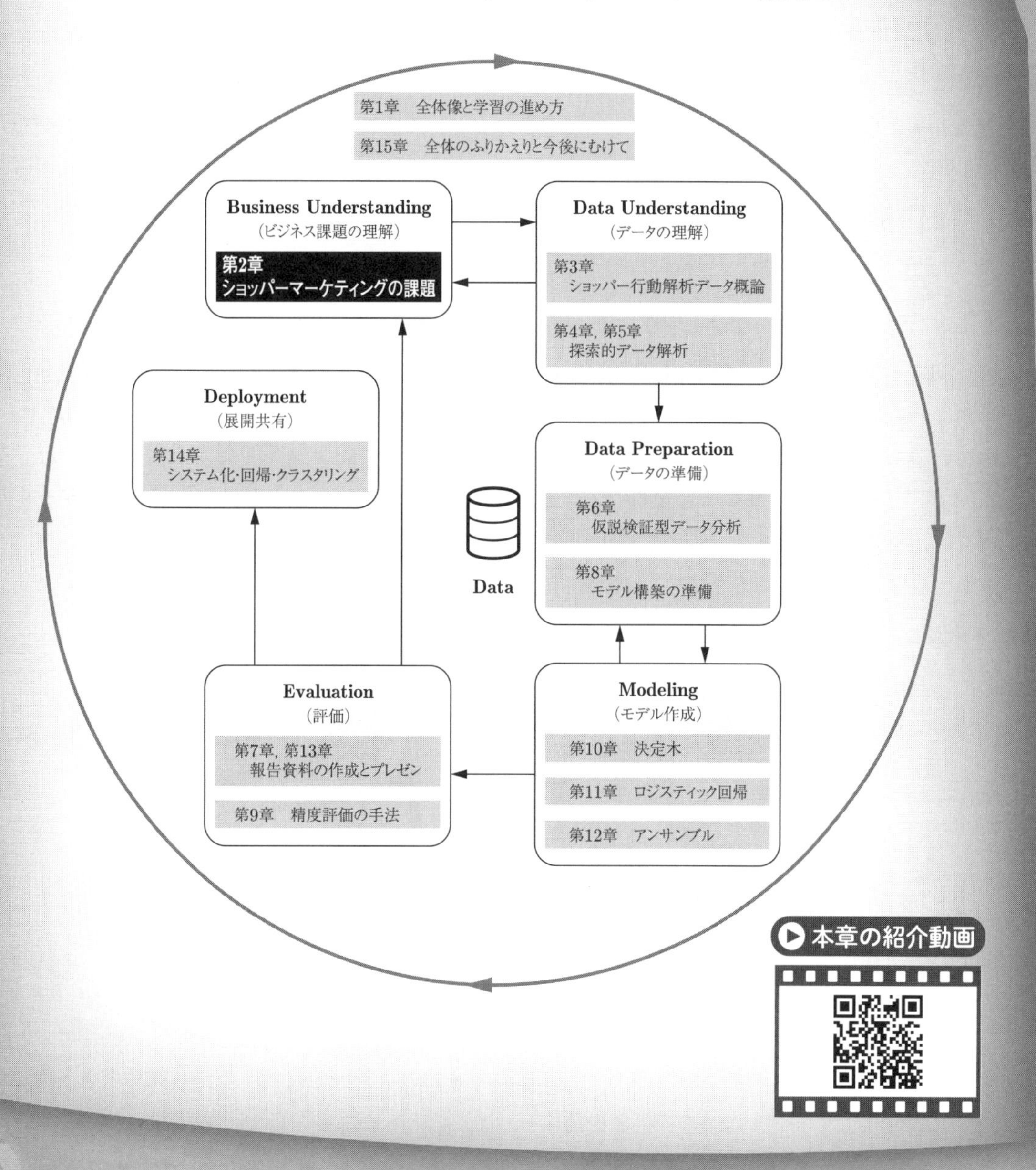

本章の紹介動画

第2章ではショッパーマーケティングの課題について考えてみよう．本書はデータサイエンスの書籍ではあるが，第1章でも紹介したとおりデータサイエンスを進める上でビジネス課題の理解は大変重要である．なにが課題なのかがわからない状態をRPGで例えれば，そもそもの冒険の目的やラスボスが誰かさえもわからないことに近い．

課題を明確にしていくことでどのような分析をどういった形で行っていけばよさそうか，手がかりをつかんでいこう．

2.1　ショッパーマーケティングと本書の範囲

本書で取り扱うのはマーケティングの分野，とりわけショッパーマーケティングである．似たような用語と合わせてここで一度整理しておこう．なお，ここで紹介する用語には厳密な定義がない場合も多く，人や企業によって用語の意味にばらつきがある．これらの用語の定義を明確にすることは本書の目的ではないため詳しくは述べないが，関心があればぜひ関連書籍をあたっていただきたい．ここではおおまかな概念として理解しておけばよいだろう．

2.1.1　ショッパーマーケティング

ショッパーマーケティング (shopper marketing) とは，リアル店舗における買物客の行動などを理解し，より多くの商品を買ってもらうために様々な「仕掛け」を施すことである．**リアル店舗** (real store) はおもにスーパーマーケット，コンビニエンスストア，ドラッグストア，ホームセンターなどの実際に存在する店舗のことを表しており，ECサイトやネットショップのようにインターネット上に存在する架空の店舗 (本書では便宜的に**バーチャル店舗**と呼ぶ) と対比するために敢えて“リアル”店舗という言い方をしている (図2.1).

図2.1　リアル店舗とバーチャル店舗

また，買物客のことを特に**ショッパー** (shopper) といい，本書では統一して「商品を購入するかどうかは別としてリアル店舗の商品棚の前にやってくる人」のことを指す．

2.1.2 インストアマーケティング

似たような用語として，**インストアマーケティング** (in-store marketing) がある．**店頭マーケティング**と呼ばれたり，**店舗マーケティング**と呼ばれることもある．その名のとおり店舗内におけるマーケティング活動全般を指しており店頭での売上効果や効率性を最大化させることを目指す．なお，店舗マーケティングといった場合は商圏分析や出店計画の立案などより広い範囲で語られることもある．

ショッパーマーケティングやインストアマーケティングは**インストアマーチャンダイジング** (In-Store Merchandising：ISM) の文脈で語られることが多い．頭文字の ISM から「イズム」とか「イズム理論」などと呼ばれることが多い．『インストア・マーチャンダイジング　第 2 版』※1によれば，ISM は大きく分けてインストアプロモーションとスペースマネジメントの 2 つに分かれるとされている．インストアプロモーションは店頭販促物や店頭キャンペーンなどの施策のことであり，スペースマネジメントはフロアレイアウトや棚割などのことをいう．

本書ではおもにリアル店舗における商品棚前の購買行動を解析したデータを扱い，ショッパーだけでなく商品棚の商品そのものやその陳列などの売場づくり全体も対象としていることから，インストアマーケティングや ISM が大いに関係してくる．

2.1.3 デジタルマーケティング

また，**デジタルマーケティング** (digital marketing) や **Web マーケティング** (web marketing) といった言葉をよく聞く方も多いと思う．おもに検索エンジンや Web サイト，SNS，メール，スマートフォンのアプリなどのデジタルテクノロジーを活用したマーケティングを指しており，特に上記のバーチャル店舗におけるデータの分析などに紐づけて語られることが多い．ただ，デジタルというのはなにもバーチャル店舗に限った話ではない．デジタルデータを扱うという意味では，ショッパーマーケティングもデジタルマーケティングの 1 つであるといえる．

2.1.4 マーケティングリサーチ

さらに，ショッパーマーケティングは**マーケティングリサーチ** (市場調査ともいう) の一種でもある．『マーケティング・リサーチ入門』※2では，マーケティングリサーチには，理解のためと判断のためという 2 つの目的があると述べられている．理解は仮説の抽出，判断は仮説の検証を行うとされる．店頭におけるショッパーマーケティングの調査方法には基礎調査と A/B テストがあるが，基礎調査は「理解」の度合いが大きく，A/B テストは「判断」の度合いが大きい．本書で扱うのはおもに「理解」のための基礎調査であるが，一般的なマーケティングリサーチでは販促物の設置や売場の変更など施策の実施がどう購買行動の変化を促したのかを比較し「判断」する A/B テストを行う場合も多い．『小売業の本質』※3では，セブン・イレブン・ジャパンの代表取締役として活躍された鈴木敏文氏の「小売業は変化対応業である」という言葉を引き合いに．常に変化する市場消費者が今なにを求めているのか，それを読み解くために購買行動を知ることは非常に有益であると述べられており，改めてマーケティングリサーチの重要性が感じられるだろう．

※1 公益財団法人流通経済研究所編『インストア・マーチャンダイジング　第 2 版』(日本経済新聞出版，2016)
※2 星野崇宏・上田雅夫『マーケティング・リサーチ入門』(有斐閣，2018)
※3 郡司昇『小売業の本質：小売業 5.0』(Amazon POD, 2021)

2.1.5　本書の範囲

以上をまとめると，図2.2のようになるだろう．ショッパーマーケティングを基本とし，インストアマーケティング，デジタルマーケティング，マーケティングリサーチ，さらにインストアマーチャンダイジング(ISM)の要素や概念も含むものだと理解しておけばよいだろう．

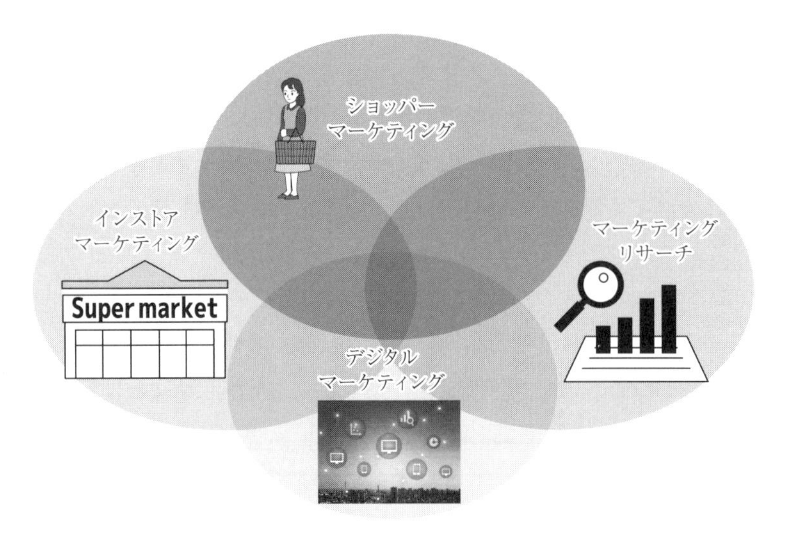

図2.2　本書の対象範囲

2.2　バーチャル店舗とリアル店舗の対比

2.2.1　EC化率とリアル店舗の意義

皆さんはリアル店舗でお買い物をしたことはあるだろうか？　おそらくほぼ100％の人がスーパーマーケットやコンビニエンスストアでのお買い物経験があるだろう．一方でバーチャル店舗はどうだろうか．経済産業省の調査※4によれば，物販系分野のEC化率は2020年で8.08％とのことだ．2019年が6.76％であるから大きく伸びているようにも見えるが，それでも二桁にいっていない．分類ごとのデータをみてみると，生活家電，AV機器，PC・周辺機器などは37.45％，書籍，映像・音楽ソフトは42.97％と大きな値になっているのに対し，食品，飲料，酒類は3.31％と非常に小さいのだ(いずれも2020年，表2.1参照)．新型コロナウイルスの影響によって外出自粛要請の期間が長かったためEC化率が飛躍的に向上するかと思われたが，やはり食品や飲料などはお店で実物を見ながら買いたい，という層が多かったことを物語っていると考えられる．今後もこの傾向が続くのか興味深いところだ．言い方を変えると，これだけインターネットショッピングが全盛になってきたこの時代であっても，リアル店舗の価値が薄れることはなく，多くの利用者がいるということがいえるだろう．

※4 経済産業省「電子商取引実態調査(METI/経済産業省)」
https://www.meti.go.jp/policy/it_policy/statistics/outlook/ie_outlook.html
この報告書内にてECやEC化率の定義についても紹介されているため参照されたい．

表 2.1 EC 化率

分類	EC 化率	
	2019 年	2020 年
食料，飲料，酒類	2.89 %	3.31 %
生活家電，AV 機器，PC・周辺機器など	32.75 %	37.45 %
書籍，映像・音楽ソフト	34.18 %	42.97 %
⋮	⋮	⋮
合計	6.76 %	8.08 %

2.2.2 バーチャル店舗にできてリアル店舗にできなかったこと

バーチャル店舗とリアル店舗で決定的に異なることがあった．それは，「データが取れているかどうか」であり「そのデータを使ったマーケティングができているかどうか」である．

バーチャル店舗で「この商品を見た方はこんな商品もみています！」というような「おすすめ情報」が表示されているのを見たことはあるだろうか？　あるいはその表示を見ておすすめされた商品を実際に買った方もいるかもしれない．これを一般的に**レコメンド** (recommend) といい，おもに EC サイトなどのバーチャル店舗が顧客の訪問履歴や購入履歴などのデータにもとづき商品をおすすめする仕組みのことを指す．バーチャル店舗では Web サイトを訪問して，商品のページを閲覧し，なにとなにを比較して，どのぐらいの時間で選択し，最終的に購入に至ったのか，そのプロセスすべてでデータが取得可能であり，分析できる環境が整っている．

一方で，リアル店舗ではこのような仕組みがない．どのような商品を見たのか，どのような商品を手に取ったかといったデータが，今まで取得できなかったからだ．データがないことには分析もできないし，それによるレコメンドもない．唯一あったのは，**POS データ**である．POS とは Point Of Sales の頭文字をとったもので，販売情報を管理するシステムのことを指す．そのシステムで管理される商品の販売数量，金額などのデータが POS データだ．POS データは帳簿実績を管理するものであるから，あくまでも購入された商品のみのデータとなっている．「訪問」「閲覧」「比較」「選択」という購買プロセスの大半でデータが取得できていなかったという点が，バーチャル店舗とは大きく異なる点だ (図 2.3).

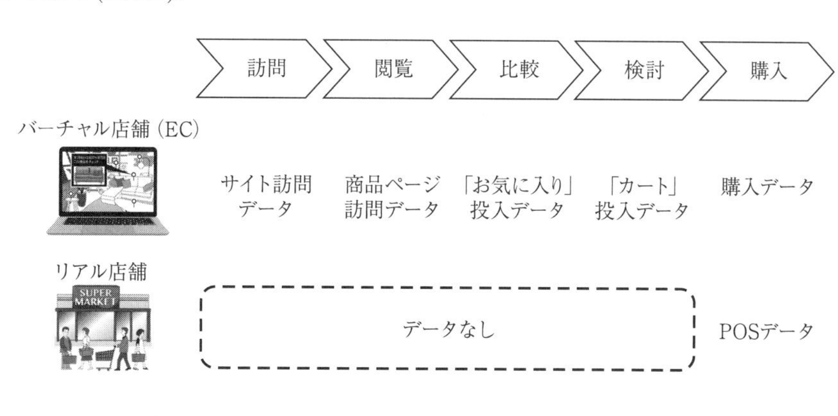

図 2.3 リアル店舗とバーチャル店舗の取得データの対比

コラム　来客数＝レシート発行枚数？

以前ある小売店舗の店長にお話を伺ったときのこと．データ分析を行うための基礎情報としてその店舗の売上規模感を見積もりたく，「来客数はどのぐらいですか？」と伺ったところ，「1日あたり800人だ」と答えられていた．その後店舗に伺ってみると，どうももっと多くの人が来店されているように思えた．そこで「先日伺った800人はどのようにカウントされたのですか？」と伺ったところ，「レシート発行枚数だ」と回答されていた．

なにかおかしいと思われた方はいないだろうか．まず，レシートが発行されるのはなにかしら商品を購入した場合だけだ．店舗に来店してもなにも商品を購入せずに店舗を立ち去る方もいるだろう．次に，例えば5人家族で店舗に来店されたことを考えてみよう．それぞれの人が売場を見ながらほしい商品をどんどんカートやお買い物かごに入れていく．最後にレジで会計をするのは…おそらく1人だろう．レシートは1枚しか発行されず，来客数は1人としてカウントされるはずだ．そうなると，ほぼ間違いなく800人よりも多くの方が店舗に来店されていたことになるだろう．

この事例は，実は一部の店舗だけではない．未だに多くの小売店舗(スーパーマーケット，ドラッグストアなど)でこのようにレシート発行枚数を来客数とイコールとしてカウントしていることがある．ここから得られる教訓は2つある．1つは，リアル店舗では未だにデータが明確に取れていないということ．もう1つは，数字を捉えるだけではなくその数字がそもそもどのように計測されたのかを知ることは重要だということだ．

それではここで，1つ演習を行ってみよう．ここまででリアル店舗とバーチャル店舗についての概要はおそらくつかめたと思う．ここで，リアル店舗とバーチャル店舗の良さと課題をそれぞれ書き出してみてほしい．これからデータ分析を行う上でのきっかけがつかめるはずだ．

演習 2.1　リアル店舗とバーチャル店舗の良さと課題をそれぞれ書き出してみよう(3分)

例えばリアル店舗であれば，実際に商品を手に取れること，商品の一覧性があることなどが良さとしてあるだろう．バーチャル店舗であれば，検索性の良さや，自宅や外出先などでも購入ができる便利さなどが良さとして挙げられるかもしれない．それぞれ反対のことが課題としていえるだろう．リアル店舗であれば検索性はあまりよくなく商品を購入する際に店舗内をくまなく探さないといけないし，バーチャル店舗であれば商品棚をザっと見渡すということが物理的には不可能だ．それぞれの良さや課題を意識しながらお買い物をしていくことが，現代人には必要になっているのかもしれない．

2.3　ショッパーマーケティングにおける課題

前項で触れたようにリアル店舗では思ったようにデータが取れていないということがわかった．そしてデータが取れないことに起因して，レコメンドができないという課題があることもわかった．実は他にも様々な課題があるのだが，これらの多くは1つずつ紐解いていくとデータが取れていないことが1つの要因であることがわかってくる．ここではショッパーマーケティングにおける様々な課題について紹介しよう．

【課題 1】販促物効果の検証ができていない

店頭には様々な**販促物** (promotional material) が設置されている．例えばドラッグストアにおけるシャンプー売場をイメージしてほしい．さらさらで光沢のある髪をなびかせている女優が微笑んでいるボードが売場に設置されている様子は誰しもが思い浮かべることだろう．このようなボードや什器などの **POP** (Point Of Purchase) を一般的に販促物といっている (図 2.4).

図 2.4 販促物の例

販促物の目的はその名のとおり販売促進，すなわち商品をより購入してもらうことだ．一方で，購入までいかなくても商品を手に取ってもらえることや，売場に立ち止まってくれることを目的とする場合もある．商品やブランドの認知拡大[※5]や，店頭における見栄えの良さ[※6]などを狙っていることも多い．

ところが，このような店頭販促物の効果はあまり検証されていないのが実態である．なぜなら，前節で述べたように，上記のような目的を達成したかどうかを判断するためのデータがほとんどないからだ．例えば「商品を手に取ってもらうこと」を目的とした販促物を作っているはずなのに，肝心の「手に取ってもらったのかどうか」を検証する術がないのだ．

ちなみに，「販促物の効果を検証したい」と同じ文脈で「販促物の費用対効果を検証したい」という課題も多い．販促物には費用がかかる．店頭の販促物は紙に印刷をして凹凸を施したりキラキラ光らせたりして印刷費や加工費がかかる．製造にかかわる人件費も必要だし，印刷機を動かす設備管理費もかかるし，設置や管理などの運用にもコストがかかるだろう．「費用をかけた分だけ本当に見返りがあるのだろうか？」と疑問に思うことは必然といえる．このような費用対効果を意味する言葉として **ROI** (Return On Investment) という言葉が使われる．販促物の ROI を検証することも企業にとって大きなミッションなのだ．

『確率思考の戦略論』[※7]では，戦略の確率を事前に知り，コントロールしやすい領域とコントロールできない領域を見分け，経営資源をコントロールできる領域に集中させ，成功確率を劇的に高め

[※5] ブランディングや認知拡大は広告と呼び，販売促進は販促と呼ぶ，という考え方もある．

[※6] 特に視覚的要素の演出管理は**ビジュアルマーチャンダイジング** (Visual MerchanDising：VMD) と呼ばれる分野があり，おもにアパレルなどの業界でよく語られている．

[※7] 森岡毅・今西聖貴『確率思考の戦略論　USJ でも実証された数学マーケティングの力』(KADOKAWA, 2016)

ることが紹介されている．1回だけでは偶然に左右されるかもしれない．2回目もわからない．しかし10回，20回と繰り返していくことで，確率的に「成功する施策」と「失敗する施策」はだいたいわかってくる．この考え方は，販促物などの店頭施策においても使えるものであろう．

【課題 2】ペルソナ/カスタマージャーニーの検証ができていない

ショッパーマーケティングで扱う商品の多くは**FMCG** (Fast Moving Consumer Goods) と呼ばれる日用消費財であり，具体的には食品，飲料品，洗剤，ヘアケア品，衛生用品，美容商品，家電，OTC医薬品などを指す[※8]．このような商品は，その名のとおり変化が速く新商品開発までのプロセスが短い (文字どおり Fast Moving)．その商品開発の際に必ずといっていいほど検討されているのがペルソナとカスタマージャーニーだ．ここでは，**ペルソナ** (persona) とは商品を購入してくれるであろうターゲット像のことをいい，**カスタマージャーニー** (customer journey) とは，ペルソナが商品を知り，リアル店舗に訪れて，実際に商品を購入するまで (場合によっては購入後の利用まで) の道のりのことをいう (図2.5)．どのような属性のショッパーが，どういったきっかけで，どのようにこの商品を買ってくれるのかじっくりと企画・検討された上で商品が開発されていくのだ．

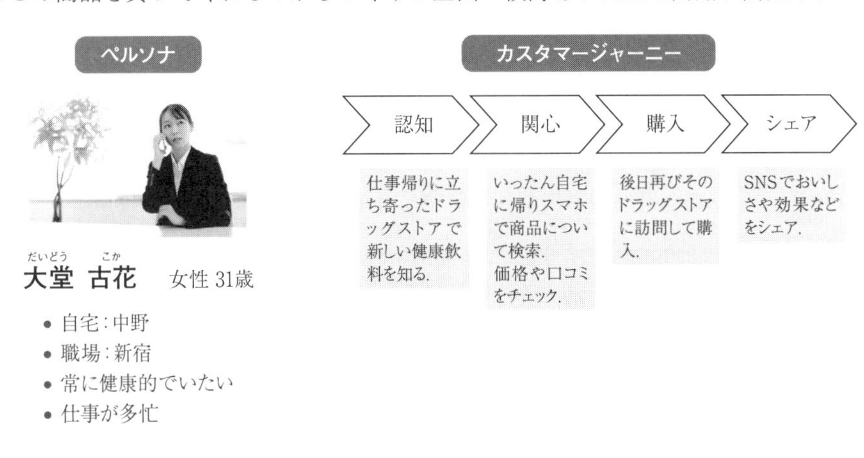

図 2.5　ペルソナとカスタマージャーニーの例

一方で，「本当に想定したペルソナが想定したカスタマージャーニーに従って購入してくれているのか？」という疑問についてはあまり検証されていない．これも前節で取り上げたとおり店頭でのデータが取れていないことに起因している．

例えば，「常に健康的でいたい仕事が多忙な30代女性」というペルソナを設定し，「仕事帰りに立ち寄ったドラッグストアで商品を知る」というカスタマージャーニーを思い描いて新商品を開発したりマーケティング施策を立案した場合を想定してみよう．これまでは実際にこの新商品を開発した上で店頭に並んだときに，本当にそのペルソナやカスタマージャーニーどおりにショッパーが動いているのかはあまり検証できていなかった．検証できていないと，どのような問題が起こるだろうか？　まず，そもそも商品が狙ったターゲット (ペルソナ) に知ってもらえているか，選んでもらえているかがわからない．選んでもらえているかがわからないから商品を変えたほうがよいのか変えないほうがよいのかもわからないし，知ってもらえているのかがわからないからマーケティング

[※8] どのような商品カテゴリをFMCGとして扱うかは企業により様々で，業界として統一的な定義はない．

施策を変更したほうがよいのか変更しないほうがよいのかもわからない．計画，実行，検証，改善のサイクルを回すことを**PDCA サイクル**というが，この状況はPDCA サイクルが回っていないことを意味する．すなわち，頑張ってペルソナやカスタマージャーニーをPlan (計画) し商品開発やマーケティングをDo (実行) しても，その計画や施策のCheck (検証・評価) やAct (対策・改善) ができていないということになる．

店頭での購買行動データがあれば，属性分析をすることで本当に「30 代女性」が商品棚にやってきているかがわかるだろう．または，意外にも高齢女性や男性にも人気があったということがわかるかもしれない．その場合はマーケティングのターゲットを変えることでより売上を向上させることができる可能性もある．さらに，「仕事が多忙」→「19 時以降の来店者」というように置き換えることで，近似的な分析も可能となってくるだろう．このようにペルソナやカスタマージャーニーを検証していくことで様々な施策・対応策がみえてくるのだ．

コラム　「カニバる」は企業の大きな課題

皆さんが仮に飲料メーカーの商品開発担当者だとしよう．自社の商品をどんどん飲んでもらいたいから，どんどん新商品を開発して市場に送り出していけばよいのではないか，と考えられる方もいらっしゃるかもしれないが，実はそうもいかない事情がある．その理由の 1 つが**カニバリゼーション** (cannibalization) だ．カニバリゼーションとは，顧客への提供価値が類似する自社製品どうしで，それぞれの売上を奪い合ってしまう現象を指す．よく「カニバる」とか「カニバリ」とかいわれたりする．商品が「カニバる」ことは消費財メーカーにとっては大きな課題である．事例を 1 つ挙げてみよう．とある消費財メーカー A 社のビールを購入している人が 100 人おり，新商品としてビールより単価の安い発泡酒を開発し販売を開始したとしよう．思惑としてはビール以外の消費者がこの発泡酒を購入してくれることで売上が増加すると考えていた．ところが実際は，ビールの購入者 100 人のうち 70 人が発泡酒を購入するようになっただけで，売上を奪い合う結果となってしまった．これがカニバっている状態である．かつ発泡酒のほうが単価は安いから全体としての売上も減少してしまった．

図 2.6　カニバリの例

これから GI データを分析していくと，比較検討されている商品がなにか，ということもみえてくる．このとき，他社の商品からシェアを奪っていればよいものの，自社の別の商品から移っただけだと企業としての売上アップにはならない．消費者が自社の商品と比較をしているのか，他社の商品と比較をしているのか，そこは企業としても大きなポイントになるだろう．

【課題3】棚割の最適化ができていない

商品棚の中で，目に留まりやすい場所に置いてある商品と，目に留まりにくい場所に置いてある商品では，どちらのほうが購入されやすいだろうか？　目に留まりやすい場所に置いてあるほうが購入される確率は高そうだ．ただ，どこに置かれていようがリピート率の高い商品は購入されるだろうし，目に留まりやすい場所に置いたとしても肝心の商品が魅力的でなければ購入されないかもしれない．

このように，店頭の商品棚においてどのような商品をどのような位置に陳列するのかを考えることを**棚割計画** (planogram) という．棚割によって収益を生み出すための陳列組み合わせを探り出すことがポイントだ．具体的には商品のブランド力，包装形態やパッケージの色などを組み合わせることで消費者の購買を促進するものである．

商品の最小の管理単位を **SKU** (Stock Keeping Unit) という※9．また，商品棚における商品の「顔」のことを**フェース** (face) といい，商品を横方向に何個並べるかをフェース数という．棚割計画においては，どの SKU について何フェース並べるかも検討事項となる．

例えば飲料を考えてみよう．リンゴジュースとオレンジジュースが5フェースずつ並んでいる棚があるとする．オレンジジュースを7フェースにすれば，棚前に来たときにとても目立つし，購入してくれる確率も高くなるかもしれない．しかし，商品棚というのは物理的な限界がある．オレンジジュースを7フェース設置することにより，リンゴジュースを3フェースに減らさないといけないかもしれない．それによるリンゴジュースの売上の減少は，果たしてオレンジジュースの売上の増加よりも多いだろうか？　逆にリンゴジュースを7フェース並べたほうがよい場合もあるのではないだろうか？　あるいは，リンゴジュースは棚の最上段に置いたほうがよいのか最下段に置いたほうがよいのか，右か左か，置き場所もいろいろ考えられるだろう (図 2.7).

どの商品をどこに置き，どれぐらいフェース数を確保すれば売上が最大化できるのか．ショッパーマーケティング界における長年の課題であり，壮大なパズルのような最適化問題でもある．

【課題4】計画購買・非計画購買の割合が把握できていない

計画購買 (planned purchasing) や**非計画購買** (unplanned purchasing) という用語を聞いたことはあるだろうか．計画購買とはその名のとおり事前に計画した上で商品を購入することを指す．例えば，とあるブランドの缶コーヒーを買おうと思ってスーパーマーケットに赴き，そのブランドの缶コーヒーを購入すれば計画購買となる．非計画購買はその逆である．例えば「喉が渇いたな」とだけ思って，特になにを買うか決めずにスーパーマーケットに赴き，なにかしらの飲料を購入したら非計画購買となる．店頭で商品を見て魅力的に感じてその場で即決する，いわゆる「衝動買い」も非計画購買の1つといえる．

計画購買率が高い商品はほぼ「決め打ち」で購入されているとみられるため変動が少ない．一方で非計画購買率が高い商品は店頭で同じカテゴリの商品を比較検討していると考えられる．これは小売店舗やメーカーにとっては商機であり，よりショッパーに商品を購入してもらえる機会と捉える

※9 同一商品でも色，サイズ，量，入り数 (セット品など) などの違いで区別が必要となる場合があり，その際の最小単位が SKU である．もともとは物流の用語であるが，マーケティングにおいても 1 SKU につき 1 JAN コード (商品識別コード) という形で紐づけられて分析に使われることが多い．

最適なフェース数は?

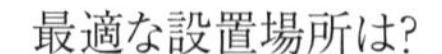

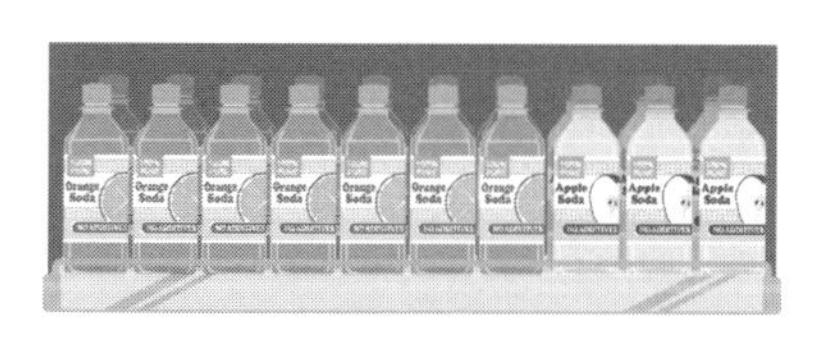

図 2.7　棚割最適化問題

ことができる．すなわち，商品ごとに計画購買率を知ることにより，どの商品に対する販促やマーケティングに力を入れればより高い効果を得られるのか，知ることができるのだ．

食品スーパーマーケットにおける非計画購買の比率は 8 割ともいわれている※10．一方でこの 8 割という数字は過去に行った調査結果であるから現在は異なるかもしれないし，チャネルや商品カテゴリによっても異なるかもしれない．実際のところはまだよくわかっていないのだ．それだけに探究し甲斐のあるテーマであるといえるだろう (表 2.2)．

表 2.2　計画購買・非計画購買

区分	解釈	店頭販促効果
計画購買	あらかじめ購入商品が決められている	低い
非計画購買	店頭において商品が比較検討されている	高い

コラム　店頭に潜む様々な「定説」

売場作りには昔からいろいろな「定説」がある．その 1 つが「ゴールデンゾーン」だ．人が商品棚の前にやってきたときに最も目線がいきやすい場所を「ゴールデンゾーン」というらしい．人の身長が 160 cm としたら，だいたい床から 100〜140 cm ぐらいのあたりをいうという説がある．しかし，よく考えてみたら生鮮食品はもう少し下のほうの手に取りやすい場所に斜めに置かれているし，乳製品などの冷蔵棚は最下段

※10 郡司昇のリテール・ニュー・フレームワーク「第 1 回　購買行動は「計画購買」と「非計画購買」に分けて理解する」
https://md-next.jp/13818

が突き出しになっていてそこの商品が手に取られやすくなっている．実際に床から100〜140 cmの商品が本当に目線が行きやすいのか，その商品が手に取られやすいのかは謎だ．

他にも「Zの法則」というものがある．人はアルファベットのZを描くように目線を動かすため，一番目立たせたい商品は左上に置くというものだ．では，左上の商品以外は本当に売れないのだろうか？　「左回りの法則」というのもある．人は右回りよりも左回りのほうが心理的に安心するといわれているため，店内動線は左回りに作ったほうがよいというものだ．しかし，世の中には右回りに設計された店舗もあるだろう．

これらの説は科学的に検証されているというよりも，これまでの経験則からそう伝えられているだけ，といった側面がある．エビデンスが乏しい場合も多く，当てはまらないケースもあるだろう．このような「定説」が「いつでもどこでも汎用的に使えるような普遍の原理」であるように認識され，時には小売企業の研修でも教え込まれると聞いたことがある．

このような「定説」は今後IoT/AI技術によってどんどん検証されていくことになるだろう．それによって「定説」はやはり正しかったとより強固なものになるかもしれないし，実は「定説」と異なることがいえるようだ，ということもわかってくるだろう．

【課題5】そもそもショッパー行動が全般的にわからない

課題1〜4を集約すると，結局のところリアル店舗における棚前行動というのは全般的によくわかっておらず，このこと自体が課題となっている現状がある．これにはいくつか理由がある．その1つとして「ショッパーの行動に意外と気を留めていない」ということが挙げられる．例えば小売企業の場合，部署として大きく分けて本部側と店舗側に分かれる．本部側の社員は物理的に店舗ではなく本部社屋に勤めているため，実は店舗のことを普段みているわけではない．一方で店舗側の社員は，もちろん店舗にいるのだが，接客や品出しなどで毎日大変忙しい．ショッパーの行動を観察している余裕はあまりない．

では，消費財メーカーはどうだろうか．メーカーは商品を企画・開発したりマーケティングをしたりしているものの，それもメーカーの社屋で行っていることで，実際の店舗とはほど遠い．たまにリサーチをすることがあっても，「実験店舗」と呼ばれる施設でその名のとおり実験的に調査をするだけで，店舗で行うことはこれまで少なかった．現場に最も近い人といえば，小売企業のバイヤーか，消費財メーカーの営業担当だ．営業担当が自社商品や売場づくりの提案をバイヤーにする際に実際の売場を研究するのだが，彼らは商品を販売する専門家であってリサーチをする専門家ではないのだ．つまり，ショッパー行動というのは誰もが気に留めていそうで，意外と気に留められていなかった分野であるといえるだろう．

2.4　データ活用の道しるべ

2.4.1　IoT/AI技術による課題解決のヒント

このような課題が最近のIoT/AI技術によって解決できるようになってきた．**IoT** (Internet of Things) とは，カメラやセンサーといった様々なデバイスによってデータを取得し，接続した通信機器によってクラウドなどにデータをアップロードするといった技術全体を指す．最近ではAIカメラと呼ばれる高機能なカメラが小売店舗に配置されることも増えてきた．こういった仕組みにより，売場で起こっている商品やショッパーや従業員の動きなどが精緻に理解できるようになってきている．

AIカメラによっては，取得した画像をそのまま解析して商品の欠品や人物の姿勢解析などが可能となっている．さらに取得したデータを**ディープラーニング**(deep learning)をはじめとした**機械学習**(machine learning)にかけることによって複雑な処理も可能となってきた．

『リアル店舗の逆襲』※11では，「『お客様の店舗内行動』の見える化を実現」と題し，スマートカメラについて紹介している．これまで来店されるお客様の行動を知るためには，「お買い上げ情報と，店舗従業員の目と記憶によるあいまいなプロファイリングが頼り」だったところが，スマートカメラの導入により「お客様の動線，特定の棚の前での滞在状況，商品を手に取ったり棚に戻したりする行動をデータ化し『見える化』することが可能になる」と述べられている．これらのテクノロジーやデータサイエンスの進歩によって，様々な課題解決が可能となってきているのである．

図2.8はショッパーの行動解析を行うことができる「Go Insight」というサービスの解析イメージである．この仕組みを使うことで，売場におけるショッパーの滞在時間や手に取った商品をデータとして記録できるようになってきた．詳細は第3章で解説するが，これらのデータを活用することでこれまで謎に包まれてきた課題に対して具体的なアプローチができるようになっている．

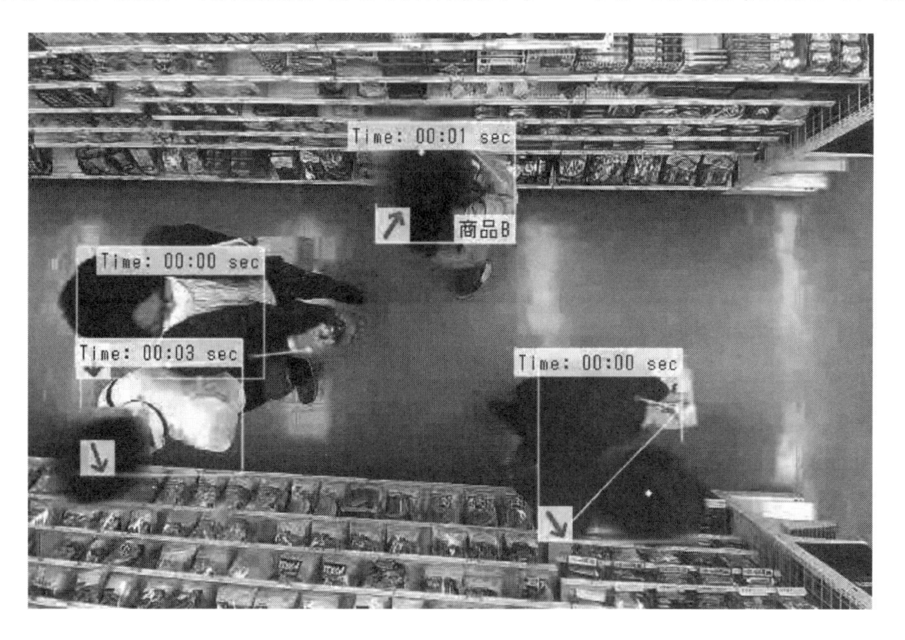

図2.8 Go Insightの解析イメージ

2.4.2 部門ごとの活用のヒント

このようなデータは具体的にどのように活用できそうだろうか．ここには前節で述べたような課題がヒントになる．少し想像してみよう．

> **演習2.2** どのような部門でどのようなデータ活用の方法があるだろうか．書き出してみよう(5分)

※11 リテールAI研究会『リアル店舗の逆襲～対アマゾンのAI戦略～』(日経BP，2018)

実際にビジネスに従事していない学生には少し難しかったかもしれないが，例えば以下のようなことが挙げられるだろう．

マーケティング部

【課題1】として「販促物効果の検証ができていない」という課題を挙げた．データを活用することで「より効果が高い」販促物へと改善することができるだろうし，新たな販促施策の立案も可能となってくるかもしれない．また，ピーター・F・ドラッカーの言葉を借りれば，マーケティングとは「販売を不要にすること」だそうだ※12．もちろん実際に商品を販売しなてくもよいというわけではなく，頑張って販売しなくても自然と売れる仕組みを作るという意味での言葉になるのだが，このようなデータを活用し客観的に商品の良さを認めてもらうことで，営業担当者が気合と根性で頑張らなくても商品を買ってもらえるかもしれない．

商品開発部

例えばFMCG系の消費財メーカーの商品開発部門を想像してみよう．日夜新たな商品を企画したり，そのパッケージを開発したりしている部門である．これまで市場にない新しい商品の開発をするために潜在的なニーズを探るのにも使えるかもしれない．【課題2】として「ペルソナ/カスタマージャーニーの検証ができていない」という課題に触れたが，逆にいえば検証ができることによって既存の商品に対する新たなニーズや新商品開発のためのフィードバックがもらえるかもしれない．

営業部/商品部

小売店舗における商品棚の商品棚割はメーカーの営業部と小売の商品部が協力して設計することが多い．このとき，【課題3】として挙げた「棚割の最適化ができていない」という課題が解決できれば，飛躍的に作業が効率化できることだろう．

経営層

もちろんこういったデータは企業の経営層におけるビジネスの方向付けにも活用できる．例えば【課題4】として「計画購買・非計画購買の割合が把握できていない」という課題も挙げたが，データを活用することで非計画購買率の高い商品カテゴリやショッパー属性が導き出せれば，その商品やショッパーに対するマーケティング活動により多くの予算をかけるという決断ができるかもしれない．逆に，市場から戦略的に撤退するという判断を下すことも必要になるかもしれない．また，上記のようにあらゆる部門においてデータを活用して活動を改善していくような方針をとり，全社的に働きかけることもできるだろう．このような取り組みを**データドリブン** (data driven) といい，多くの企業において実践されている経営手法である．

ここでOODAループについて紹介しよう．**OODAループ** (OODA Loop：ウーダループ) とは，Observe (観測)，Orient (方向付け)，Decide (決定)，Act (実行) からなるループであり，意思決定と行動に関する思考法として近年注目を集めている．データを取得することは，このOODAルー

※12　ピーター・F・ドラッカーはマーケティング界の大家であり，その著書『マネジメント』において「マーケティングの理想は，販売を不要にすることである．マーケティングが目指すものは，顧客を理解し，製品とサービスを顧客に合わせ，おのずから売れるようにすることである．」と述べている．

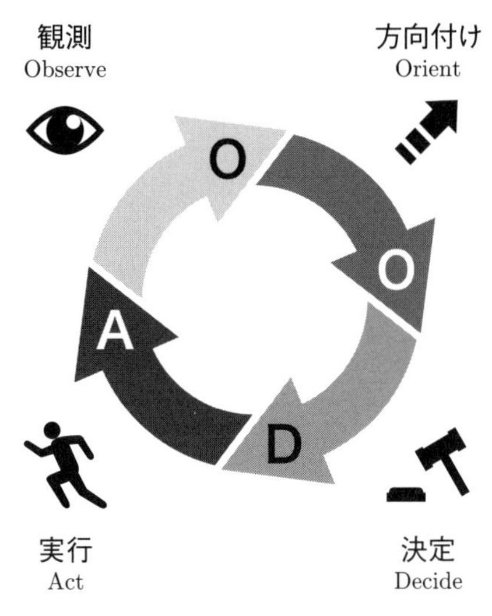

図 2.9 OODA ループ

プにおける Observe にあたる．すなわち，データを取得し，そのデータにもとづいて施策の方向付けを行い，意思決定をして行動するのである．『OODA LOOP (ウーダループ)』[※13]では，「収集した情報にもとづいて素早く行動することができる企業は，勝つための最適なポジションを得ている」といった形で OODA ループの効果を紹介しており，データドリブンの考え方にも親和性が高い概念であるといえるだろう．

『データサイエンティスト入門』[※14]では，「データサイエンティストは『データを使ってビジネスを変革できる人』」と述べられている．ぜひデータを使ってこれらの部門の課題を解決し，ビジネスを変革できるスキルを身に付けていこう．

コラム　商品の TVCM や動画広告を見てみよう

DEFP2021 の際に，ある清涼飲料水について 2008 年と 2021 年のテレビ CM を見比べ，Slack で気付きを共有しあうというワークショップを行った．そうすると，同じブランドの商品でも異なるメッセージを伝えようとしているということに気付きを得た．例えば，2008 年はゴクゴク感をアピールしているのに対し，2021 年はエコを会社としてアピールしている，という印象を受けたそうだ．

※13 Chet Richards (原田勉訳)『OODA LOOP (ウーダループ)　次世代の最強組織に進化する意思決定スキル』(東洋経済新報社，2019)
※14 野村総合研究所データサイエンスラボ編『データサイエンティスト入門』(日本経済新聞出版，2021)

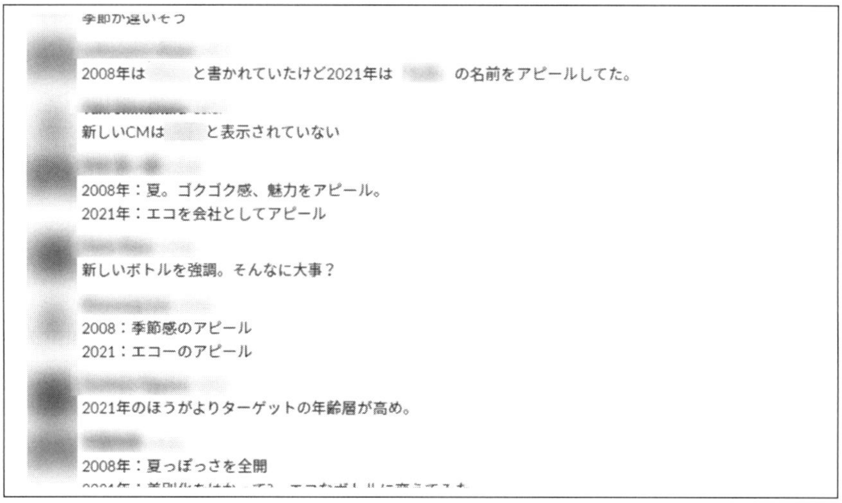

2008年は　　と書かれていたけど2021年は　　の名前をアピールしてた。

新しいCMは　　と表示されていない

2008年：夏。ゴクゴク感、魅力をアピール。
2021年：エコを会社としてアピール

新しいボトルを強調。そんなに大事？

2008：季節感のアピール
2021：エコーのアピール

2021年のほうがよりターゲットの年齢層が高め。

2008年：夏っぽっさを全開

図 2.10　ある清涼飲料水のテレビ CM の感想

テレビ CM というのは，消費財メーカーがその商品の魅力を 15 秒という短い時間に凝縮したものだ．そこからいろいろと気付きを得て議論してみると新たな発見があるだろう．今では動画サイトなどでいろいろなテレビ CM が見られるようになっている．ぜひ気になった商品のテレビ CM を見て気付きを得てみよう．

- コカ・コーラ
  `https://www.youtube.com/c/coca-colajapan`
- サントリー公式チャンネル (SUNTORY)
  `https://www.youtube.com/user/SuntoryGroup`
- アサヒ飲料公式 YouTube チャンネル
  `https://www.youtube.com/c/AsahiSoftDrinks`

2.5　今回のクライアントと仮想プロジェクト

本書では仮想的なクライアントを設定して仮想プロジェクトに取り組んでいく．今回のクライアントは大手飲料メーカーラボラトリー社のマーケティング戦略室の室長・鳥居さんだ (図 2.11).

鳥居　旭人（とりい　あきと）
31歳
株式会社ラボラトリー
マーケティング戦略室　室長

商学部出身。気合と根性の営業部を経て、現在はマーケティング戦略室の所属。理屈を知ったうえで戦略に落とし込み営業を動かすのがミッション。最近データ分析について勉強をし始めた。Excelでグラフを作成するのが得意。

図 2.11　今回のクライアント

まさにこれまで紹介したようなショッパーマーケティングの課題を抱えていると考えてほしい．また，鳥居さんにヒアリングをしたところ，次のような話があった．

ショッパー購買行動をデータとして取得・分析できるということで大いに期待しています。マーケティングリサーチとしてはたまに消費者アンケートをすることがあるのですが、このように実際の行動を見るというのは初めて行うことなので、いろいろな気付きがほしいですね。

売場づくりは流通様と消費財メーカーが協力して行っていくものだと認識していますが、その多くは感覚的になりがちなんです。データで説得力を増して提案力を向上させていきたいと思っています。言葉だけだと上司や取引先の流通様が納得しません。「見せ方」も工夫したいですね。

ショッパー行動といえば、飲料に関しては若い人はあまり商品を検討せずに即決する傾向があるようなんですね。逆にいえば年齢層が高ければいろいろ商品を検討してくれるからブランドスイッチの余地がありそうなんだけど。あ、あと女性のほうがいろいろと長い時間商品を検討してそうな気もします。

他にも時間帯との関係はありそうですよね。時間帯によって手に取られやすい商品が異なるんじゃないかな。非計画購買とかも変わりそうですね。

弊社は特定のサブカテゴリについては強いんですが、その他のサブカテゴリについてはちょっと弱くて…それを明らかにすることで、どのサブカテゴリにどんな課題があるのか、どんなテコ入れをすればいいのかも明確にしていきたいですね。

どうやら，いろいろとお考えがあるようだ．この話を手がかりとして課題を明確化しながら分析の設計を考えていこう．

コラム　インタビュー調査は正しいか？

消費財メーカーでよく行われるマーケティングリサーチの手法として，インタビュー調査がある．商品の利用者をインタビュー部屋に呼んでヒアリングをしたり，リアル店舗に来店したショッパーに直接インタビューをしたりする．しかし，このインタビュー調査には注意が必要だといわれている．それは，人間の記憶は意外とあいまいだということだ．『情報を正しく選択するための認知バイアス事典』※15では，記憶は「新たに得た情報から絶えず干渉を受け，捕捉され，再構築されていく」ものであると説明されている．実際には経験していない事柄を経験したかのように思い出す現象をフォルス・メモリと呼ぶそうだ．

例えば，「あなたはシャンプー売場にどのぐらいいましたか？」と聞いたとしよう．実際は32秒だったとしても，「うーん，2, 3分ぐらいいたかな」などと答えたりすることがある．本人はまったく悪気はないし，嘘をつこうとも思っていない．しかし結果として誤ったデータが取れてしまうのだ．インタビューは本人の内面までアプローチできるため使い方によっては大変有効なリサーチ手段ではあるが，一方でこのような課題があることも覚えておこう．

※15 高橋昌一郎 (情報文化研究所監修)『情報を正しく選択するための認知バイアス事典』(フォレスト出版，2021)

2.6　ビジネス課題の理解を深めるためには

ビジネス課題は与えられるものではなく，問いかけを繰り返しながら探っていくものだと考えるとよい．クライアントは感じていることをそのまま言葉にして伝えてくる．順序立てて体系的に語られるとは限らないし，時には誤った理解をしている場合もある．こちらが知りたいことをすべて話してくれるわけでもない．このようなとき，相手の言葉に耳を傾け，時には適切な質問を交えながら相手を理解する「ヒアリング力」が必要になる．

『マーケティング・サイエンス入門』※16では，成功の“打率”を上げるための第一歩は顧客のことをよく知ることであり，顧客から学び続けることこそ，継続的にヒット商品を生み出す確率を高めるために最も必要なことであると述べられている．

1つの手法として，業務の担当者に以下のような質問をしてみるとよいだろう．

- 業務におけるミッションはなんですか？
- ミッションと現状にどのようなギャップがありそうですか？
- 業務で困っていることはなんですか？
- どのぐらい困っていますか？
- なにがその課題の解決を阻んでいるのでしょうか？

また，担当者の話の中でわからない専門用語が出てくることもあるだろう．例えば鳥居さんは「ブランドスイッチ」という話をしていた．普段プログラムを書いてばかりだと，なかなかこういった業界用語に触れる機会は少ないだろう．このようなときは，

- 詳しい人に聞く
- 書籍で調べる
- インターネットで検索する
- 正直に本人に聞く

などの方法で学びを深めてほしい．用語を理解することでビジネスにおける真の課題に一歩でも近づけるようになる．4つ目の「正直に本人に聞く」というのは，勇気がないとなかなかできないかもしれない．しかし，相手もなんとなく言っただけかもしれないし，なにか誤解があるかもしれない．一般的にいわれている言葉の定義とは異なる使い方を本人がしている場合もある．時には本人に聞くことが一番効率的であるということは覚えておこう．

また，実際に現場を見ることも大切だ．**デザイン思考** (design thinking) という考え方がある．現場を観察して仮説を立てるというプロセスで，UXデザインなどとも合わせて語られることが多い．機会があれば業務の担当者が実際に作業をしている場面に立ち会って業務をしている様子をじっくり観察したり，今回のように小売店舗を題材にしている場合には，実際にスーパーマーケットやドラッグストアに赴くのもよいだろう．

さらに，質問しても調べても結局のところよくわからない，ということもある．その場合は**推論**

※16 古川一郎・守口剛・阿部誠『マーケティング・サイエンス入門　新版』(有斐閣，2011)

力が必要になってくる.『問題解決力を高める「推論」の技術』[※17]では，推論力を「未知の事柄に対して筋道を立てて推測し，論理的に妥当な結論を導き出す力」と定義している．また，決まった売り物が存在しないコンサルティング業界や広告業界などを例に，「推論力」を総動員して論理や発想を引き出し，常に高いレベルの問題解決策を提供し続けることについて説いている．今回もラボラトリー社の鳥居さんに対して，ある意味ではデータを活用してコンサルティングを行っているともいえる．データサイエンスの案件を進める際にこの推論力は非常に重要だ．どこかに正解があるのではないかと探し続けるのではなく，未知のものに対して推論を行っていくというスタンスも持ち合わせておこう.

最後に，課題解決全般について．ロジカルシンキングによる課題解決の決定版ともいえる著書『イシューから始めよ』[※18]では，**イシュードリブン**を掲げており，課題を「解く」前に「見極める」ことの大切さを謳っている．イシュー (重要な課題・問題) がいったいなんなのかを見極め，イシューをもとにして意思決定をしていくことで効率よくビジネスを行うことが可能となるのだ.

コラム　データサイエンティスト検定でも求められる「言語化力」と「ヒアリング力」

2021 年に一般社団法人データサイエンティスト協会はデータサイエンティスト検定 (リテラシーレベル) を創設した．その中でデータサイエンティストに必要となるスキルとして，

- BIZ3「課題や仮説を言語化することの重要性を理解している」
- BIZ4「現場に出向いてヒアリングするなど，一次情報に接することの重要性を理解している」

といった項目が挙げられている[※19].

統計やプログラミングといったテクニカルスキルだけでなく，言語化力やヒアリング力といったビジネススキルも必要となることを覚えておこう.

2.7 DEFP2021 発表資料からの学び

GIDelta チームは，飲料売場のデータから見たお客様の想定課題と KPI[※20]について整理をしていた (図 2.12)．Who, What, Where という観点で整理をした上で，ラボラトリー社を業界 3 番手であると位置付け，その課題 (Issues) を CVR[※21]が低いこととしている．購入予測を通じてラボラトリー社の販売増に資する施策提案を行うものと位置付けており，今後のデータ分析の方向性も明確化されており参考になるだろう.

以上で本章は終わりとなる．データサイエンスの本なのに，ドメイン知識にあたるショッパーマーケティングの課題に関する紹介が長いと思われたかもしれない．しかし，課題を知らずにデータサイエンスをすることは，RPG において冒険の目的もわからないままアイテム集めや日々の戦闘に没

※17 羽田康祐『問題解決力を高める「推論」の技術』(フォレスト出版，2020)
※18 安宅和人『イシューからはじめよ』(英治出版，2010)
※19 菅由紀子ほか『最短突破　データサイエンティスト検定 (リテラシーレベル) 公式リファレンスブック　第 2 版』(技術評論社，2022)
※20 KPI とは Key Performance Indicator の略で，日本語では「重要業績評価指標」と呼ばれる.
※21 CVR については 5.6 節を参照のこと.

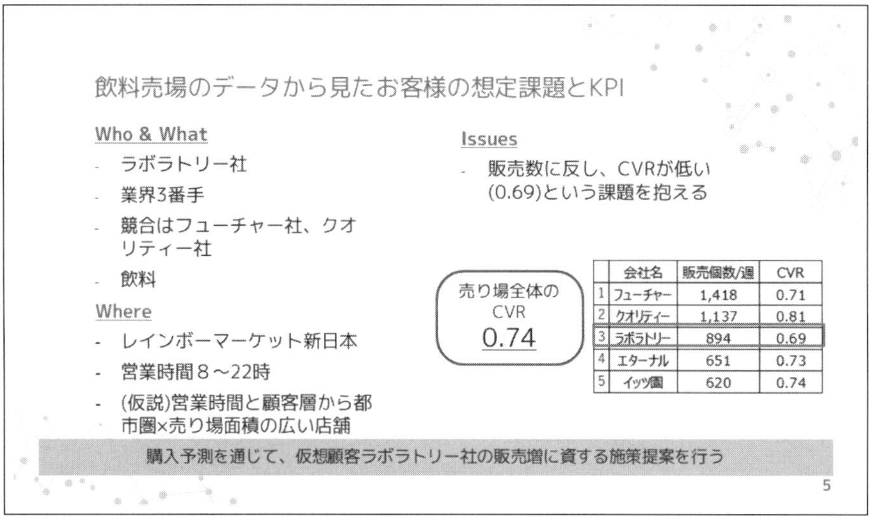

飲料売場のデータから見たお客様の想定課題とKPI

Who & What
- ラボラトリー社
- 業界3番手
- 競合はフューチャー社、クオリティー社
- 飲料

Where
- レインボーマーケット新日本
- 営業時間8～22時
- (仮説)営業時間と顧客層から都市圏×売り場面積の広い店舗

Issues
- 販売数に反し、CVRが低い(0.69)という課題を抱える

売り場全体のCVR
0.74

	会社名	販売個数/週	CVR
1	フューチャー	1,418	0.71
2	クオリティー	1,137	0.81
3	ラボラトリー	894	0.69
4	エターナル	651	0.73
5	イッツ園	620	0.74

購入予測を通じて、仮想顧客ラボラトリー社の販売増に資する施策提案を行う

5

図 2.12　GIDelta チームの発表資料

頭するようなものだ.「自分はいったいなんのために戦っているのか」と思って途方に暮れないためにも，課題と目的を明確にすることを忘れないようにしよう.

コラム　データサイエンスは文理融合

一般社団法人データサイエンス協会では，データサイエンティストに求められるスキルセットとして，以下の3つを挙げている.

- ビジネス力 (business problem solving)
- データサイエンス力 (data science)
- データエンジニアリング力 (data engineering)

一般的にデータサイエンティストといえば，難解な数式を理解して長いプログラムを書いてグラフを出力して喜んでいる人…といったいわゆる「理系的」なイメージが強いかもしれない (上記でいうところのデータサイエンス力にあたる). 一方で，本章で扱ったビジネス課題の抽出では，相手の言葉を理解して咀嚼する読解力や商業や経済の知識といったいわゆる「文系的」な能力が必要となることがイメージできるだろう (上記でいうところのビジネス力にあたる). すなわち，データサイエンスは理系的なスキルと文系的なスキルの両方が必要とされる文理融合の学問であるといえ，『データサイエンス入門』[※22]でも同様のことが述べられている. 企業において研究開発系の部門は理系，営業・マーケティング系の部門は文系が多いといわれているが，データサイエンスはそれぞれの部門を横断し文理を融合した新しいタイプの横串組織であるともいえるだろう. お互いの特性をうまく活かしながらデータサイエンスの活動を進めていきたい.

[※22] 竹村彰通・姫野哲人・高田聖治編『データサイエンス入門　第2版 (データサイエンス大系)』(学術図書出版社, 2021)

章末問題

2.1 鳥居さんの課題を自分なりに整理してみよう．2.3 節で挙げた課題 1～5 に当てはまる課題はあるだろうか？

2.2 鳥居さんの課題を解決するためには，どのようにデータを活用していけばよいだろうか？

解答例は ▶サポートページ参照

第3章

ショッパー行動解析データ概論

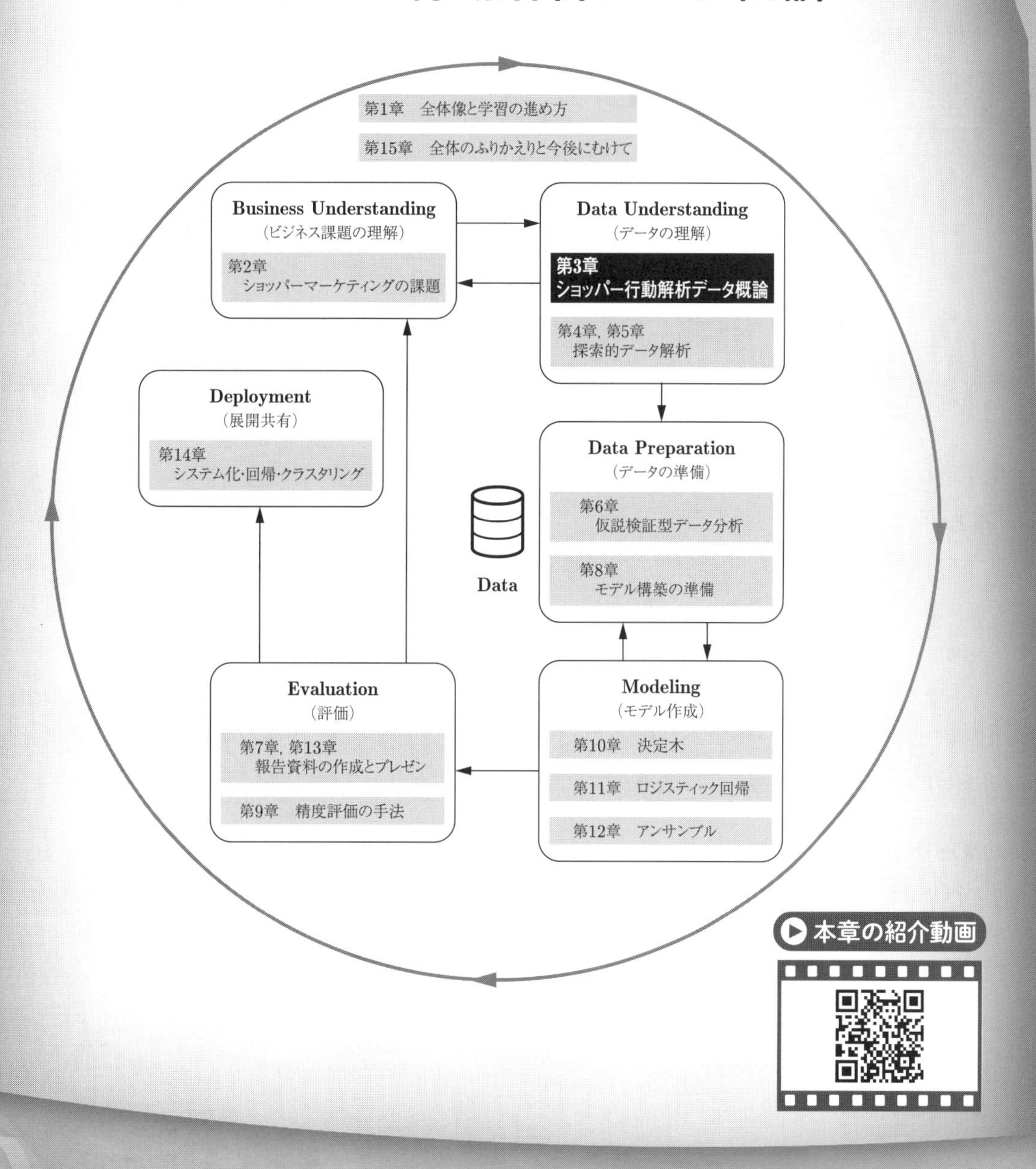

本章の紹介動画

第2章で述べたショッパーマーケティングの課題を解決するためには，様々な手法がある．ここではマーケティングデータの種類を述べた後，代表的なデータとして**ショッパー行動解析データ (GIデータ)** の紹介をする．以降このGIデータを活用して分析や機械学習モデル構築をしていくので，ここでその仕様をしっかり理解していこう．RPGで例えると，物語の序盤に王様や町の人から情報を収集することに近い．

ただ，文章を読んで図をみただけでは具体的なイメージが湧かない場合もあるだろう．その場合は，不明な点はマーキングしておいて次章以降で実際にデータを分析しながらデータの理解を進めていって構わない．

3.1 ショッパーマーケティングにおけるデータの種類

ショッパーマーケティングで活用するデータとして，例えば以下のようなものが挙げられる．

- 商品マスターデータ
- POSデータ
- ID-POSデータ
- 天候データ
- 棚割データ
- GIデータ

商品マスターデータ

商品マスターデータにはおもに，JANコード，製造元メーカー名，商品名，商品カテゴリ，発売日，価格などの情報が含まれる．ショッパーに向けた価格は小売によって販売価格が異なり，特売があったり「おつとめ品」などによって変動する場合がある．商品マスターデータは各メーカーや各小売・流通企業において独自に管理されているケースが多く，業界共通的なものが存在しないのが長年の課題だった．近年，一般社団法人リテールAI研究会ではこの商品マスターデータの共通化に取り組んでおり，業界の課題を解決する突破口になると期待されている※1.

POSデータ/ID-POSデータ

POSデータやID-POSデータは，販売された商品の個数がある単位で集計されている．週販といえば1週間単位，月販といえば1か月単位になる．POSデータとID-POSデータの違いはその名のとおり「ID」に紐づいているかどうかだ．一般的に小売店舗固有のポイントカードなどの登録情報と，個人情報を取得しない範囲で紐づけることが多い．POSデータにしろID-POSデータにしろ，基本的には販売実績の管理となっているため，あくまで「どれだけ売れたか」がわかるのみとなっている．

※1 日経クロステック (xTECH)「『流通のムダ』削減の救世主になるか，リテールAI研究会が商品マスターを共通化へ」
`https://xtech.nikkei.com/atcl/nxt/column/18/00001/05731/`

天候データ

ショッパーマーケティングのデータ分析では，天候データを使う場合もある．晴れの日と雨の日とでは，小売店舗への出足に違いがあるためである．一方で，天候とはどのようなデータなのかを改めて考えてみると，その定義は意外と難しい．まず，天候は当然場所によって異なる．ショッパーの住まいと店舗は厳密には違う場所であるから，「どこの天候を使うのか」という問題が出てくる．また，1 日を通してまったく同じ天候とは限らない．連続的に変わっていく天候をどこかで区切る必要もあるかもしれない．また，曇りと晴れの違いはどこにあるだろうか？　気象庁の定義※2では「全雲量が 2 以上 8 以下の状態」を晴れといい「全雲量が 9 以上であって，見かけ上，中・下層の雲が上層の雲より多く，降水現象がない状態」を曇りというとのことだが，ここを細かく分ける必要はあるのだろうか？　また「晴れ」「曇り」「雨」だけでなく，温度や湿度などのデータも関係してくるかもしれない．

棚割データ

どこにどのような商品が配荷されているかを表すのが棚割データである．第 2 章で述べたように，同じ商品でも設置されている棚の位置によって購買行動が変わる可能性があるため，こういったデータもあるとよいだろう．一方で，棚割データというのは実は時系列管理が非常に複雑でもある．棚割を変更する頻度は商品カテゴリにもよるのだが，極端な場合は毎日なにかしらの商品の場所が入れ替わっている場合もある．そのデータを管理するコストは馬鹿にならないため，必要に応じて使用していくのがよいだろう．

GI データ

GI データには商品マスターデータに含まれる情報のうち，分析において最低限必要な JAN コード，メーカー名，商品名が含まれている．それぞれの商品が，何年何月何日何時何分何秒に接触あるいは購入されたかが時系列で記録されているほか，売場やエリアに対するショッパーの流入・流出の情報も記録されている．もともと分析することを目的として設計されているため，最小限必要な情報が無駄なく網羅されていると考えてよい．とはいえ，一般的にはなじみのないデータであるから，次節でこの GI データの仕様を紹介する．

3.2　ショッパー行動解析データ (GI データ) の仕様

ショッパー行動解析データ (GI データ) とは，その名のとおりショッパーの行動を解析したデータである．前章で示したとおりショッパーとは「商品を購入するかどうかは別としてリアル店舗の棚前にやってくる人」のことを指しており，この人の行動情報全般が記録されていると考えてよい．GI データはリアル店舗の天井に複数台並べて設置したカメラ画像から得られる情報をもとにしている．本節ではこの GI データの仕様について説明をする．初めて聞く言葉が多いかもしれないが，データ特有の名称や構造を理解することはデータサイエンスのはじめの一歩としてとても重要な作

※2 気象庁「予報用語　天気」
https://www.jma.go.jp/jma/kishou/know/yougo_hp/tenki.html

業となる．RPGでも冒険を始める前に王様の説明を聞いたり町の人に話を聞いたりすることで，武器やアイテムの手がかりを手に入れたり目的地を理解したりするだろう．これからの冒険を有意義に進めるためにも，ぜひGIデータの概念を理解していこう．

3.2.1　フレームイン/アウト・エリアイン/アウト

ショッパーがカメラ画角内に入ることを**フレームイン** (frame in)，カメラ画角内から出ることを**フレームアウト** (frame out) という．また，カメラ画角内には複数の**エリア** (area) を設定することが可能となっており，エリアに入ることを**エリアイン** (area in)，エリアから出ることを**エリアアウト** (area out) という．フレームは1つだけだが，エリアは複数設定できる (図3.1)．カメラは複数台設置されることもあるが，その際も複数台のカメラを連結してフレームは1つ，エリアは複数となる．

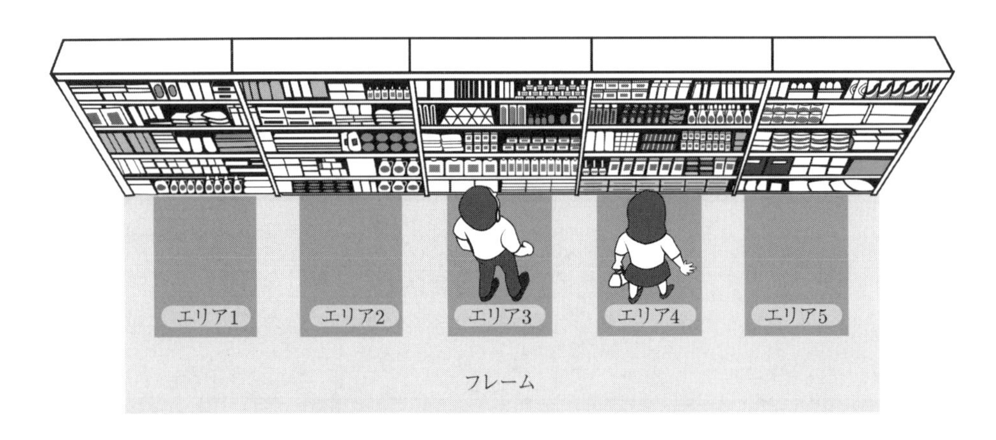

図3.1　フレームとエリアの概念

フレームインした時刻を**フレームイン時刻**，フレームアウトした時刻を**フレームアウト時刻**といい，フレームイン時刻からフレームアウト時刻までを**フレーム滞在時間**，または単に**滞在時間**という．フレーム滞在時間は1人のショッパーにつき1つしか存在しない．

どこかしらのエリアにエリアインした時刻を**エリアイン時刻**，エリアアウトした時刻を**エリアアウト時刻**といい，エリアイン時刻からエリアアウト時刻までを**エリア滞在時間**という．エリア滞在時間は1人のショッパーにつき複数存在する場合がある．

ある1人についてすべてのエリア滞在時間を合計したものを**トータル滞在時間**という．フレームイン時刻から最初のエリアイン時刻までの間や，あるエリアからのエリアアウトから別のエリアへのエリアインの間には，空白の時間 (フレームには入っているがエリアには入っていない) が存在することもある．したがって，最も早いエリアイン時刻 (以降「最早エリアイン時刻」) から最も遅いエリアアウト時刻 (以降「最遅エリアアウト時刻」) までの時間と，トータル滞在時間やフレーム滞在時間は，必ずしも一致しない．

例を挙げて説明しよう．図3.2のように，あるショッパーが9:59:30にフレームインして，いくつかあるエリアのうち「エリア1」に10:00:00にエリアインしたとしよう．以降，図のようにエリア2，エリア3とエリアイン・アウトを繰り返し，10:01:45にフレームアウトしたとする．このとき，フレーム滞在時間は135秒となる．また，各エリアのエリア滞在時間はそれぞれ30秒，35秒，10

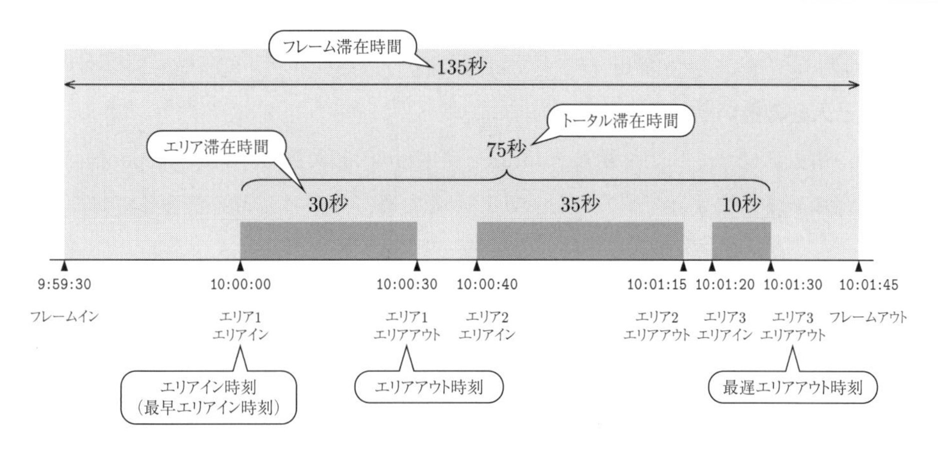

図 3.2 ショッパー行動のタイムライン

秒となるため，トータル滞在時間はその和の 75 秒となる．一方で最早エリアイン時刻 (10:00:00) から最遅エリアアウト時刻 (10:01:30) までの時間は 90 秒となるため，それぞれ異なる時間となる．

次章以降でショッパー行動を分析する上でこの区別は重要になってくるので，ここでは概念だけでも覚えておこう．

3.2.2 立寄・滞在・接触・購入

GI データにおいて記録対象とみなされる人 (すなわちショッパーと定義される人) は以下の条件をすべて満たす人物としている．

- フレーム滞在時間がある閾値(しきいち)以上であること
- 対象商品棚のほうを向いた時間がある閾値以上であること
- 店舗の従業員などの関係者ではない一般のお客様と認識された人物であること

また，**コンバージョン区分** (conversion category) という概念がある．これは，ショッパーの行動を段階ごとに区切ったもので，以下の 4 つの区分がある．

- **立寄** (visit)：上記 3 つの条件をすべて満たすことをいい，そのショッパーを**立寄者** (visitor) という
- **滞在** (stay)：立寄のうちフレーム滞在時間が 10 秒以上のことをいい，そのショッパーを**滞在者** (stayer) という
- **接触** (contact)：立寄のうちいずれか 1 つ以上の商品に手を触れることをいい，そのショッパーを**接触者** (contactor) という
- **購入** (buy)：立寄のうちいずれか 1 つ以上の商品を手に持ってフレームアウトすることをいい，そのショッパーを**購入者** (buyer) という

この 4 つの区分の人数がどれほどかがわかってくると，その売場の概要がみえてくる．例えば 1 日の立寄者が 1000 人以上の売場と 10 人だけの売場だと前者のほうが賑わっている売場だといえる．さらに，それぞれの比率も重要だ．例えば立寄者が 1000 人の売場において，接触者が 500 人の売場と 50 人だけの売場だと，立寄から接触に至る割合が 50％と 5％とで大きく異なっており，後者は

売場に来てもらえているのに商品を手に取ってもらえていない売場だということがわかってくる．

3.2.3　回数と人数の違い

立寄，接触，購入には，それぞれ**回数** (number of times) と**人数** (number of people) がある．回数で表すか人数で表すかによって異なる分析ができるため，その考え方を整理しておこう (表3.1).

表3.1　回数と人数の違い

コンバージョン区分	回数/人数	定義
立寄 (フレーム)	回数/人数	フレーム立寄の回数．1人につきフレームへの立寄は必ず1回なので立寄人数も同じになる
立寄 (エリア)	回数	各エリアにおける立寄の回数．1人につき複数回カウントされる場合もある (エリア1→エリア2→エリア1，のように)
	人数	各エリアにおける立寄の人数
接触	回数	その商品が手に取られた回数
	人数	その商品を手に取った人数
購入	回数	その商品が購入された回数
	人数	その商品を購入した人数

3.2.4　その他の細かいルール

その他，以下のようなルールがある．

- カメラにフレームインしてからフレームアウトするまでを1人のショッパーとして扱う．よって同一人物が一度カメラからフレームアウトした後に再度カメラにフレームインした場合は，別の人物として扱われて，別の人物IDが付与される
- 個人情報保護に配慮し，すべての計測は個人を特定しない形で行われている
- 商品の購入はレジにおけるPOSデータやID-POSデータとは紐づけていない．そのため，厳密には購入した回数/人数が異なる場合がある

3.3　GIデータの確認

▶サポートページ参照

ここからは，本書で使用するGIデータをダウンロードして実際に中身を確認してみよう．1.1.2項で紹介したサポートページからKaggleまたはGitHubにアクセスし，GIデータを一式ダウンロードしてみよう．

中を開くと以下の4つのファイルがあることがわかる．

- `gi_sample_submit.csv`
- `gi_test.csv`
- `gi_train_mm10.csv`
- `gi_train_mm11.csv`

ここで，実際にGIデータにあたるのは「`gi_train_mm10.csv`」および「`gi_train_mm11.csv`」

となる．ここでは「`gi_train_mm10.csv`」を確認してみよう．

もしExcelなどの表計算ソフトを持っていれば，まずはその表計算ソフトで開いてみるのもよいだろう．

データの中身をみると，多くの列が設定されていることがわかるだろう．それぞれの列は表3.2のような定義となっている．

表 3.2 データフォーマット説明

	A	B	C	D	E	F	G	H	I	J
1	customer_id	event_day	store_i	store	project_categor	area_i	gende	age	age_categor	event_typ
9	20201026-010010	2020/10/26	10	レインボーマーケット新日本	飲料		man	30's	Young	1
5499	20201026-010010	2020/10/26	10	レインボーマーケット新日本	飲料	5	man	30's	Young	2
10776	20201026-010010	2020/10/26	10	レインボーマーケット新日本	飲料		man	30's	Young	3
10777	20201026-010010	2020/10/26	10	レインボーマーケット新日本	飲料		man	30's	Young	3

K	L	M	N	O	P	Q	R
product_i	product_name	company	time_duratior	num_toucl	in_time	out_time	buy_fla
			11.0		08:11:19.200	08:11:30.200	
			10.0		08:11:19.800	08:11:29.800	
4	ジャパンスプラッシュ500ml	クオリティー	0.0	1	08:11:21.400		1
5	雪のしずく550ml	ラボラトリー	0.0	1	08:11:24.200		1

列	項目	型	説明
A	`customer_id`	文字列	人物ID．人物1人1人についてユニーク
B	`event_day`	YYYY/MM/DD	対象データの年月日
C	`store_id`	数値	10で固定
D	`store`	文字列	「レインボーマーケット新日本」で固定
E	`project_category`	文字列	「飲料」で固定
F	`area_id`	数値	(`even_type=2`のみ) 立ち寄ったエリアのエリアID
G	`gender`	文字列	man (男性)/woman (女性)
H	`age`	文字列	0's (0代)/10's (10代)/20's (20代)/···/Over70's (70代以上)
I	`age_category`	文字列	Child/Teen/Middle/Young/Senior
J	`event_type`	数値	1:フレームイン/アウト，2:エリアイン/アウト，3:商品接触・購入
K	`product_id`	数値	商品ID
L	`product_name`	文字列	商品名
M	`company`	文字列	メーカー名
N	`time_duration`	数値	(`event_type=1`) フレーム滞在時間，(`event_type=2`) エリア滞在時間
O	`num_touch`	数値	(`event_type=3`のみ) 1固定
P	`in_time`	hh:mm:ss.SSS	(`event_type=1`) フレームイン時刻，(`event_type=2`) エリアイン時刻，(`event_type=3`) 商品接触時刻
Q	`out_time`	hh:mm:ss.SSS	(`event_type=1`) フレームアウト時刻，(`event_type=2`) エリアアウト時刻
R	`buy_flag`	数値	(`event_type=3`のみ) 0:非購入，1:購入

データ例1：フレームイン・アウトのみ

表3.3は特に商品を手に取らずにフレームイン・アウトしたデータ例だ．なんとなく売場に立ち寄ったものの，特に用事がなくすぐに引き返しただけかもしれない．

表 3.3　データ例 1

	A	B	C	D	E	F	G	H	I	J
1	customer_id	event_day	store_i	store	project_category	area_i	gende	age	age_categor	event_typ
3031	20201029-040081	2020/10/29	10	レインボーマーケット新日本	飲料		man	60's	Senior	1

K	L	M	N	O	P	Q	R
product_i	product_name	company	time_duration	num_touch	in_time	out_time	buy_fla
			11.0		15:53:25.600	15:53:36.600	

日時	イベント
2020/10/29 15:53:25.600	60代の男性がフレームイン
2020/10/29 15:53:36:600	フレームアウト (フレーム滞在時間 11.0 秒)

データ例 2：エリアイン・アウトを含む

表 3.4 はエリアイン・アウトをしたデータ例だ．具体的に商品を検討するそぶりをしている様子がうかがえる．

表 3.4　データ例 2

	A	B	C	D	E	F	G	H	I	J
1	customer_id	event_day	store_i	store	project_category	area_i	gende	age	age_categor	event_typ
19	20201026-010024	2020/10/26	10	レインボーマーケット新日本	飲料		man	30's	Young	1
5508	20201026-010024	2020/10/26	10	レインボーマーケット新日本	飲料	2	man	30's	Young	2

K	L	M	N	O	P	Q	R
product_i	product_name	company	time_duration	num_touch	in_time	out_time	buy_fla
			20.4		08:23:49.400	08:24:09.800	
			11.0		08:23:54.600	08:24:05.600	

日時	イベント
2020/10/26 08:23:49.400	30代の男性がフレームイン
2020/10/26 08:23:54.600	エリア 2 にエリアイン
2020/10/26 08:24:05.600	エリア 2 からエリアアウト (エリア滞在時間 11.0 秒)
2020/10/26 08:24:09:800	フレームアウト (フレーム滞在時間 20.4 秒)

データ例 3：商品接触・購入を含む

表 3.5 はエリアイン・アウトした上で商品に接触・購入をしたデータ例だ．実際に商品を手に取り購入している様子がうかがえる．

このようにデータをみるだけでもなんとなくショッパーの購買行動がみえてくる．次章以降ではさらにこのデータを深掘りして分析していこう．

3.4　必要なデータはすべて集めるべきか？

本章の冒頭に示した CRISP-DM の図をよくみると Data Understanding から Business Understanding に戻っている矢印があることに気付くだろう．これは，準備したデータでそもそも課題がどれだけ解決できそうかを立ち戻って考えることを意味している．今回の場合，この GI データだけである程度課題解決に取り組めそうである．しかし，GI データだけでは限界があることもなんとなくわかるだろう．新たなデータを手に入れることはもちろんできるのだろうが，以下のようなリス

表 3.5 データ例 3

	A	B	C	D	E	F	G	H	I	J
1	customer_id	event_day	store_i	store	project_categor	area_i	gende	age	age_categor	event_typ
22	20201026-010029	2020/10/26	10	レインボーマーケット新日本	飲料		woman	40's	Middle	1
5510	20201026-010029	2020/10/26	10	レインボーマーケット新日本	飲料	5	woman	40's	Middle	2
10797	20201026-010029	2020/10/26	10	レインボーマーケット新日本	飲料		woman	40's	Middle	3

K	L	M	N	O	P	Q	R
product_i	product_name	company	time_duratior	num_touc	in_time	out_time	buy_fla
			18.0		08:28:49.600	08:29:07.600	
			6.2		08:28:50.600	08:28:56.800	
4	ジャパンスプラッシュ500ml	クオリティー	0.0	1	08:28:51.600		1

日時	イベント
2020/10/26 08:28:49.600	40 代の女性がフレームイン
2020/10/26 08:28:50.600	エリア 5 にエリアイン
2020/10/26 08:28:51.600	クオリティー社の「ジャパンスプラッシュ 500 ml」を手に取り (商品接触), そのまま購入 (商品購入)
2020/10/26 08:28:56.800	エリア 5 からエリアアウト (エリア滞在時間 6.2 秒)
2020/10/26 08:29:07:600	フレームアウト (フレーム滞在時間 18.0 秒)

クがあることは念頭に置いておきたい.

- データ取得のための金銭的なコストがかかる
- データ理解のための時間的なコストがかかる
- GI データとの繋ぎこみを考える必要がある

ほしいデータがあったとしても課題解決にダイレクトに結びつかないならここではいったん保留にして, 次に進むという選択もありかもしれない. どのようなデータを集める (使う) べきで, どのようなデータを集めない (使わない) のか. その判断をする上でビジネスの課題解決への貢献度合いを見積もるとよいだろう. そしてそのためには, 繰り返しになるがビジネスの課題とはいったいなんなのかを理解することがきわめて重要なのだ. 今回はメリットやデメリットも考慮した上で, 以降 GI データのみを活用していくこととする.

コラム　ビッグデータよりスモールデータ

本書で今後使用していくデータは, `gi_train_mm10.csv` と `gi_train_mm11.csv` のたった 2 つのファイルである. しかも同じフォーマットで単純に月によって分けているだけであるため, 実質 1 つといえる. 容量としても足してもたった 3 MB 程度だ. しかし, この 3 MB のデータだけでも様々な発見があるということが, これから明らかになっていくだろう.

日本では 2013 年の流行語大賞の候補として「ビッグデータ」が挙げられ, より多くのデータを扱うことで様々なことがわかるとして, 大量かつ多種多様なデータを集めようとする風潮がある. しかし, 様々なフォーマット, 様々な出所のデータをいじくりまわしたところで, ただ時間だけが過ぎていく上に, ほとんど成果が得られないということもある. まずはスモールデータでできることを模索してみて, どうしても足りないところを徐々に補間していく, というプロセスのほうがよい場合もあることは覚えておこう.

3.5　DEFP2021 発表資料からの学び

Fujiyama チームは，時間的視点，空間的視点，顧客視点，企業・商品視点という 4 つの視点からベースとなる仮説や検討事項を洗い出していた (図 3.3)．例えば「平日か休日か，もしくは曜日で商品購入の傾向に差がある？」という疑問に対しては，GI データの `event_type=3` のデータを使って，購入された商品を日ごとに分析することによって傾向がみえてきそうだ．また「商品購入者・非購入者にはエリア移動のパターンがある？」という疑問に対しては，GI データの `event_type=2` のデータを使って，ショッパーごとのエリアイン/アウトを精緻にみていくと良さそうだ．このように，第 2 章の顧客課題と第 3 章のデータ定義とを照らし合わせながら，「どのような疑問 (仮説) に対してどのようにデータを使っていけばよさそうか」ということを考えていくと，第 4 章以降の分析が行いやすくなる．

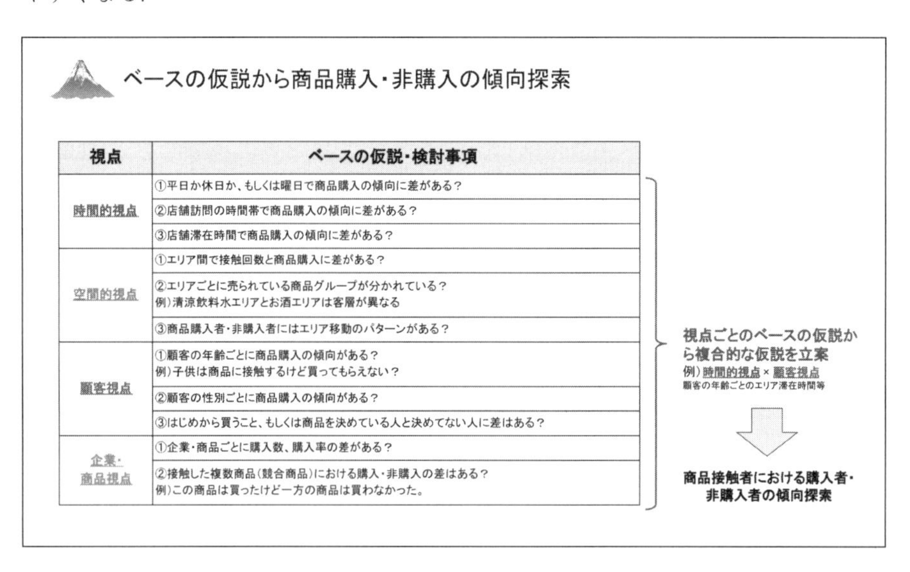

視点	ベースの仮説・検討事項
時間的視点	①平日か休日か、もしくは曜日で商品購入の傾向に差がある？
	②店舗訪問の時間帯で商品購入の傾向に差がある？
	③店舗滞在時間で商品購入の傾向に差がある？
空間的視点	①エリア間で接触回数と商品購入に差がある？
	②エリアごとに売られている商品グループが分かれている？ 例）清涼飲料水エリアとお酒エリアは客層が異なる
	③商品購入者・非購入者にはエリア移動のパターンがある？
顧客視点	①顧客の年齢ごとに商品購入の傾向がある？ 例）子供は商品に接触するけど買ってもらえない？
	②顧客の性別ごとに商品購入の傾向がある？
	③はじめから買うこと、もしくは商品を決めている人と決めてない人に差はある？
企業・商品視点	①企業・商品ごとに購入数、購入率の差がある？
	②接触した複数商品（競合商品）における購入・非購入の差はある？ 例）この商品は買ったけど一方の商品は買わなかった。

図 3.3　Fujiyama チームの発表資料

章末問題

3.1　スーパーマーケットの冷蔵の飲料売場において，1日あたりの立寄者，滞在者，接触者，購入者はそれぞれどれぐらいだろうか．自らが普段お買い物に訪れている店舗をイメージしながら予想してみよう．

3.2　今回使用するGIデータだけで分析が可能なことと不可能なことがありそうだ．それぞれ考えて書き出してみよう．

解答例は ▶サポートページ参照

第 4 章

探索的データ解析 (I)

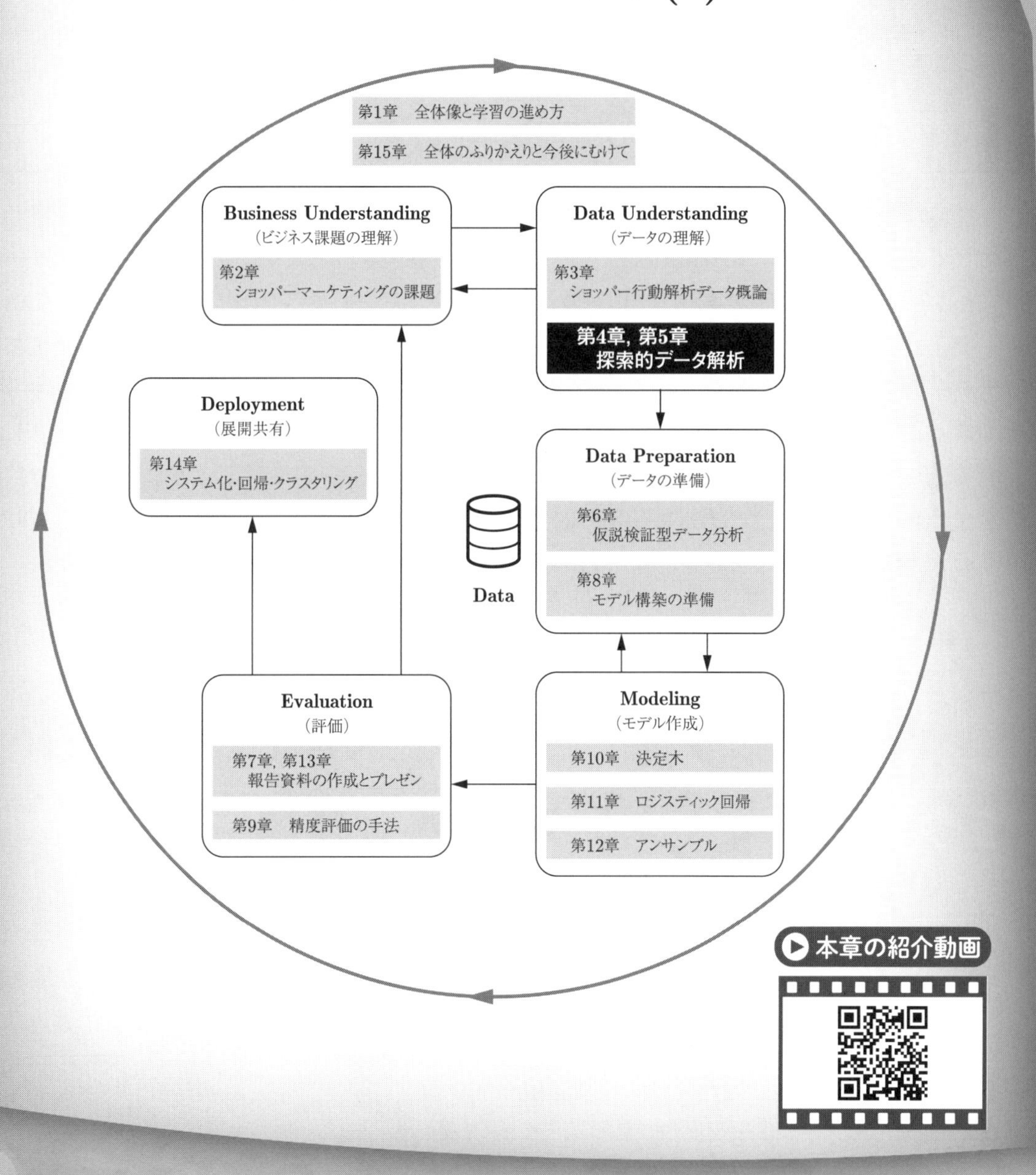

いよいよここからは実際にプログラムを動かしながらデータ分析に入っていく．まずはデータを読み込んで，どのようなデータなのかを確認するところから始めてみよう．ここでは，データを様々なグラフや図にして**可視化** (visualize) しながら様々な気付きを得ていく．これはあたかも，RPGで武器や防具，アイテムなどを集めてそのステータスを確認し冒険の準備をすることに近い．その過程で再度町の人に話を聞きながら有力な情報を集めてくるといったことも必要かもしれない．物語の攻略に関する重要な手がかりを得ることにも繋がるだろう．一見地味な作業にみえるが，課題解決にはとても大切なプロセスとなるので，しっかり学んでいこう．なお，慣例的に探索的データ“解析”という言葉を使っているが，本文中ではデータ“分析”と表現していることが多い．本書ではどちらもほぼ同じ意味で使っているので，特に違いを意識しなくてもよい．

4.1　探索的データ解析 (EDA) とは

探索的データ解析 (Exploratory Data Analysis：EDA)※1とは，データの特徴や構造を理解することである．「探索的」(Exploratory) という名称は，「探検家」という意味を持つエクスプローラ (Explorer) と語源は同じであり，その名のとおりデータを探求していくことがミッションとなる．

データを集計したり分析したりした結果から**気付き**を得て**インサイト** (insight)※2を導き出すこともデータサイエンティストにとって大切な業務だ．『「欲しい」の本質〜人を動かす隠れた心理「インサイト」の見つけ方』※3では，インサイトとは人を動かす隠れた心理のことであり，インサイトが日本でもブランドや商品開発の核として活用されてきていると述べられている．本章では，データ分析によって表やグラフを出力した後，気付きを書き出すという演習を繰り返し行いながら，可視化の方法や気付きを得る方法を習得しながらデータ自体の理解も深めていく．

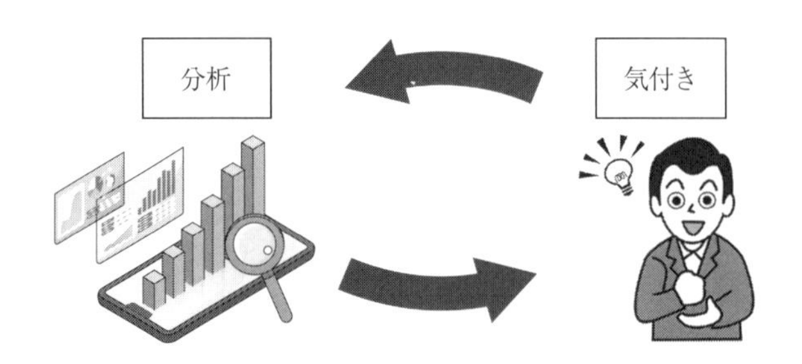

図 4.1　分析と気付きの繰り返し

※1 Exploratory ではなく Explanatory (説明的な) と表現されることも多い．
※2 Go Insight という名称にもこの「インサイト」という言葉が入っている．気付きを深めていきマーケティングの顧客課題に関するインサイトを得て，マーケティングや商品開発などにアプローチしていくツールになっていってほしい，といった想いも込められている．
※3 大松孝弘・波田浩之『「欲しい」の本質　人を動かす隠れた心理「インサイト」の見つけ方』(宣伝会議，2017)

4.2 head/tail で中身を確認する

サポートページ参照

4.2.1 フォルダとファイルの準備

では早速プログラミングに取り組んでいこう．まずは使用する GI データとそのフォルダの準備をする．すでに取得済みであろう以下の 2 つのファイルを使用する．

- gi_train_mm10.csv
- gi_train_mm11.csv

末尾「mm10.csv」が 10 月のデータ，「mm11.csv」が 11 月のデータとなっている．これを読み込んで内容を確認しよう．そのために，まずは以下のようなフォルダ構成にしておこう．

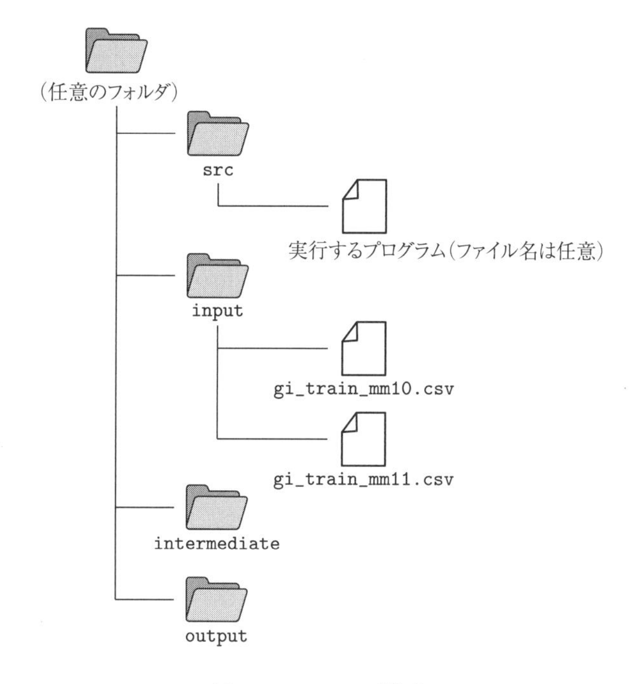

図 4.2 フォルダ構成

これから実行するプログラムは「src」というフォルダの中に任意のファイル名で格納されており，そのフォルダと並列に「input」というフォルダがあり，その中に読み込むファイル (gi_train_mm10.csv，gi_train_mm11.csv) が格納されている，という状態になっていればよい．「intermediate」は中間ファイルを格納するためのフォルダ，「output」は出力ファイルを格納するためのフォルダであり，第 8 章の機械学習モデルの構築から本格的に使用する．

4.2.2 ライブラリのインポート

まずは，使用するライブラリをインポートする．今回は，数値計算用のライブラリである **NumPy**，表や時系列データを操作するためのデータ構造と演算を提供するライブラリである **Pandas**，グラフ描画ライブラリである **Matplotlib** を使用する．

```
1 import numpy as np
2 import pandas as pd
3 import matplotlib.pyplot as plt
4 %matplotlib inline
```

4行目では，Matplotlib によって出力したグラフをノートブック上で表示するためのマジックコマンドを記載している．

4.2.3　csv ファイルの読み込み

次に，csv ファイルを読み込み，Pandas で最もよく使われ2次元データを処理するのに都合がよい **DataFrame** というクラス※4のオブジェクトに格納していく．input フォルダに格納してある csv ファイルを読み込んでみよう．

```
1 df1 = pd.read_csv("../input/gi_train_mm10.csv") # 10月のデータ
2 df2 = pd.read_csv("../input/gi_train_mm11.csv") # 11月のデータ
```

これで，df1 や df2 といった変数名で，**DataFrame** 型でそれぞれデータが格納された．

4.2.4　head メソッドと tail メソッドの実行

では，**head** メソッドと **tail** メソッドで内容を確認してみよう．

```
1 df1.head()
```

	customer_id	event_day	store_id	store	project_category	⋯
0	20201026-010001	2020/10/26	10	レインボーマーケット新日本	飲料	⋯
1	20201026-010003	2020/10/26	10	レインボーマーケット新日本	飲料	⋯
2	20201026-010004	2020/10/26	10	レインボーマーケット新日本	飲料	⋯
3	20201026-010005	2020/10/26	10	レインボーマーケット新日本	飲料	⋯
4	20201026-010006	2020/10/26	10	レインボーマーケット新日本	飲料	⋯

なお，実際にプログラムを実行するともっと列が横に長く表示されることだろう．本書では紙面の都合で省略しており，省略箇所は「⋯」と表記している．以降同様とする．

```
1 df1.tail()
```

	customer_id	event_day	store_id	store	project_category	⋯
18892	20201031-080204	2020/10/31	10	レインボーマーケット新日本	飲料	⋯
18893	20201031-080204	2020/10/31	10	レインボーマーケット新日本	飲料	⋯
18894	20201031-080214	2020/10/31	10	レインボーマーケット新日本	飲料	⋯
18895	20201031-080223	2020/10/31	10	レインボーマーケット新日本	飲料	⋯
18896	20201031-080224	2020/10/31	10	レインボーマーケット新日本	飲料	⋯

※4 クラスや各クラスが持つメソッドについては，Python のドキュメントも参照のこと．
https://docs.python.org/ja/3/tutorial/classes.html

4.2.5 「気付き」の確認

この出力結果を眺めてみるだけでもいろいろなことがわかってくる．さっそく気付きを得る演習に取り組んでみよう．

演習 4.1 head および tail の内容を確認して「気付き」を書き出してみよう (1 分)

受講生からは以下のような気付きが挙げられた．

- 1 列目「customer_id」ではなにかしらの ID が定義されているようだ
- 2 列目「event_day」ではなにかしらのイベントが起こった日にちが設定されているようだ
- 4 列目「store」5 列目「project_category」から，「レインボーマーケット新日本」という店舗における「飲料」売場のデータのようだ
- 7 列目「gender」8 列目「age」9 列目「age_category」ではなにかしらの属性情報が設定されているようだ

もちろん現時点ではわからないことも多くある．「ようだ」「かもしれない」という程度で構わない．上記はあくまで一例であり，他にもいろいろなことに気付くだろう．ぜひ自分なりに書き出してみるとともに，一緒に本書を読み進めている仲間とディスカッションしてほしい．

さて，この時点でもう一度第 3 章で行った GI データの理解を思い出してみてほしい．気付いたことをもとにして，それぞれの列がどのようなことを表しているのか，定義と照らし合わせながらこの後確認していく．

4.3 concat で csv ファイルを結合する

10 月のファイルと 11 月のファイルに分かれているが，今後分析を行うにあたっては特に分かれていることにメリットはないため，ファイルを結合しておこう．

4.3.1 shape で行数・列数を確認

本当にこのまま結合しても問題ないかどうかを確認するために，結合する前に DataFrame 型の **shape** 属性※5により行数・列数をそれぞれ確認しておく．

```
1 df1.shape
```

```
(18897, 18)
```

```
1 df2.shape
```

```
(4366, 18)
```

※5 このようにクラスやオブジェクトが持っている性質や値を「属性」という．この場合は，df1 という変数名の DataFrame 型のオブジェクトが，shape という行数・列数を表す属性を持っており，それを出力したと解釈できる．

前の数字が行数，後の数字が列数である．これで，列数が一致していることが確認できた．

4.3.2　dtpyes でデータ型を確認

もう少し確認するために，df1 と df2 のそれぞれの列のデータの型を確認しておく．確認するためには **dtypes** 属性を使用する．

```
1 df1.dtypes
```

```
customer_id          object
event_day            object
store_id              int64
store                object
project_category     object
area_id             float64
gender               object
age                  object
age_category         object
event_type            int64
product_id          float64
product_name         object
company              object
time_duration       float64
num_touch           float64
in_time              object
out_time             object
buy_flag              int64
dtype: object
```

```
1 df2.dtypes
```

```
customer_id          object
event_day            object
store_id              int64
store                object
project_category     object
area_id             float64
gender               object
age                  object
age_category         object
event_type            int64
product_id          float64
product_name         object
company              object
time_duration       float64
num_touch           float64
in_time              object
out_time             object
buy_flag              int64
dtype: object
```

両者を見比べて，列名やデータ型が完全に一致していることが確認できた．これで結合しても問題ないようだ．

4.3.3 concat でデータを結合

それでは，Pandas の **concat** 関数[※6]によりデータを結合してみよう．このとき，いったんテンポラリの DataFrame 型の変数 df_tmp に格納してみる．作成できたら head メソッドで先頭 5 行を確認してみよう．

```
1 df_tmp = pd.concat([df1, df2])
2 df_tmp.head(5)
```

```
        customer_id   event_day  store_id                  store  project_category  ...
0  20201026-010001  2020/10/26        10  レインボーマーケット新日本              飲料  ...
1  20201026-010003  2020/10/26        10  レインボーマーケット新日本              飲料  ...
2  20201026-010004  2020/10/26        10  レインボーマーケット新日本              飲料  ...
3  20201026-010005  2020/10/26        10  レインボーマーケット新日本              飲料  ...
4  20201026-010006  2020/10/26        10  レインボーマーケット新日本              飲料  ...
```

4.3.4 unique で結合の確認

先頭 5 行を確認しただけでは本当に問題なく結合できているかよくわからない．そこで，customer_id のユニーク数を数えてみよう．まずは，Pandas の **Series** 型の **unique** メソッドでユニークなデータとし，さらに **size** 属性を使って，ユニークな人数が df = df1 + df2 になっているかどうかを確認してみる．なお，Series 型も DataFrame 型と同じぐらいよく使われるクラス型である．DataFrame 型が 2 次元データを扱うのに対し，Series 型は 1 次元データを扱う．DataFrame の列または行を Series 型として取り出して処理をする場合が多い．

```
1 print(df_tmp["customer_id"].unique().size)
2 print(df1["customer_id"].unique().size + df2["customer_id"].unique().size)
```

```
9117
9118
```

ちなみに，ここで **print** メソッドを使用している．2 行以上の実行結果をまとめて確認したい場合は，このように print メソッドを使うとよい．さて，その出力結果をみると，どうやら数字があっていないようだ．なぜか．考えてみよう．

> **演習 4.2** どうしてユニークな人数の合計値があっていないのだろうか．理由を考えてみよう (3 分)

※6 「関数」という新たな呼び方が出てきた．先ほどは DataFrame 型のクラスが持つ処理を表す用語として「メソッド」を使ったが，Pandas はクラス型ではなくライブラリであり，ライブラリに定義されている処理は「関数」と呼ぶことが多い．なお，メソッドは関数の一部である．紛らわしいが「なにかしらの処理を行うもの」という意味では同じであるため，最初の段階では特に違いを意識しなくてもよいだろう．

コラム　検算は必ずやろう

ソフトウェア開発の業界では「コードレビュー」といって作成したコード (プログラム) を第三者が確認をして,「仕様どおり作成されているか」「冗長的なコードになっていないか」「可読性は高いか」などといった観点でチェックを行う工程がある. データサイエンスに取り組む際にもぜひ意識をしておこう.

まずは自分でできる予防策として, 最低限の検算は必ず行うようにしよう.

例えば今回のように, DataFrame を 2 つ結合する処理を行った際に, 結合前の 2 つの DataFrame のそれぞれの行数と, 結合後の DataFrame の行数とを比べて確認をする, といったことを行うとよい.

基本的なことではあるが, この検算を忘れると後々誤りに気付いたときに手戻りが発生するだけでなく, 誤りに気付かないまま間違った分析結果をクライアントに提示することになりかねない. 最悪の場合, 誤った経営判断を誘発する可能性もあるのだ.

ほんの少しの時間を惜しまずに検算を行うことが, 品質の高い分析を行うことの近道である.

今回の場合, 2 つの理由が考えられる.

- 結合の方法がおかしい
- 検証の方法がおかしい

結合の仕方は concat で間違いなくできているように思われるので, 今回は検証方法を疑ってみよう.

なぜ 1 人少なくなっているかを明らかにするために, 別のメソッドを使ってみよう. 同じく Series 型の **isnull** メソッドを使って, customer_id の欠損の有無を確認してみよう.

```
print(df_tmp["customer_id"].isnull().any())
print(df1["customer_id"].isnull().any())
print(df2["customer_id"].isnull().any())
```

```
True
True
True
```

isnull メソッドの結果に **any** メソッドを適用することで, それぞれの列ごとに欠損値を 1 つでも含むか判定できる.

どうやら, 結合した結果の df_tmp にも, 元のデータの df1 や df2 にも, customer_id が null のデータが存在しているらしいことがわかった. これが起因して customer_id のユニーク数の整合が取れていなかったようだ.

今度は Series 型の **nunique** メソッドを使ってもう一度データの人数が df = df1 + df2 になっているか確認してみよう.

```
print(df_tmp["customer_id"].nunique())
print(df1["customer_id"].nunique() + df2["customer_id"].nunique())
```

```
9116
9116
```

今度こそばっちり数字が一致した．実は，unique メソッドでは null を含み，nunique メソッドはデフォルト[※7]では null を含まない．このように関数のちょっとした挙動の違いも理解しておくとよいだろう．以上により，どうやら結合の方法には問題がなく，検証の方法がおかしかったようだとわかった．

4.3.5 notna で不要なレコードを削除

今後 customer_id が null となっているレコードは不要となるため，今のうちに取り除いておこう．Series 型の **notna** メソッドを使って，null ではない行のみを取り出して改めて df_tmp に格納しておく．

```
1 df_tmp = df_tmp[df_tmp["customer_id"].notna()]
```

さて，df_tmp というのは仮の変数名だったので，正式な変数名 df に変換しておこう．

```
1 df = df_tmp.copy()
```

コラム　「参照渡し」と「値渡し」

df_tmp を正式に df に格納する際，

```
1 df = df_tmp.copy()
```

とした．なぜ

```
2 df = df_tmp
```

ではいけないのだろうか？

実は 2 の方法で行うと，いわゆる「参照渡し」の形になる．この状態で df に新たな列を追加したり値を変えたりすると，その変更が df_tmp にも反映される．1 の方法のようにコピーを行うと，df は df_tmp とは別物として扱われるため，お互いに影響することはない．これは昔からプログラミングの初学者がはまりやすい罠である．Python にかかわらず気を付けよう．

4.4 describe で要約統計量を確認する

作成した DataFrame (df) にはすべての情報が含まれている．この中には event_type が 1〜3 のものが混在しており，それぞれ別の性質を持つデータになっているため，分けておいたほうがよさそうだ．

4.4.1 loc で抽出する

event_type に応じて DataFrame を分割 (切り出し) して，それぞれ df_et1, df_et2, df_et3 に格納してみよう．

※7 nunique メソッドも引数 dropna = False とすると null も含んだ結果となる．

```
df_et1 = df.loc[(df["event_type"] == 1)]
df_et2 = df.loc[(df["event_type"] == 2)]
df_et3 = df.loc[(df["event_type"] == 3)]
```

ここでは DataFrame 型の **loc** 属性を使用している．今回のように特定の条件を持つ列を抽出することができる．

4.4.2　value_counts で要素数をカウントする

ここでも忘れずに検算を行ってみよう．ここでは Series 型の **value_counts** メソッドで，それぞれの要素の数をカウントしてみよう．

```
print("■ df_et1の event_typeの集計")
print(df_et1["event_type"].value_counts())
print("■ df_et2の event_typeの集計")
print(df_et2["event_type"].value_counts())
print("■ df_et3の event_typeの集計")
print(df_et3["event_type"].value_counts())
```

```
■ df_et1 の event_type の集計
1    9116
Name: event_type, dtype: int64
■ df_et2 の event_type の集計
2    7200
Name: event_type, dtype: int64
■ df_et3 の event_type の集計
3    6907
Name: event_type, dtype: int64
```

df_et1 に含まれるデータの event_type はすべて 1 だけであるということがわかった．df_et2 は 2 だけ，df_et3 は 3 だけ，ということもわかり，問題なく event_type ごとに分けることができたようだ．

4.4.3　info で詳細な情報を確認

では，event_type=1 の df_et1 についてもう少し詳細にみていこう．まずは，DataFrame 型の **info** 属性で詳細な情報を確認してみる．

```
df_et1.info
```

```
<bound method DataFrame.info of           customer_id   event_day  ...
0     20201026-010001  2020/10/26  ...  08:01:56.400         0
1     20201026-010003  2020/10/26  ...  08:03:12.000         0
2     20201026-010004  2020/10/26  ...  08:06:34.200         0
3     20201026-010005  2020/10/26  ...  08:07:25.200         0
4     20201026-010006  2020/10/26  ...  08:07:32.800         0
...               ...         ...  ...           ...       ...
1726  20201101-120046   2020/11/1  ...  21:18:49.000         0
1727  20201101-120047   2020/11/1  ...  21:18:47.600         0
1728  20201101-120049   2020/11/1  ...  21:30:36.400         0
```

```
1729  20201101-120052   2020/11/1  ...  21:37:04.400        0
1730  20201101-120057   2020/11/1  ...  21:52:52.800        0

[9116 rows x 18 columns]>
```

9116 レコード存在していることがわかる．customer_id もレコードごとに異なっているようにみえるが，念のためユニーク数を確認しておこう．

```
1 df_et1["customer_id"].nunique()
```

```
9116
```

レコード数と customer_id のユニーク数が一致していることから，どうやら customer_id ごとにレコードが存在するらしいこともわかった．

4.4.4 describe で要約統計量を確認

今度は DataFrame 型の **describe** メソッドを使って要約統計量を確認してみよう．

```
1 df_et1.describe()
```

```
       store_id  area_id  event_type  product_id  time_duration  num_touch  buy_flag
count    9116.0      0.0      9116.0         0.0    9116.000000     9116.0    9116.0
mean       10.0      NaN         1.0         NaN      35.834138        0.0       0.0
std         0.0      NaN         0.0         NaN      36.451522        0.0       0.0
min        10.0      NaN         1.0         NaN       0.000000        0.0       0.0
25%        10.0      NaN         1.0         NaN      12.800000        0.0       0.0
50%        10.0      NaN         1.0         NaN      23.800000        0.0       0.0
75%        10.0      NaN         1.0         NaN      45.400000        0.0       0.0
max        10.0      NaN         1.0         NaN     421.600000        0.0       0.0
```

様々な情報が出力された．それぞれの統計量の表示の意味は以下のとおりである．

- count：個数
- mean：平均値
- std：標準偏差
- min：最小値
- 25％：第 1 四分位点
- 50％：中央値
- 75％：第 3 四分位点
- max：最大値

4.4.5 量的変数と質的変数

ここで，量的変数と質的変数について解説をしておこう．

4.4.4 項の要約統計量において意味をなすデータは time_duration のみとなる．第 3 章によれば，event_type=1 のとき，time_duration は**フレーム滞在時間**を表すとされている．売場におけるショッパーの滞在時間を指すものと理解すればよく，その平均値や中央値，最大値などをここから読み取ることができる．

滞在時間のように，数値的な意味合いを持つデータのことを**量的変数**または**量的データ**という．滞在時間以外の変数は数値的な意味合いを持たず統計量も意味をなさない．このようなデータのことを**質的変数**または**質的データ**という．**カテゴリ変数** (categorical variable) またはカテゴリカル変数ということもある．例えば `buy_flag` をみてみよう．`buy_flag` には 0 と 1 の 2 種類の数字が含まれているが，数値的な意味合いを持っているわけではない．0 のときは非購入，1 のときは購入を表すというように，カテゴリを表しているだけである．

変数をみたときに，例えば `age` などのように文字 (woman, man) が入っていれば，数値ではないから質的変数であることは明らかであろう．だが，`store_id` や `area_id` のように数値が入っていると，`describe` 関数を実行すると量的変数としてみなして要約統計量を表示してしまうため，量的変数のように思われるかもしれない．実際はカテゴリを表している質的変数であり，量的変数とは違った扱い方をする必要があるということを覚えておこう．

4.4.6　「気付き」の確認

では 4.4.4 項の要約統計量に戻って，ここからどのようなことが読み解けるだろうか？　気付いたことを書き出してみよう．

> **演習 4.3**　フレーム滞在時間の要約統計量をみて，「気付き」を書き出してみよう (3 分)

受講生からは以下のような気付きが挙げられた．

- 平均値は約 35.8 秒 (35.834138)，中央値は 23.8 秒であり，平均値のほうが中央値よりも長い
- 最大値は 421.6 秒であり，7 分以上売場に滞在しているようだ
- 第 3 四分位点 (75％ 点) が 45.4 秒であり，最大値と比べると大きな開きがある
- 標準偏差が約 36.5 (36.451522) と大きな値のようにみえる．だいぶ値がばらついているようだ

このように，要約統計量を読み取ることでいくつかのことがわかってきた．では，もう少し具体的かつ視覚的に理解するために，グラフを作ってみることにしよう．

コラム　変数名の付け方

データ分析をしていくと，どの変数になにを格納しているかよくわからなくなることがある．そのときはわかっていても，間をおいて分析を再開しようとすると，自分が書いていたプログラムのはずなのにわけがわからなくなることも多い．特に Python の場合はクラス型が明示されないため，変数の型も「なんだっけ？」と疑問に思うことが多い．

以下は例として筆者が使う方法である．「コーディング規約」「命名規約」といったもので企業や団体として変数名の付け方をきちんと規定していることも多い．ぜひプログラムを共有する仲間どうしで共通の書き方を見出してほしい．

- `df_tmp` のように，まずは tmp (temporary ＝ 一時的な，の意味で「テンプ」と読む) 変数に格納し，問題がないことがわかったら正式な変数に格納する

- math_score のように，単語と単語の間は "_" (アンダースコア) で繋げる
- 長くなる場合は，子音の頭文字のみ，または単語の頭文字のみ繋げる (例：Japan → jpn)
- DataFrame は df，Series は se をつける

なお，Python のコーディング規約として **PEP8** というものがあり，ここでは命名規約も決められている．ぜひこちらも参照してほしい．

https://pep8-ja.readthedocs.io/ja/latest/#id24

4.5 hist でヒストグラムを作成する

前節での「気付き」から考えて，滞在時間に関する**ヒストグラム** (histogram) を作成してみるとなにか得られそうだと思いついた．

4.5.1 hist でヒストグラムを作成

さっそく Matplotlib ライブラリの **hist** 関数でヒストグラムを作成してみよう．

```
plt.hist(df_et1["time_duration"])
plt.show()
```

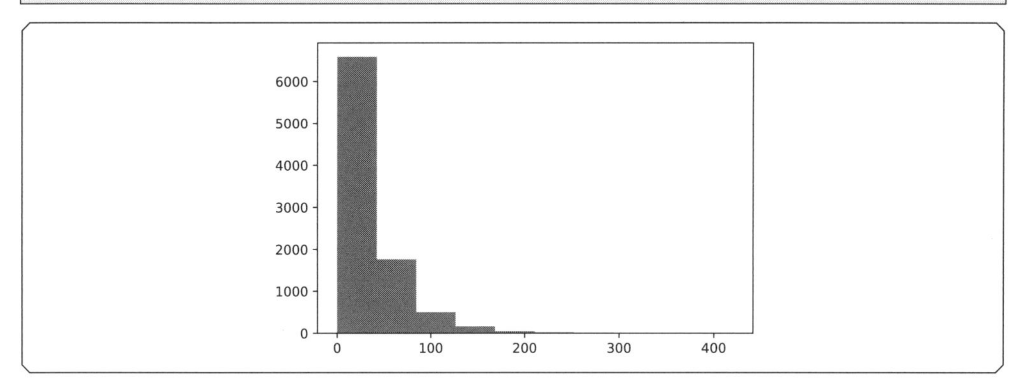

これだけでもなんとなく傾向はつかめそうだが，もう少し工夫してみよう．

4.5.2 hist で解像度の高いヒストグラムを作成

最小値から最大値の範囲で，1 つの棒の幅 (これを**ビン** (bin) という) を 5 秒刻みにすることで，もう少し解像度の高いヒストグラムにしてみる．

```
bin_min = int(df_et1["time_duration"].min())
bin_max = int(df_et1["time_duration"].max())
edges = range(bin_min, bin_max, 5)
plt.hist(df_et1["time_duration"], bins=edges)
plt.show()
```

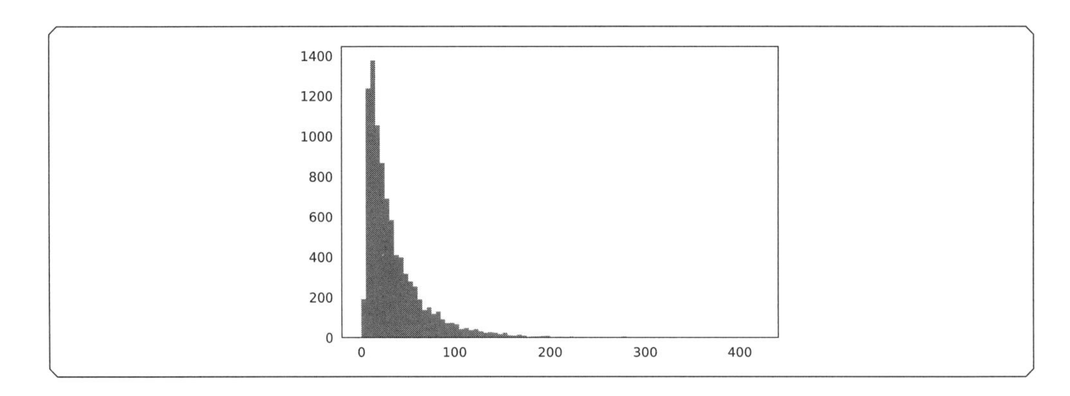

1行目で「フレーム滞在時間の最小値」を横軸の最小値に，2行目で「フレーム滞在時間の最大値」を横軸の最大値に設定し，3行目で刻み幅を5秒と設定した．4行目でそれをパラメタとして設定した上でヒストグラムを描画している．ビンの幅によってだいぶ印象が変わることがわかるだろう．

4.5.3　「気付き」の確認

では，このヒストグラムをみてわかることも書き出してみよう．

演習 4.4　フレーム滞在時間のヒストグラムをみて，「気付き」を書き出してみよう (3分)

受講生からは以下のような気付きが挙げられた．

- 左から3つ目のビンに山があるようだ
- 横軸 (滞在時間) が長くなるほど，人数が少なくなっているようだ
- 200秒あたりを超えてもまったくなくなるわけではなくちらほら人がいるようだ

10〜15秒のビンを頂点として綺麗な山型になっていることがわかる．また，右になだらかな形になっているようだ．このような形を，長い尻尾のようにみえることから，**ロングテール** (long tail) という[※8]．

4.6　boxplot で箱ひげ図を作成する

前節ではヒストグラムをみてみたが，**箱ひげ図**にしてみるとなにかわかることがあるかもしれない．

4.6.1　boxplot で箱ひげ図を作成

Matplotlib ライブラリの **boxplot** 関数で箱ひげ図を作成してみよう．

```
1 plt.boxplot(df_et1["time_duration"])
2 plt.show()
```

[※8] 余談だが，筆者はこのヒストグラムを初めてみたときにとても感動した．人はそれぞれ自由に購買行動をしていると思っていたのに，大勢の人の購買行動を集約してみると，きちんと統計的な分布に従うのだとわかったからだ．こういった気付きを得て知的好奇心を刺激されることも EDA の醍醐味だといえる．

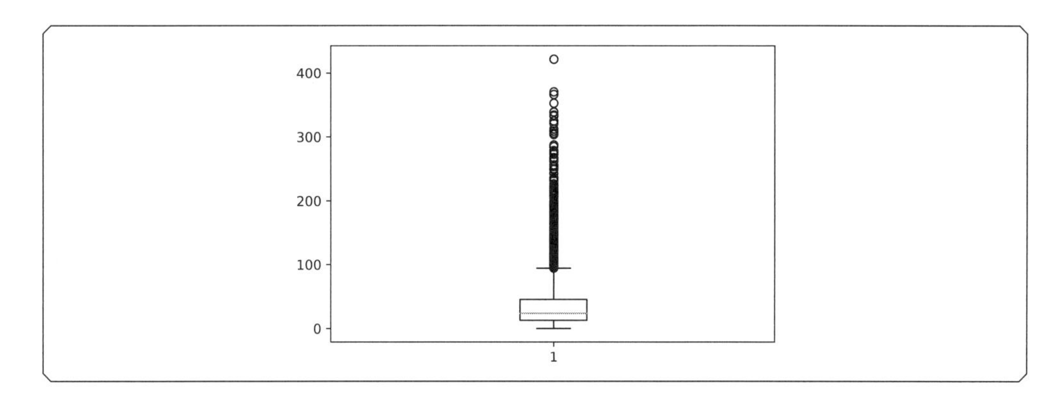

4.6.2 「気付き」の確認

箱ひげ図からもなにか気付いたことはあるだろうか．

演習 4.5 フレーム滞在時間の箱ひげ図をみて，「気付き」を書き出してみよう (3 分)

受講生からは以下のような気付きが挙げられた．

- 100 秒あたりを “最大値” として，その後 “外れ値” が多くあるようだ
- 第 1 四分位点～第 3 四分位点の “箱” が小さくつぶれているようだ

まずは，○ (外れ値) の多さが目を引く．Matplotlib における boxplot 関数では，**外れ値** (outlier) の判定を自動で行っている．この場合，以下の値を閾値として，その値より大きな値を外れ値として判定している．

$$\text{外れ値の上側の閾値} = \text{第 3 四分位数} + 1.5 \times \text{四分位範囲}$$

四分位範囲 (Interquartile range：IQR) とは，第 1 四分位数から第 3 四分位数までの範囲のことである．

$$\text{四分位範囲} = \text{第 3 四分位数} - \text{第 1 四分位数} = 45.4 - 12.8 = 32.6$$

となる (第 3 四分位数は要約統計量の 75 % の数値，第 1 四分位数は要約統計量の 25 % の数値を読み取っている)．したがって

$$\text{閾値} = 45.4 + 1.5 \times 32.6 = 94.3$$

となり，それより大きい値をすべて「外れ値」としている．

4.6.3 「外れ値」について考えてみる

では，そのようなフレーム滞在時間を持つショッパーを本当に「外れ値」として扱ってよいのだろうか？

少し考えてみるために，箱ひげ図でいうところの閾値である 94.3 秒よりもフレーム滞在時間が長いショッパーと，94.3 秒以下のショッパーの人数を導出してみよう．

```
1 print("■94.3秒よりも長いショッパー")
2 print(df_et1[df_et1["time_duration"] > 94.3]["customer_id"].nunique())
```

```
3 print("■ 94.3秒以下のショッパー")
4 print(df_et1[df_et1["time_duration"] <= 94.3]["customer_id"].nunique())
```

```
■ 94.3 秒よりも長いショッパー
591
■ 94.3 秒以下のショッパー
8525
```

591人は全体(9116人)の6.5%程度にあたるため，無視できない人数だ．また，マーケティングの観点からいうと飲料売場に長い時間滞在してくれている人こそ，分析によって様々な示唆が得られる可能性がありそうともいえる．そのため，ここでは“外れ値”としては扱わずに，このまま分析を続けたい．

コラム　「外れ値」「欠損値」の扱いこそビジネス知識が問われる

例えば今回のように箱ひげ図を表してみると統計的には「外れ値」として扱われるデータが出てくる．または，ある項目のデータが記録できていない「欠損値」があることも多いだろう．このようにビジネスにおけるデータサイエンスでは外れ値や欠損値は大変よく出てくる．そのまま外れ値は外れ値として分析対象外とすることもできる．欠損値を含むレコードも同様だ．しかし，そのデータこそがまさに重要な意味を持つ場合もあるのだ．例えば今回のように「滞在時間が長い人こそ分析のし甲斐がある」というように．

分析対象とするのか対象外とするのかを判断したり，欠損値をどのように補間するのかを判断したりするためには，ドメイン知識が大変重要になってくる．今回の場合だとショッパーマーケティングに関する勘所を抑えておくことが大切だろう．鳥居さんのように現場の第一線で活躍される方の話をたくさん聞いておくのもよいだろう．

一般的にいわれている定義や作法に従ったほうがよい場合と，今回の事例のように，分析するテーマの都合上異なる考え方をしたほうがよい場合とがある．そのような判断はいまのところ人間が行うしか手がない．逆にいうと，このような判断を下すことも人間であるデータサイエンティストの大きな仕事であるといえる．

4.7　astype でデータ型を変換する

ここで，**データ型**について考えてみよう．

4.7.1　dtypes でデータ型を確認

改めて現在のデータのデータ型を確認してみよう．

```
1 df.dtypes
```

```
customer_id          object
event_day            object
store_id              int64
store                object
project_category     object
area_id             float64
gender               object
```

```
age                    object
age_category           object
event_type              int64
product_id            float64
product_name           object
company                object
time_duration         float64
num_touch             float64
in_time                object
out_time               object
buy_flag                int64
dtype: object
```

4.7.2 astype でデータ型を変更

数値として意味のある量的変数であるのは time_duration だけだったので，それ以外の int64 や float64 となっているカラムは，すべて str 型としてみよう．このとき **astype** メソッドを使う．

```
1 df[["store_id", "area_id", "event_type", "product_id", "num_touch", "buy_flag"
      ]] = df[["store_id", "area_id", "event_type", "product_id", "num_touch", "b
      uy_flag"]].astype(str)
2 df.dtypes
```

```
customer_id            object
event_day              object
store_id               object
store                  object
project_category       object
area_id                object
gender                 object
age                    object
age_category           object
event_type             object
product_id             object
product_name           object
company                object
time_duration         float64
num_touch              object
in_time                object
out_time               object
buy_flag               object
dtype: object
```

この状態で describe メソッドを実行すると，数値型の time_duration のみの統計量が表示されることがわかるだろう．

```
1 df.describe()
```

```
         time_duration
 count    23223.000000
  mean       19.602403
   std       29.266865
   min        0.000000
```

```
25%        0.000000
50%       10.400000
75%       25.000000
max      421.600000
```

コラム　人は売場に来てから 4 秒で商品を決める？

図 4.3 は，あるスーパーマーケットにおけるカップ麺売場や飲料売場などにおける滞在時間の中央値と商品購入までの時間の中央値を示したものである．商品を 1 つ以上購入した人のみ抽出しており，「商品購入までの時間」とは売場に来てから商品を手に取るまでの時間である (商品を複数購入した場合はファーストコンタクト (最初の商品への接触) までの時間を算出).

図 4.3　売場における滞在時間の違い

これをみると，いくつかのことがわかってくる．まず，滞在時間の中央値は売場によって大きく異なる．カップ麺売場では 9.6 秒と短いが，嗜好品売場では 38.2 秒とかなり長くなっている．また商品購入までの時間の中央値も売場によって異なるようだ．飲料売場にいたっては，なんと 4.2 秒である．売場にやってきてから，たった 4 秒で商品を決めて手に取り，14 秒で去っているというのが実態のようだ．ところで，もう 1 つ面白いことがある．例えばお菓子売場では 5.1 秒で商品を購入しているが，売場を去るのは 14.2 秒である．その間 9 秒ほどはいったいなにをしているのだろうか？　購入する商品を手に取ったのだからすぐに売場を去るかと思いきや，どうやらその後も売場に居続けるようなのだ．もしかしたら「なにかもう 1 品購入しようかな」と考えているのかもしれない．このように，滞在時間を紐解くだけでも，様々なことがみえてくるのだ．

4.8　DEFP2021 発表資料からの学び

ここからは DEFP2021 の各チームがどのような EDA を行ったのかを紹介しよう．

C.C.Lemon チームは，エリアごとの滞在時間やエリア移動回数を導出した (図 4.4)．そのうえで「エリアによって，滞在時間の大小に有意な差がある」ことや「滞在時間が短いほど，購入者に対する未購入者の割合が非常に大きくなる」ことなどの気付きを得た．

Angels チームは，手に取った人数 (接触人数) と手に取った人の購入率 (接触⇒購入 CVR) を，それぞれ全年代，10 代，40 代について，時間帯と日にち (曜日) のマトリクスを導出した (図 4.5)．このようにヒートマップで表すと特にどの時間帯，どの日にち (曜日) が大きい値を取っているのかが視覚的に確認ができるため，この後の分析の参考にもなるだろう．

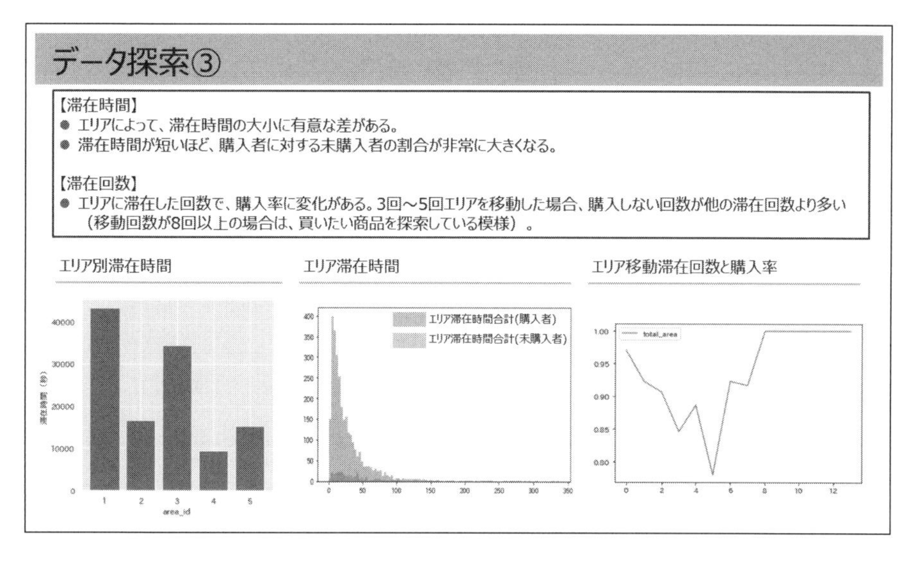

図 4.4 C.C.Lemon チームの発表資料

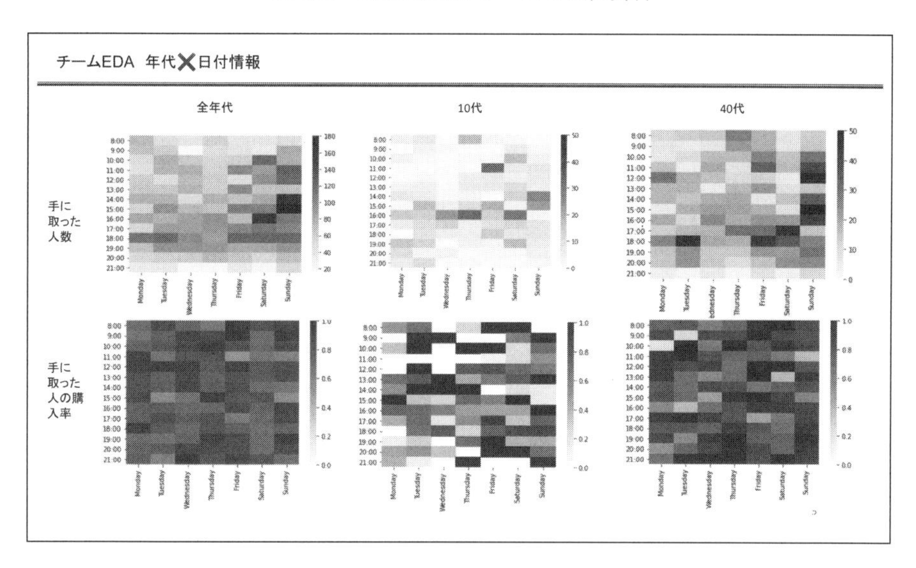

図 4.5 Angels チームの発表資料

以上で本章は終了とする．いかがだっただろうか．本章では Python による基本的なデータ操作と可視化の方法をいくつか紹介した．ぜひ自分が興味を持ったデータ項目について可視化をしてみながらスキルを高めていこう．

章末問題

4.1　フレーム滞在時間について，ビンの幅を 1 秒にしたときのヒストグラムを作成してみよう．

4.2　普段スーパーマーケットやコンビニエンスストアで飲料を購入する際に，自分が実際にどのぐらい売場に滞在しているかストップウォッチで計測してみよう．その結果と今回のデータの結果とを比較して気付きを得てみよう．

4.3　グループで本書を読み進めている場合は，グループ内で前問 ***4.2*** の結果についてディスカッションしてみよう．

解答例は ▶サポートページ参照

第5章

探索的データ解析 (II)

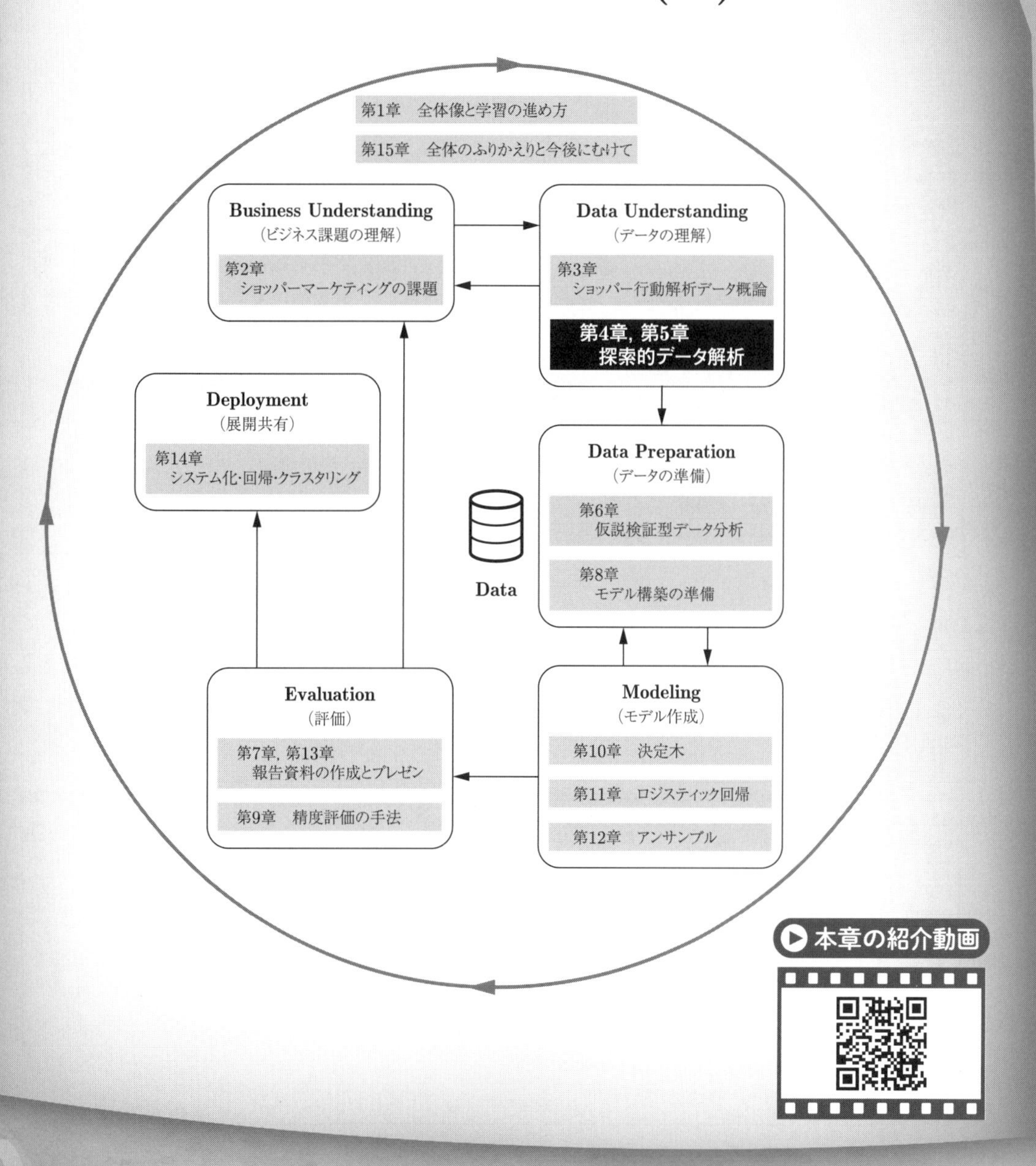

引き続き，プログラムを動かしながらデータを分析して気付きを得ていこう．本章ではエリアにおける滞在情報と商品接触の情報について深掘りしていく．

前章ではおもにショッパー (人) に着目したが，本章では商品にも着目していこう．

5.1　エリア情報を確認する

5.1.1　基本処理の再実行

エリアに関する情報を確認していくため，event_type が 2 の情報に着目していこう．章を跨いだため，改めて第 4 章で実施した基本処理をまとめて実行しておこう．

```
1  import numpy as np
2  import pandas as pd
3  import matplotlib.pyplot as plt
4  %matplotlib inline
5
6  df1 = pd.read_csv("../input/gi_train_mm10.csv") # 10月のデータ
7  df2 = pd.read_csv("../input/gi_train_mm11.csv") # 11月のデータ
8
9  df_tmp = pd.concat([df1, df2])
10 df = df_tmp[df_tmp["customer_id"].notna()].copy()
11
12 df_et1 = df.loc[df["event_type"] == 1]
13 df_et2 = df.loc[df["event_type"] == 2]
14 df_et3 = df.loc[df["event_type"] == 3]
```

5.1.2　エリア滞在時間の要約統計量の確認

GI データの仕様によると，event_type=2 の場合の time_duration は**エリア滞在時間**を表しているようだ．まずは要約統計量を確認してみよう．ここでも，意味のある time_duration だけ表示してみることにしよう．

```
1  df_et2["time_duration"].describe()
```

```
count    7200.000000
mean       17.855917
std        19.372629
min         0.000000
25%         7.000000
50%        12.000000
75%        21.800000
max       338.400000
Name: time_duration, dtype: float64
```

5.1.3　エリア滞在時間のヒストグラムの作成

さらにヒストグラムも描いてみよう．これも前章の復習となる．

```
bin_min = int(df_et2["time_duration"].min())
bin_max = int(df_et2["time_duration"].max())
edges = range(bin_min, bin_max, 5)
df_et2["time_duration"].hist(bins=edges)
```

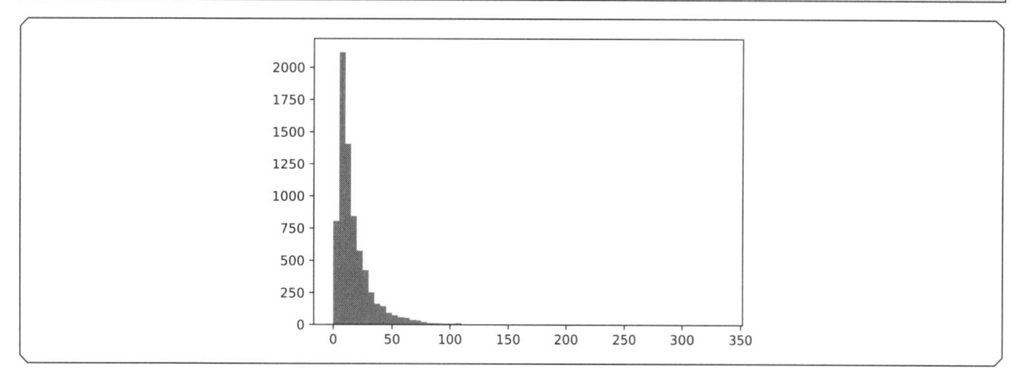

5.1.4 「気付き」の確認

では，このエリア滞在時間についても気付いたことをリストアップしてみよう．

演習 5.1 df_et2 の要約統計量とヒストグラムをみて，「気付き」を書き出してみよう (3 分)

受講生からは以下のような気付きが挙げられた．

- 平均値は約 17.9 秒 (17.855917)，中央値は 12.0 秒であり，平均値のほうが中央値よりも長い
- 最大値は 338.4 秒であり，5 分強そのエリアに滞在しているようだ

さて，ここで 1 つ重要なことに気付いてもらいたい．実はこのエリア情報の中には複数のエリアの情報が混在している．area_id ごとにカウントをみてみよう．

```
df_et2["area_id"].value_counts()
```

```
1.0    2220
3.0    1907
5.0    1152
2.0    1110
4.0     811
Name: area_id, dtype: int64
```

これを見ると，エリア 1 に関する情報が 2220 レコード，エリア 2 に関する情報が 1110 レコード…というように，全部で 5 つのエリアに関する情報が混在している．それぞれ別のエリアに関する情報であるから，分けて集計したほうがよさそうだ．

5.1.5 エリア ID の型変換

また，area_id に小数点が付いていることも気になるだろう．これはデータを読み込んだ際に area_id が自動的に数値型 (float 型) として認識されたためだ．前章でも触れたが，今後の分析の

ために文字列型 (str 型) に変換しておこう．処理後は，念のためデータ型を確認しておこう※1．

```
1 df_et2["area_id"] = df_et2["area_id"].astype(int).astype(str)
2 df_et2["area_id"].dtypes
```

```
dtype('O')
```

5.1.6　各エリアの要約統計量の確認

では，エリアごとに分けて要約統計量をみてみよう．このように「○○ごとに△△をみたい」という場合は DataFrame 型の **groupby** メソッドを使うと便利だ．

```
1 df_et2_byArea = df_et2.groupby("area_id")
2 df_et2_byArea["time_duration"].describe()
```

```
          count       mean        std  min   25%   50%    75%    max
area_id
      1  2220.0  20.449009  23.158386  0.8  7.80  13.6  25.00  338.4
      2  1110.0  15.838919  18.758466  1.2  6.00  10.6  18.20  310.0
      3  1907.0  20.295648  19.540794  0.0  8.40  14.4  24.80  240.6
      4   811.0  13.071023  12.716047  0.6  5.80   9.2  16.20  168.4
      5  1152.0  14.132118  13.094686  2.0  6.15  10.0  17.45  119.8
```

1行目で area_id ごとの **DataFrameGroupBy** 型のオブジェクトを作成している．DataFrame 型と似た関数を持っており，2行目では先ほどと同様に time_duration について describe 関数を使って要約統計量を確認している．今回は**行と列が逆**になっており area_id が行，各要約統計量が列になっているが，求めたいものは算出することができている．

5.1.7　改めて「気付き」の確認

では改めて，ここから気付きを得てみよう．

> **演習 5.2**　df_et2 の各エリアごとの要約統計量をみて，「気付き」を書き出してみよう (3分)

受講生からは以下のような気付きが挙げられた．

- 各エリアでレコード数が異なり，レコード数が最も多いのはエリア1のようだ
- エリアによって滞在時間がだいぶ異なるようだ
- レコード数が最も少ないのはエリア4のようだ
- 平均値・中央値ともに，最も短いのはエリア4のようだ
- 最大値が最も短いのはエリア5のようだ

※1 もしかしたらデータ型の変換のプログラムを実行した際に「SettingWithCopyWarning」というメッセージが表示されているかもしれない．これは，今回 df_et2 の area_id の型を変換したが，参照元である df の型を変換するべきではないか，という警告になる．今回は特に問題ないためそのまま進めるが，場合によっては df のほうも変換するとよいだろう．

どうやらそれぞれのエリアごとに特徴がありそうだ．次節ではエリアについてもっと深掘りしていこう．

5.2 フレームとエリアの特徴を確認する

エリアに関する情報を深掘りして分析していくにあたって，以下の特徴を再度確認しておこう．

- フレームイン/アウトは必ずどのショッパーも 1 回行う
- エリアイン/アウトがないショッパーもいる
- 1 つのエリアにつき複数回イン/アウトをするショッパーがいる

5.2.1 フレームイン/アウトは必ずどのショッパーも 1 回行う

フレームイン/アウトの回数と，ユニークなショッパーの人数を，それぞれ確認してみよう．また，念のため customer_id に重複がないことも確認してみよう．

```
1 print("■フレームインの回数")
2 print(df_et1["in_time"].notnull().sum())
3 print("■フレームアウトの回数")
4 print(df_et1["out_time"].notnull().sum())
5 print("■ユニークなショッパーの人数")
6 print(df_et1["customer_id"].nunique())
7 print("■ customer_idに重複がないことの確認")
8 print(df_et1["customer_id"].duplicated().sum())
```

```
■フレームインの回数
9116
■フレームアウトの回数
9116
■ユニークなショッパーの人数
9116
■ customer_id に重複がないことの確認
0
```

2 行目，4 行目では，Series 型の **notnull** メソッドを使っている．フレームインあるいはフレームアウトが記録されていれば null ではないため，**sum** メソッドによってその個数を調べている．

8 行目では Series 型の **duplicated** メソッドによって，重複の個数をカウントしている．0 という結果が出たので，重複が 1 つもないことが確認できた．

5.2.2 エリアイン/アウトがないショッパーもいる

ショッパーによっては，エリアに入らずに立ち去る場合もある．これを確認するには，df_et1 には存在しているが，df_et2 には存在していない，つまりエリアイン/アウトのレコードがないショッパーを見つけ出せばよさそうだ．

まずは，フレームイン/アウトのレコードを持っているショッパーの人物 ID のリスト list_frame を作ってみよう．

```
# フレームイン/アウトのレコードを持っているショッパー
list_frame = df_et1["customer_id"].drop_duplicates()
list_frame
```

```
0       20201026-010001
1       20201026-010003
2       20201026-010004
3       20201026-010005
4       20201026-010006
             ...
1726    20201101-120046
1727    20201101-120047
1728    20201101-120049
1729    20201101-120052
1730    20201101-120057
Name: customer_id, Length: 9116, dtype: object
```

重複の削除を行うために **drop_duplicates** メソッドを使用した．この場合は，df_et1 から customer_id について重複を許さない (同一の customer_id が含まれない) 形でリストを作成している．

同様に，エリアイン/アウトのレコードを持っているショッパーの人物 ID のリスト list_area を作ってみよう．

```
# エリアイン/アウトのレコードを持っているショッパー
list_area = df_et2["customer_id"].drop_duplicates()
list_area
```

```
7385    20201026-010001
7386    20201026-010003
7387    20201026-010005
7388    20201026-010006
7389    20201026-010007
             ...
3073    20201101-120046
3074    20201101-120047
3075    20201101-120049
3076    20201101-120052
3079    20201101-120057
Name: customer_id, Length: 4654, dtype: object
```

この2つのリストについて，list_frame にはあって list_area にはない人物 ID を抽出したい．このような場合には **isin** メソッドを使用するとよい．list.frame.isin(list_area) により list_frame にはあって list_area にはない人物 ID は False が返される．**否定演算子**「~」(チルダ) により False が True に変わりその人物 ID のみを抽出できる，という仕組みだ．

```
list_frame_only = list_frame[~list_frame.isin(list_area)]
list_frame_only
```

```
2       20201026-010004
10      20201026-010013
11      20201026-010014
17      20201026-010023
19      20201026-010025
              ...
1716    20201101-120032
1718    20201101-120035
1720    20201101-120037
1721    20201101-120039
1724    20201101-120042
Name: customer_id, Length: 4462, dtype: object
```

これで，df_et1 には含まれていて df_et2 には含まれていないショッパーの人物 ID のリストが出来上がった．これがすなわち，エリアイン/アウトがないショッパーである．ためしに 2 人ほど確認してみよう．1 人目はフレームインもエリアインもあるショッパーだ．

```
1 df[df["customer_id"] == "20201026-010001"]
```

```
          customer_id ... area_id ... event_type ...
    0 20201026-010001 ...     NaN ...          1 ...
 7385 20201026-010001 ...     1.0 ...          2 ...
13242 20201026-010001 ...     NaN ...          3 ...
13243 20201026-010001 ...     NaN ...          3 ...
```

ご覧のように，event_type が 1 のレコードが 1 つ，2 のレコードが 1 つ，3 のレコードが 2 つというように，すべての種類のレコードが存在していることがわかるだろう．では次に，フレームインはあるがエリアインがないショッパーだ．

```
1 df[df["customer_id"] == "20201026-010004"]
```

```
      customer_id ... area_id ... event_type ...
2 20201026-010004 ...     NaN ...          1 ...
```

ご覧のように，event_type が 1 のレコードが 1 つあるだけで，エリアインの情報がないことがわかるだろう．

5.2.3 エリアインしなくても商品に接触するショッパーがいる

さて，df_et3 (商品接触) についてはどうだろうか？ 同様に考えてみよう．商品接触のレコードを持っているショッパーの人物 ID のリスト list_contact を作ってみよう．

```
1 # 商品接触のレコードを持っているショッパー
2 list_contact = df_et3["customer_id"].drop_duplicates()
3 list_contact
```

```
13242     20201026-010001
13244     20201026-010003
13247     20201026-010005
13248     20201026-010006
13250     20201026-010007
                ...
4355      20201101-120041
4359      20201101-120043
4360      20201101-120047
4361      20201101-120049
4362      20201101-120052
Name: customer_id, Length: 3312, dtype: object
```

ここでは，list_area にはあって list_contact にはない人物 ID を抽出したい．これも同様にやってみよう．

```
1 list_contact_only = list_contact[~list_contact.isin(list_area)]
2 list_contact_only
```

```
13534     20201026-020247
13597     20201026-030043
13627     20201026-030069
14073     20201027-010003
14332     20201027-020096
（中略）
3318      20201101-030020
3415      20201101-040004
3424      20201101-040018
3651      20201101-060085
3755      20201101-070040
Name: customer_id, dtype: object
```

ためしに，一番先頭にある人物 ID“20201026-020247” のショッパーについて確認してみよう．

```
1 df[df["customer_id"] == "20201026-020247"]
```

```
           customer_id ... area_id ... event_type ...      product_name ...
  360  20201026-020247 ...     NaN ...          1 ...               NaN ...
13534  20201026-020247 ...     NaN ...          3 ... コーヒー牛乳 500ml ...
```

event_type が 1 のレコードが 1 つ，3 のレコードが 1 つあるが，2 のレコードが 1 つもないことがわかるだろう．つまり，エリアに入らなくても商品接触 (購入) は可能であるということになる．

図で表すと，この人物 ID“20201026-020247” のショッパーは図 5.1 のようなルートを辿っていると想定される．

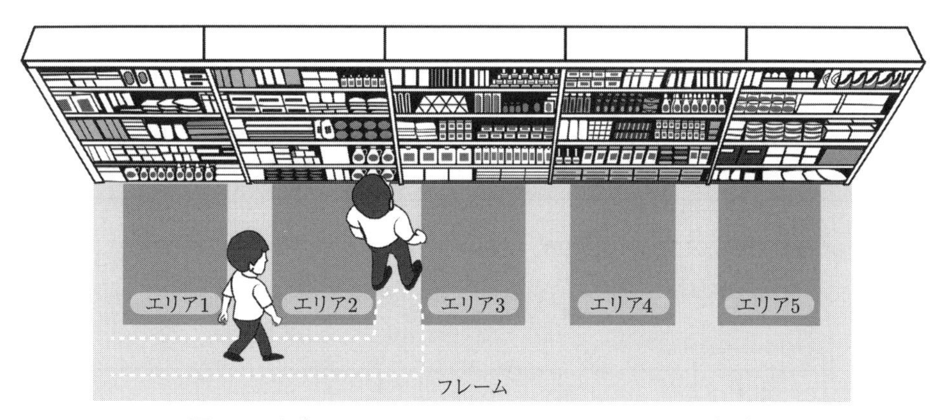

図 5.1 人物 ID"20201026-020247" のショッパーの行動

5.2.4 1つのエリアにつき複数回イン/アウトをするショッパーがいる

ショッパーによっては，1つのエリアに複数回イン/アウトする場合もある．同一のエリアにとどまる場合は1回のエリアイン/アウトのセットとなるが，一度エリアを出て他のエリアに入り，その後もう一度そのエリアに戻ってきた場合には，複数回カウントされる．

```
import collections
count = collections.Counter(df_et2["customer_id"])
count
```

```
Counter({'20201026-010001': 1,
         '20201026-010003': 1,
         '20201026-010005': 1,
         '20201026-010006': 1,
         '20201026-010007': 1,
         '20201026-010008': 2,
         '20201026-010009': 1,
         '20201026-010010': 1,
         '20201026-010011': 1,
         '20201026-010015': 1,
         '20201026-010017': 2,
         '20201026-010019': 1,
         '20201026-010020': 4,
         '20201026-010021': 1,
         '20201026-010024': 1,
         '20201026-010026': 1,
         '20201026-010027': 1,
         (中略)
         ...})
```

```
df[df["customer_id"] == "20201026-050096"]
```

```
          customer_id ··· area_id ··· event_type ···       product_name ···      in_time ···
 822 20201026-050096 ···     NaN ···          1 ···                NaN ··· 18:20:59.600 ···
7968 20201026-050096 ···     5.0 ···          2 ···                NaN ··· 18:21:00.400 ···
7969 20201026-050096 ···     4.0 ···          2 ···                NaN ··· 18:21:08.000 ···
7970 20201026-050096 ···     3.0 ···          2 ···                NaN ··· 18:21:23.400 ···
7971 20201026-050096 ···     1.0 ···          2 ···                NaN ··· 18:21:36.200 ···
```

```
 7972 20201026-050096 …    3.0 …         2 …                   NaN … 18:21:49.600 …
 7973 20201026-050096 …    4.0 …         2 …                   NaN … 18:22:01.400 …
13863 20201026-050096 …    NaN …         3 … ごくごくスポドリ 500ml … 18:21:19.200 …
13864 20201026-050096 …    NaN …         3 … ごくごくスポドリ 500ml … 18:21:19.200 …
13865 20201026-050096 …    NaN …         3 …          楊貴妃 500ml … 18:22:20.400 …
```

このように，人物ID"20201026-050096"のショッパーはエリア3と4にそれぞれ2回ずつエリアイン/アウトしていることがわかるだろう．おそらく図5.2のようなルートを辿っていると考えられる．

図 5.2　人物ID"20201026-050096"のショッパーの行動

このように，人の購買行動はかなり複雑なものもあるが，ひとつひとつ読み解いていけばどのような購買行動かはおのずとわかってくるはずである．

5.3　性別・年代を確認する準備

ショッパーにはそれぞれ男性または女性の性別区分と，10歳刻みの年代区分が記録されている．それぞれについて，全体としての分布やエリアごとの分布を確認してみよう．

まずは，ショッパーの人物ID (customer_id)，性別 (gender)，年代 (age)，年代区分 (age_category) を要素として持つDataFrameを作成する※2.

```
1 df_customer_attribute = ¥
2     df_et1[["customer_id", "gender", "age", "age_category"]].drop_duplicates()
3 df_customer_attribute.head(5)
```

```
       customer_id gender   age age_category
0  20201026-010001  woman  30's        Young
1  20201026-010003    man  50's       Middle
2  20201026-010004    man  10's         Teen
3  20201026-010005  woman  30's        Young
```

※2 なお，このプログラム以降，時々プログラム中に「¥」マークが出てくることがある．これは，紙面の都合上わかりやすいように改行しており，実際にはプログラムが続いていることを表している．実行環境で実際にプログラムを書く際には「¥」マークを付けずに改行せずに続けてプログラムを書いても構わない．

```
4  20201026-010006     man  40's        Middle
```

念のため，drop_duplicates メソッドによって重複の削除を行ったが，先ほど重複がないことを確認しているため，行わなくても同じ結果が得られるはずだ．

```
1 print("■drop_duplicatesを実行した場合のレコード数")
2 print(df_customer_attribute["customer_id"].nunique())
3
4 df_customer_attribute_new = ¥
5     df_et1[["customer_id", "gender", "age", "age_category"]]
6 print("■drop_duplicatesを実行しなかった場合のレコード数")
7 print(df_customer_attribute_new["customer_id"].nunique())
```

```
■drop_duplicates を実行した場合のレコード数
9116
■drop_duplicates を実行しなかった場合のレコード数
9116
```

5.4 pie で円グラフを作成する

次に構成比を確認してみよう．ここでは立寄者の属性 (性別，年代) について確認していく．

5.4.1 立寄者の男女比の確認

立寄者の性別と年代について円グラフを作成して，だいたいの男女比と年代比を確認してみよう．まずは性別の確認である．

```
1 gender_counts = df_customer_attribute["gender"].value_counts()
2 plt.pie(¥
3     gender_counts, labels=gender_counts.index, autopct="%.1f%%", startangle=90)
4 plt.show()
5 print(gender_counts)
```

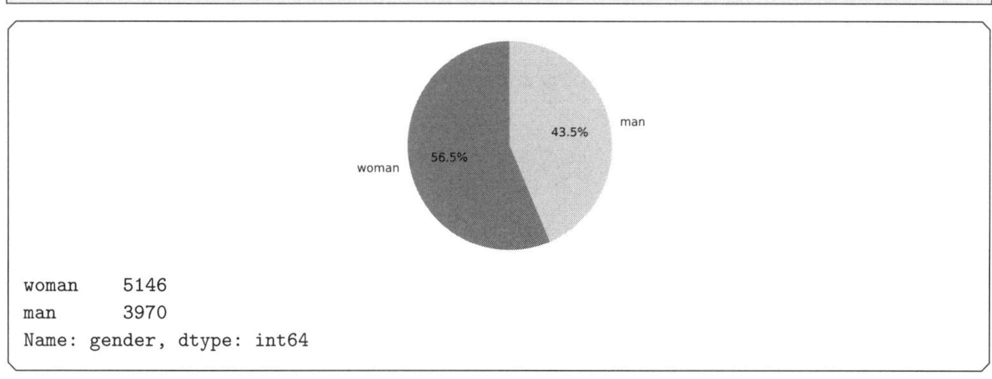


```
woman     5146
man       3970
Name: gender, dtype: int64
```

円グラフを作成するには，Matplotlib ライブラリの **pie** 関数を使う．2〜3 行目で pie 関数を呼び出すときに指定しているパラメタはそれぞれ以下のような意味合いである．

- gender_counts：1 行目で指定．gender の value_counts をとったもの
- labels：1 行目で指定した gender_counts のインデックスを指定
- autopct：割合表示の表記形式を指定．この場合は小数第 1 位まで
- startangle：開始点を指定．90 とすることで時計の 12 時の場所から始まる円グラフとなり見やすくなる

5 行目では念のためカウント値を出力している．円グラフでは割合は出したが各カウント値は表示されないためだ．

5.4.2　立寄者の年代比の確認

同じように，年代についても円グラフを作成してみよう．

```
age_counts = ¥
    df_customer_attribute["age"].value_counts().sort_index(ascending=False)
plt.pie(age_counts, labels=age_counts.index, autopct="%.1f%%", startangle=90)
plt.show()
print(age_counts)
```

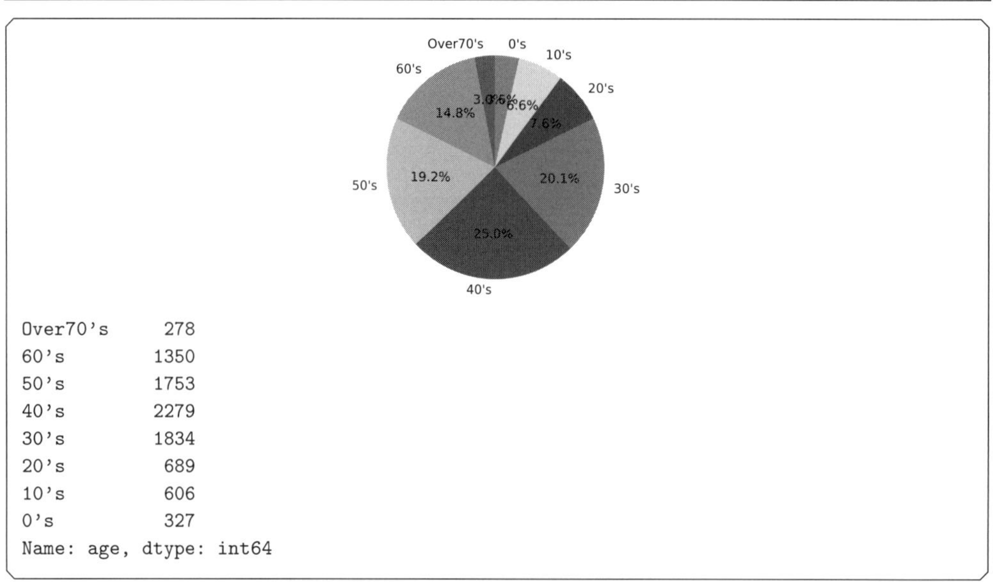


```
Over70's     278
60's        1350
50's        1753
40's        2279
30's        1834
20's         689
10's         606
0's          327
Name: age, dtype: int64
```

ほとんど性別のときと同じだが，2 行目の書き方が若干異なり，value_counts メソッドを呼び出した後さらに sort_index メソッドを呼び出している．パラメタとして ascending=False と指定することで昇順に並び替えており見やすくなる．

5.4.3　「気付き」の確認

では，いつものようにこの性別・年代の円グラフを読み取って気付いたことを書き出してみよう．

> **演習 5.3**　性別と年代の円グラフをみて，「気付き」を書き出してみよう (3 分)

受講生からは以下のような気付きが挙げられた．

- どうやら女性が多いようだが，意外と男性も多いように思った
- パッと円グラフを見たときに色の関係で男女が逆に見えた
- 30 代〜50 代がボリュームゾーン．もしかしたらコンビニではない？
- エリアによって異なるのだろうか？
- 年代のグラフはパッと見たときに読み取りづらいかもしれない

特に 4 つ目のコメントは面白い．今回対象としているのは event_type=1 のデータのみであるが，event_type=2 のデータを対象としたらどうなるだろうか．ぜひ章末問題として取り組んでみてほしい (章末問題 ***5.1***).

また，5 つ目のコメントもたしかにそうだと思ったかもしれない．例えば 30 代，40 代，50 代について，数字を見れば 40 代が最も多いとわかるかもしれないが，単純に色分けした円グラフだけ見ると，どれが一番多いのかパッと見たときに判断がしづらいかもしれない．人間の目は線分や面積比に比べて角度を認識する能力がやや劣るとされている．したがって円グラフの角度を正確に読み取ることが難しい．このような場合は円グラフよりも棒グラフのほうが正しく伝わることがあることも覚えておこう．

5.5 接触/購入の回数/人数の一覧表を作成する

ここからは，商品接触・購入に関する情報が格納されている df_et3 を扱っていく．

5.5.1 手書きで一覧表のイメージを作成

商品は接触と購入という概念があった．またそれぞれ回数ベースでのカウントと，人数ベースでのカウントがあった．これらがまとまった一覧表があると今後分析がしやすそうだ．図 5.3 のような表を作ることを考えていこう．

商品名	接触回数	接触人数	購入回数	購入人数
X x x				
X x x				
X x x				

図 5.3 こんな感じの一覧表を作りたい

コラム 「手書き」も大いに活用しよう

頭の中で「こんな表を作りたい」「こんなグラフのイメージ」といったことが思い浮かぶことはないだろうか？

そういった場合はぜひ「手書き」でラフスケッチをしておこう．ノートに走り書きでもよいし，最近では Jamboard, Miro, Mural といったオンラインホワイトボードの活用も増えてきた．自分の環境にあったツールを選んでほしい．

プログラミングを進めていると途中で「あれ？ 自分はどんなグラフを作ろうとしていたんだっけ…」などと思うことも多い．こんなときにラフスケッチをしておくとゴールが具現化されて，疑問に思ったときにそれを見返すことでゴールを思い出すことができる．結果的に効率的に作業を進めることができるだろう．

5.5.2 一覧表の作成

では，接触回数から順番に出していこう．

接触回数

```
1 ranking_contact_num = ¥
2     df_et3.groupby("product_name")["num_touch"].sum().astype(int)¥
3     .sort_values(ascending = False)
4 print(ranking_contact_num)
```

```
product_name
トラディショナル緑茶 525ml      287
ライフパートナー 500ml          227
ジャパンスプラッシュ 500ml      225
ワイルドティ 525ml              207
新緑の丘 525ml                  189
                        ...
C ウォーター 500ml                7
ザ玉露 600ml                      6
ウィングパワードリンク 250ml      6
つよーい炭酸水 490ml              6
激熱苺 480ml                      3
Name: num_touch, Length: 136, dtype: int64
```

接触人数

```
1 ranking_contact_nop = ¥
2     df_et3.groupby("product_name")["customer_id"].nunique()¥
3     .sort_values(ascending = False)
4 print(ranking_contact_nop)
```

```
product_name
トラディショナル緑茶 525ml              181
ライフパートナー 500ml                  165
ジャパンスプラッシュ 500ml              155
ワイルドティ 525ml                      130
ほっと一息 500ml                        127
                            ...
ちょこっとファイバー 100ml                5
フルオーガニックコットンウーロン 600ml    5
ザ玉露 600ml                              5
激熱苺 480ml                              3
つよーい炭酸水 490ml                      3
Name: customer_id, Length: 136, dtype: int64
```

接触 “回数” との違いは，`["customer_id"].nunique()` の箇所で，`customer_id` でユニークを取っているところだ．なお，変数名につけた nop は Number of People の略である．

購入回数

```
1 df_et3_buy = df_et3.loc[(df_et3["buy_flag"]==1)]
2 ranking_buy_num = ¥
3     df_et3_buy.groupby("product_name")["num_touch"].sum().astype(int)¥
4     .sort_values(ascending = False)
5 print(ranking_buy_num)
```

```
product_name
トラディショナル緑茶 525ml            258
ジャパンスプラッシュ 500ml            195
ライフパートナー 500ml              184
ワイルドティ 525ml                167
ディープグリーン 525ml              146
                          ...
フルオーガニックコットンウーロン 600ml      4
激熱苺 480ml                    3
オールオブライフ 250ml               2
ウィングパワードリンク 250ml            2
ちょこっとファイバー 100ml             2
Name: num_touch, Length: 136, dtype: int64
```

ほぼ接触回数と同様で，1 行目の条件だけが異なる．buy_flag が 1 のレコードのみを抽出している．

購入人数

```
1 ranking_buy_nop = ¥
2     df_et3_buy.groupby("product_name")["customer_id"].nunique()¥
3     .sort_values(ascending = False)
4 ranking_buy_nop
```

```
product_name
トラディショナル緑茶 525ml      166
ライフパートナー 500ml        146
ジャパンスプラッシュ 500ml      139
ディープグリーン 525ml        110
ほっと一息 500ml           110
                    ...
激熱苺 480ml              3
つよーい炭酸水 490ml          3
オールオブライフ 250ml         2
ウィングパワードリンク 250ml      2
ちょこっとファイバー 100ml       2
Name: customer_id, Length: 136, dtype: int64
```

これもほぼ接触人数と同様である．

全部まとめる

では，ここまでの結果をまとめてみよう．

```
df_ranking = pd.concat(¥
    [ranking_contact_num, ranking_contact_nop, ranking_buy_num, ¥
    ranking_buy_nop], axis=1)
df_ranking.columns = ["接触回数","接触人数","購入回数","購入人数"]
df_ranking
```

	接触回数	接触人数	購入回数	購入人数
product_name				
トラディショナル緑茶 525ml	287	181	258	166
ライフパートナー 500ml	227	165	184	146
ジャパンスプラッシュ 500ml	225	155	195	139
ワイルドティ 525ml	207	130	167	105
新緑の丘 525ml	189	121	140	96
...	...	...	...	...
C ウォーター 500ml	7	7	5	5
ザ玉露 600ml	6	5	5	4
ウィングパワードリンク 250ml	6	5	2	2
つよーい炭酸水 490ml	6	3	6	3
激熱苺 480ml	3	3	3	3

136 rows × 4 columns

1行目で，最初にcsvファイルを読み込んで結合する際にも使ったconcat関数を使用している．パラメタとしてaxis=1とすることで列方向への接続を行っている．ここで環境によってはDataFrameが途中で省略された形で出力されているかもしれない．もし全部閲覧したい場合は，以下のように表示する行数の最大値を設定することも可能だ．

```
pd.set_option("display.max_rows", 150) #150行まで表示可能とした
```

5.5.3　「気付き」の確認

演習 5.4　一覧表をみて，「気付き」を書き出してみよう (3分)

受講生からは以下のような気付きが挙げられた．

- 「トラディショナル緑茶 525ml」は接触回数は287回，接触人数は181人なので，1人につき複数回接触する場合がありそう．一方で「C ウォーター 500ml」は接触回数7回，接触人数も7人なので，1人1回接触しているようだ
- 「トラディショナル緑茶 525ml」は接触人数は181人，購入人数は166人なので，手に取った人はほぼ購入していそう．一方で「新緑の丘 525ml」のように手に取っても購入しない人がいる商品もあるようだ
- メーカー名が入っていないが，もしかしたらメーカー名もあったほうがよいかもしれない

どうやら接触と購入，回数と人数は，それぞれの数字を深掘りしていくといろいろなことがわかってきそうだ．

コラム　コロナ禍で商品接触点数は半減した

図 5.4 はとあるスーパーマーケットにおける同一売場の商品接触回数と滞在時間の平均値データである．上段が 2019 年のもの，下段が 2020 年のものであるが，2020 年 3 月頃を境に新型コロナウイルスによる影響が出ていると想定されるため，2019 年を Before コロナのデータ，2020 年 (3 月以降) を With コロナのデータとしている．

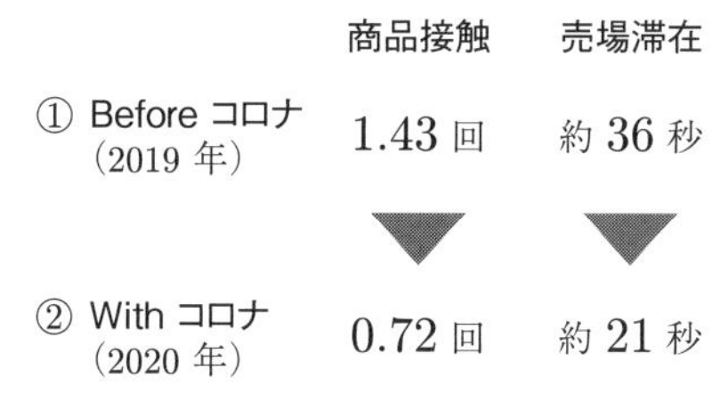

図 5.4　売場のコロナ影響

これをみると，商品接触回数は Before コロナから With コロナにかけて半減していることがわかる．店頭に陳列されている商品を接触することに対して警戒心が強まり，むやみに商品を手に取らないようにしようとした心理の表れかもしれない．また，滞在時間も短くなっている．一時期は入店制限をして店舗における滞在時間に制約をかけていたこともあったため，必然的に滞在時間も短くなり，少ない時間でお買い物を完結させるように行動した結果かもしれない．

このように，社会情勢の変化によってもデータは大きく変わることがわかる．

5.5.4 商品名・メーカー名の対比表

前項でメーカー名についての気付きがあったので，商品名とメーカー名の対比表を作って一覧表に組み込んでおこう．

```
1  # df_et3から product_nameと companyがユニークな DataFrameを抽出
2  df_company_tmp = ¥
3      df_et3[["product_name","company"]] ¥
4      [~df_et3.duplicated(subset=["product_name","company"])]
5  # product_nameをインデックスとする
6  df_company_tmp = ¥
7      df_company_tmp.rename(index=df_company_tmp["product_name"]).copy()
8  # 冗長な product_name列を削除
9  df_company = df_company_tmp.drop("product_name", axis=1)
10 df_company
```

```
                             company
   トラディショナル緑茶 525ml   クオリティー
            桃の世界 410ml   フューチャー
アフタヌーンレモンティー 500ml    エターナル
        クリアブラウン 525ml   クオリティー
          ワイルドオレ 500ml   ラボラトリー
                     ...         ...
              ザ玉露 600ml   クオリティー
      かろやかアップル 425ml   ラボラトリー
        本当のオレンジ 490ml   フューチャー
              激熱苺 480ml    エターナル
        つよーい炭酸水 490ml   フューチャー
```

だんだんプログラムが複雑になってきた．4行目の df_et3.duplicated(subset=["product_name", "company"]) では重複の有無を確認している．否定演算子「~」を使うことで，重複した行を削除した DataFrame を取得することが可能となる．さらに "product_name" と "company" のレコードのみに絞って df_company_tmp に格納している．6~7行目では "product_name" をインデックス名として，9行目では不要な "product_name" 列を削除している．これで対比表ができた．

5.5.5　一覧表への結合

では一覧表に結合しよう．

```
#結合する
df_ranking_new = pd.concat([df_ranking, df_company], axis=1, join="inner")
df_ranking_new
```

	接触回数	接触人数	購入回数	購入人数	company
トラディショナル緑茶 525ml	287	181	258	166	クオリティー
ライフパートナー 500ml	227	165	184	146	フューチャー
ジャパンスプラッシュ 500ml	225	155	195	139	クオリティー
ワイルドティ 525ml	207	130	167	105	イッツ園
新緑の丘 525ml	189	121	140	96	フューチャー
...	...	...	...	...	...
C ウォーター 500ml	7	7	5	5	ラボラトリー
ザ玉露 600ml	6	5	5	4	クオリティー
ウィングパワードリンク 250ml	6	5	2	2	青牛
つよーい炭酸水 490ml	6	3	6	3	フューチャー
激熱苺 480ml	3	3	3	3	エターナル

念のため，行数・列数・欠損の有無をそれぞれ確認しておこう．

```
print(df_ranking.shape)
print(df_ranking_new.shape)
print(df_ranking_new.isnull().sum())
```

```
(136, 4)
(136, 5)
接触回数       0
接触人数       0
購入回数       0
購入人数       0
company    0
dtype: int64
```

5.6　CVR(接触人数→購入人数) を算出する

5.6.1　コンバージョン率 (CVR) とは

おもにマーケティングデータ分析において，ある値がある値に変化することをコンバージョンといい，その割合を**コンバージョン率** (ConVersion Rate：CVR) という[※3]．

※3 野球でピッチャーが野手に転向する場合などの「コンバート」と同じ語源である．

GI データには CVR がいろいろある．単に「コンバージョン率が〜」とだけいうと誤解を招く場合があるため注意しよう．例えば接触者が購入者に変化する割合を **CVR(接触人数→購入人数)** と表現したりする．もし，接触人数が 700 人，購入人数が 481 人であれば，CVR(接触人数→購入人数) = $481 \div 700 = 68.7\,\%$ となる．

5.6.2 CVR の算出

先ほどの「気付き」によれば，商品を手に取ってくれた人の中でも，その商品を買う場合と買わない場合があるようだ．また，商品によっては手に取ったら買ってくれる商品と，手に取ってもらえたのに買ってもらえない商品がありそうだ．この接触人数から購入人数の CVR を算出して，列として追加してみよう．

```
1 # 新しく列を追加
2 df_ranking_new["CVR"] = df_ranking_new["購入人数"] / df_ranking_new["接触人数"]
3 # CVRが高い順に並び変える
4 df_ranking_new.sort_values("CVR", ascending=False)
```

	接触回数	接触人数	購入回数	購入人数	company	CVR
激熱苺 480ml	3	3	3	3	エターナル	1.000000
つよーい炭酸水 490ml	6	3	6	3	フューチャー	1.000000
すっぱいかんきつドリンク 400ml	15	14	15	14	ラボラトリー	1.000000
パワーオブビースト 355ml	27	16	17	15	ゲーミングファイト	0.937500
玄米のおいしいお茶 500ml	20	15	16	14	ラボラトリー	0.933333
...	...	...	...	...	...	...
ちょこっとファイバー 100ml	9	5	2	2	トップモード	0.400000
ウィングパワードリンク 250ml	6	5	2	2	青牛	0.400000
キッズアップル 470ml	107	45	18	18	オールフロント	0.400000
バンジージャンプ 300ml	15	8	10	3	クオリティー	0.375000
オールオブライフ 250ml	8	8	2	2	フューチャー	0.250000

2 行目で，新しい列を追加するには，まるで元からその列があったかのように `df_ranking_new["CVR"]` という変数に格納すればよい．4 行目で `CVR` の高い順に並び替えている．

5.6.3 「気付き」の確認

演習 5.5 CVR(接触人数→購入人数) をみて，「気付き」を書き出してみよう (3 分)

受講生からは以下のような気付きが挙げられた．

- CVR は商品によって大きく異なるようだ
- 中央値，平均値をみる限り，だいたい商品を手に取った人の中で 4 人に 3 人ぐらいは購入していそうだ
- 一方で，手に取ってくれたもののなかなか購入に至っていない商品もあるようだ
- もしかしたらメーカーごとに傾向があるのかもしれない

最後にメーカー別の集計を行ってみよう．

5.7　メーカー別に集計する

5.7.1　メーカー別の集計

```
1 df_ranking_company = df_ranking_new.groupby("company").sum()
2 df_ranking_company
```

company	接触回数	接触人数	購入回数	購入人数	CVR
かのうハウス	39	33	28	27	1.646154
せかいのごはん	11	10	6	6	0.600000
イッツ園	734	500	579	416	6.409226
エターナル	772	574	567	461	11.023418
オールフロント	152	75	32	32	0.866667
カルシウムウェイ	47	37	33	28	0.756757
クオリティー	1231	824	1018	692	13.825086
ゲーミングファイト	37	25	24	22	1.715278
デイリーイースト	34	29	18	16	0.551724
トップモード	85	63	55	43	3.125641
ネイティブ	521	397	395	313	9.415276
フューチャー	1690	1192	1249	930	26.219118
モーリーフラフト	148	119	77	70	1.178814
ラボラトリー	1198	888	889	680	19.807435
レジェンド	30	24	14	12	0.500000
レモン王	129	112	97	86	3.069297
大自然カンパニー	43	36	23	20	0.555556
青牛	6	5	2	2	0.400000

1行目でgroupbyを取るときに"company"(メーカー名)でsum(合計)を取って集計している．これでばっちりのように思われるが，CVRの欄をみてほしい．なにかおかしいところはないだろうか？

演習 5.6　CVRについて，おかしいところを書き出してみよう (1分)

CVRというのは割合だった．これが1を超えるというのは明らかにおかしい．これは，各商品ごとのCVRがそのまま足し合わされた状態になっているためだ．再度計算したほうがよさそうである．

5.7.2　2通りのCVRを考慮したメーカー別の集計

ところで，メーカー別のCVRを求めるには2通りの考え方がある．考えてみて列を追加してみよう．また，見やすいようにいずれかの項目の降順で並び替えてみよう．

```
1 df_ranking_company = df_ranking_company.drop("CVR", axis=1)
2 df_ranking_company["CVR(全体)"] = ¥
3     df_ranking_company["購入人数"] / df_ranking_company["接触人数"]
4 df_ranking_company["CVR(平均)"] = ¥
5     df_ranking_new.groupby("company").mean()["CVR"]
6 #CVR(全体)が高い順に並び変える
7 df_ranking_company.sort_values("CVR(全体)", ascending=False)
```

company	接触回数	接触人数	購入回数	購入人数	CVR(全体)	CVR(平均)
ゲーミングファイト	37	25	24	22	0.880000	0.857639
クオリティー	1231	824	1018	692	0.839806	0.768060
イッツ園	734	500	579	416	0.832000	0.801153
かのうハウス	39	33	28	27	0.818182	0.823077
エターナル	772	574	567	461	0.803136	0.787387
ネイティブ	521	397	395	313	0.788413	0.784606
フューチャー	1690	1192	1249	930	0.780201	0.749118
レモン王	129	112	97	86	0.767857	0.767324
ラボラトリー	1198	888	889	680	0.765766	0.761824
カルシウムウェイ	47	37	33	28	0.756757	0.756757
トップモード	85	63	55	43	0.682540	0.625128
せかいのごはん	11	10	6	6	0.600000	0.600000
モーリーフラフト	148	119	77	70	0.588235	0.589407
大自然カンパニー	43	36	23	20	0.555556	0.555556
デイリーイースト	34	29	18	16	0.551724	0.551724
レジェンド	30	24	14	12	0.500000	0.500000
オールフロント	152	75	32	32	0.426667	0.433333
青牛	6	5	2	2	0.400000	0.400000

いかがだろうか．メーカーごとのCVRについて少し補足しておこう．例えば「レモン王」社は4商品を配荷しており，それぞれの接触人数，購入人数，CVR(接触人数→購入人数)は以下のとおりとなっている．

商品名	接触人数	購入人数	CVR
あの日のソーダ 500ml	39	30	0.769
うつくし檸檬水 500ml	28	21	0.750
しゅわっとれもん 450ml	22	15	0.682
つぶつぶミカンジュース 400ml	18	14	0.778

では，「レモン王」社全体としてのCVRはどのように計算すればよいだろうか．考え方としては以下の2通りがあることに気付くだろう．

- 各商品のCVRの平均を取る (図5.5上)
- 商品全体の接触人数・購入人数によりCVRを算出する (図5.5下)

この2つでは意味合いが異なる．実はどちらが正しいということはなく，どちらも分析において重要な指標となるのだ．ビジネスにおいては，指標値をただ算出するだけでなく，その指標値がどのような意味合いを持つのか，どのようなことがいえるのか，なども合わせて考えるとよいだろう．

5.7.3 「気付き」の確認

メーカーごとのCVRについてどのようなことに気付くだろうか．

演習 5.7 メーカーごとのCVR(接触人数→購入人数)をみて，「気付き」を書き出してみよう(3分)

① 各商品の CVR 平均

商品名	接触人数	購入人数	CVR
あの日のソーダ 500ml	39	30	0.769
うつくし檸檬水 500ml	28	21	0.750
しゅわっとれもん 450ml	22	15	0.682
つぶつぶミカンジュース 400ml	18	14	0.778
			0.745

ここの平均をとる

② 商品全体の接触・購入人数による CVR

商品名	接触人数	購入人数	CVR
あの日のソーダ 500ml	39	30	0.769
うつくし檸檬水 500ml	28	21	0.750
しゅわっとれもん 450ml	22	15	0.682
つぶつぶミカンジュース 400ml	18	14	0.778
	107	80	0.748

2. CVR 計算

1. それぞれ足す

図 5.5　2 種類の CVR 算出

受講生からは以下のような気付きが挙げられた．

- CVR (全体) と CVR (平均) の順番は必ずしも一致するとは限らない (例えばエターナル社とイッツ園社は逆転している)
- フューチャー社は接触回数は全メーカーの中でトップだが CVR (全体) では 6 位となっている
- 逆にネイティブ社のように接触回数はそれほどでもないが CVR は高く確実にショッパーをつかんでいるメーカーもいるようで，メーカーによってポジショニングが異なりそうだ

5.8　scatter で散布図を作成する

接触人数が増えるほど購入人数も増えそうなことがわかってきた．このことから，接触人数と購入人数には**相関**※4(correlation) がありそうである．

5.8.1　scatter で散布図の作成

接触人数を横軸に，購入人数を縦軸に取ったときに，各商品ごとにプロットしたグラフを作成してみよう．このようなグラフを**散布図** (scatter plot) といい，**scatter** 関数で作成できる．

```
1 plt.scatter(df_ranking_new["購入人数"], df_ranking_new["接触人数"])
```

※4 相関とは一般的に，一方が変化すれば他方も変化するように相互に関係しあうことをいう．ただし因果性はあってもなくても構わない．この場合だと接触人数が変化する (増える) と購入人数も変化する (増える) ため「相関がある」といえる．

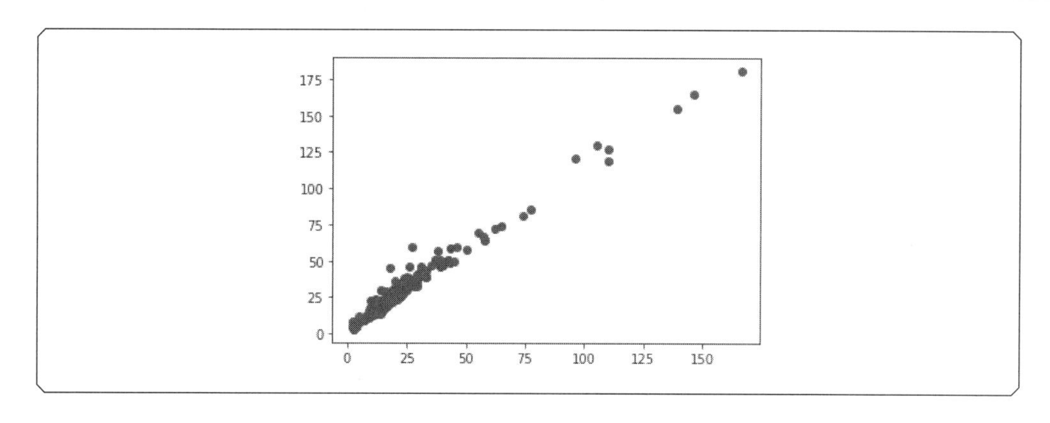

いかがだろうか．それぞれの点がほぼ一直線上にのっていることがわかるだろう．このように散布図を描くと相関がありそうかどうかを視覚的に確認することができる．

5.8.2 corr で相関係数の確認

特に数値的にどの程度相関があるかを把握するためには，**相関係数** (correlation coefficient) を確認するとよいだろう．

```
1 df_ranking_new.corr()
```

	接触回数	接触人数	購入回数	購入人数	CVR
接触回数	1.000000	0.983825	0.976328	0.972777	0.273798
接触人数	0.983825	1.000000	0.968767	0.986967	0.274605
購入回数	0.976328	0.968767	1.000000	0.986002	0.383367
購入人数	0.972777	0.986967	0.986002	1.000000	0.381123
CVR	0.273798	0.274605	0.383367	0.381123	1.000000

これを**相関行列** (correlation matrix) といい，各変数間の相関係数を総当たりで求めている．対称行列となっており，例えば接触回数と接触人数の相関係数は 0.983825 とわかる．

5.8.3 「気付き」の確認

相関係数をみてどのようなことに気付くだろうか．

演習 5.8 接触回数・接触人数・購入回数・購入人数・CVR の相関係数をみて，「気付き」を書き出してみよう (3 分)

受講生からは以下のような気付きが挙げられた．

- 接触回数 (接触人数) と購入回数 (購入人数) は高い相関にあるといえそうだ
- 接触回数 (接触人数) が多いからといって，CVR が高いとは限らない
- 購入回数 (購入人数) が多いからといって，CVR が高いとは限らない

相関係数は −1〜1 の値を取るが，その絶対値によって一般的に以下のような見方がされる[※5]．

- 0.2 未満：ほぼ相関なし
- 0.2〜0.4：弱い相関あり
- 0.4〜0.7：相関あり
- 0.7 以上：強い相関あり

これにもとづくと，接触と購入は回数・人数ともに「強い相関あり」といえるが，接触と CVR，購入と CVR は回数・人数ともに，どちらも「弱い相関あり」となりそうだ．言い方を変えると，商品によって CVR はばらばらであり，手に取られたらほとんど購入される商品もあれば，手に取られてもあまり購入されない商品もあるということがわかってくるだろう．

コラム　疑似相関に注意

札幌市円山動物園では日ごとの入場者数を公開している[※6]．2020 年 10 月 26 日〜11 月 1 日の同園の入場者数，および GI データから導き出せるレインボーマーケット新日本店の飲料売場の日ごとの立寄人数は，それぞれ以下のとおりだった．

表 5.1　札幌市円山動物園の入場者数

日にち	入場者数
10 月 26 日	1033 人
10 月 27 日	1519 人
10 月 28 日	0 人
10 月 29 日	1430 人
10 月 30 日	1175 人
10 月 31 日	2980 人
11 月　1 日	3289 人

(※ 10 月 28 日は休園日)

表 5.2　GI データから導き出せるレインボーマーケット新日本店の飲料売場の日ごとの立寄人数

日にち	立寄人数
10 月 26 日	1112 人
10 月 27 日	1301 人
10 月 28 日	1109 人
10 月 29 日	1092 人
10 月 30 日	1323 人
10 月 31 日	1448 人
11 月　1 日	1731 人

この両者の相関係数を算出すると，約 0.86 と強い相関があることがわかった．では，このレインボーマーケット新日本店の飲料売場の立寄人数が増えれば，札幌市円山動物園の入場者数も増えるのだろうか？　逆に，札幌市円山動物園の入場者数が増えればレインボーマーケット新日本店の飲料売場の立寄人数も増えるのだろうか？　そうではないことは容易に想像がつくだろう．これは，両者がそれぞれ関係している別の要因があるためだ．その 1 つは「曜日」である．平日は比較的人数が少なく，休日 (土日) は比較的人数が多いためだ．

このように，因果関係がないのに見えない要因 (この場合は曜日) によって相関係数が高くなることを**疑似相関** (spurious correlation) という．

少し考えれば容易にわかりそうなものだが，人間は思った以上にこの疑似相関の罠に引っ掛かりやすい．ショッパーマーケティングの分析を行っているプロでさえも，相関係数が高い変数を発見すると「なにか関係があるのかもしれない」と考えてしまうことが多い．対策としては「本当に因果関係があるのだろうか？」と良い意味で疑うことに尽きる．因果関係があるかどうかは，一般常識やビジネスの知見も重要となる．逆にいうと，因果関係を導き出すのはプログラムでは難しい．これこそ，人間だからこそできる仕事であるといえるだろう．

※5 相関の強さ (高さ) の目安に絶対的な指標はなく，0.3〜0.5 を「非常に弱い相関」などと表現する場合もある．比較的相関が強い変数どうしの中で比較をする場合は 0.5 でも「相関なし」とみなすこともあるため，データに応じて適切な表現をするとよいだろう．

※6 https://ckan.pf-sapporo.jp/dataset/sapporo_maruyama_zoo_visitors

5.9 DEFP2021 発表資料からの学び

ペンギンチームは,「売り場での取り扱いの多いメーカーの商品のほうが,安心感があって消費者は購入しやすいのでは？」という仮説のもと,メーカー別製品数と購入率をそれぞれグラフに表して比較した (図 5.6).結果的に「はっきりとした傾向はみられなかった」としているが,このように仮説とは異なる結果になったということを示すのもとても大事なことである.

Fujiyama チームは,商品名から類推して各エリアにどんな商品があるのかを導出した (図 5.7).その結果,お茶,コーヒー・オレ,ジュース,炭酸ジュース,水・炭酸水といった棚割がされているであろうと仮説を立て,この仮説をもとにしてエリアごとの分析を行った.商品名という定性的な情報からもある程度傾向がつかめ分析に活用できるという好例だろう.

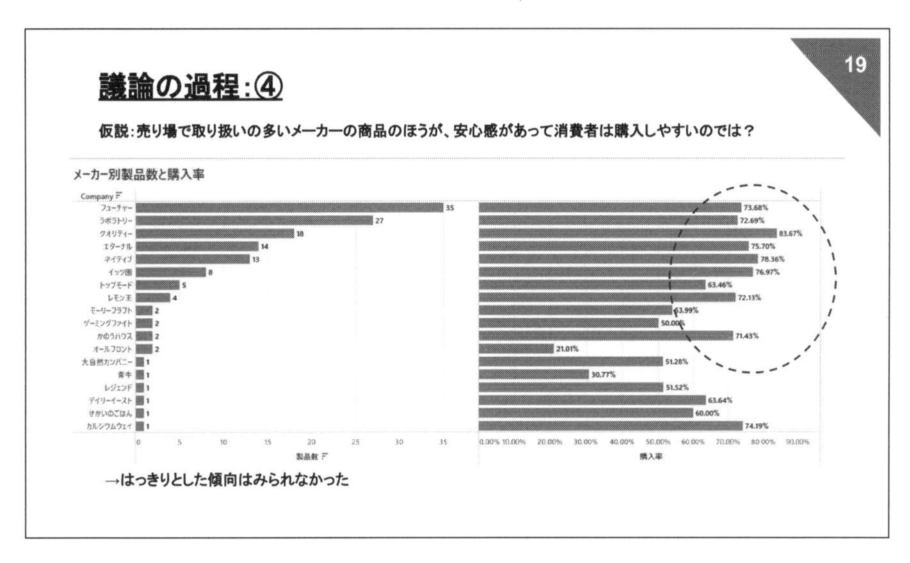

図 5.6 ペンギンチームの発表資料

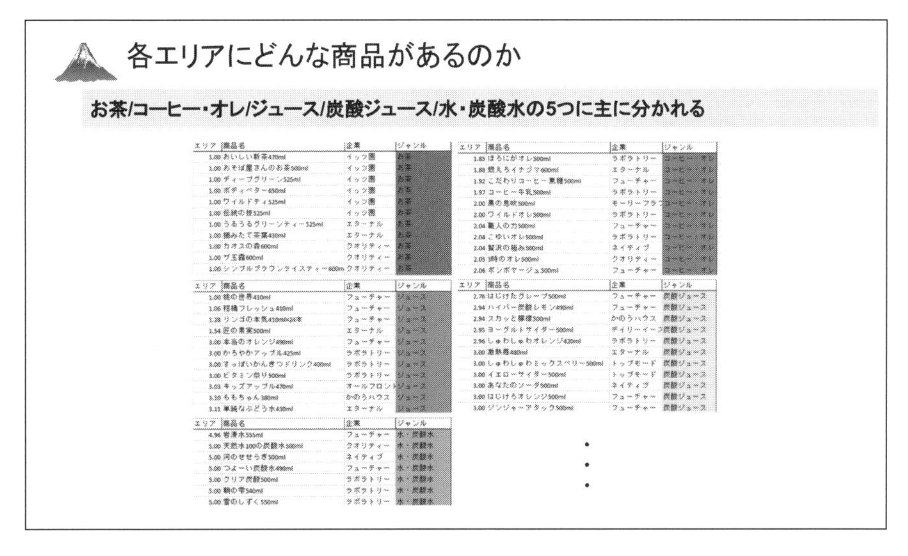

図 5.7 Fujiyama チームの発表資料

コラム　「地味」は恥だが役に立つ？

リアル店舗で販売されているような一般消費財は，実は業界として統一した商品データベースが確立されていない．それどころか，同一商品なのに別の商品名 (表記ゆれ) になっていたりもする．そのため，今回のように商品名や商品の詳細情報などからサブカテゴリの分類やフラグ付けを行ったり，商品名を統合するといった作業は結構多かったりする (一般的に「名寄せ作業」と呼ばれる)．こういった作業は一見すると地味であり，地道な作業でもある．筆者もこういった作業をデータサイエンティストに依頼すると，「これって私がやる作業ですか？」と半ば不満そうに言われる場合も多い．データサイエンティストとしては恥ずかしくなるような作業なのかもしれない．たしかにデータサイエンティストは，高級なプログラムを書いて精度を出しているほうがカッコよく見えるのかもしれない．だが，このような作業をコツコツと行うことで，結果的に精度が向上されたり説明性が向上したりもするのだ．地味な作業は一見すると「恥」かもしれないが，まったくそんなことはない．将来的に大いに役に立つものだと思って積極的に行ってみよう．

章末問題

5.1 エリアごとに性別・年代の円グラフを作成してみよう．エリアごとに違いはあるだろうか？

5.2 性別の円グラフを作成する際に，色を指定してみよう．

5.3 滞在時間と商品接触回数に相関はあるだろうか？　また，他にも相関がありそうな変数はあるだろうか？　調べてみよう．

解答例は ▶サポートページ参照

第6章

仮説検証型データ分析

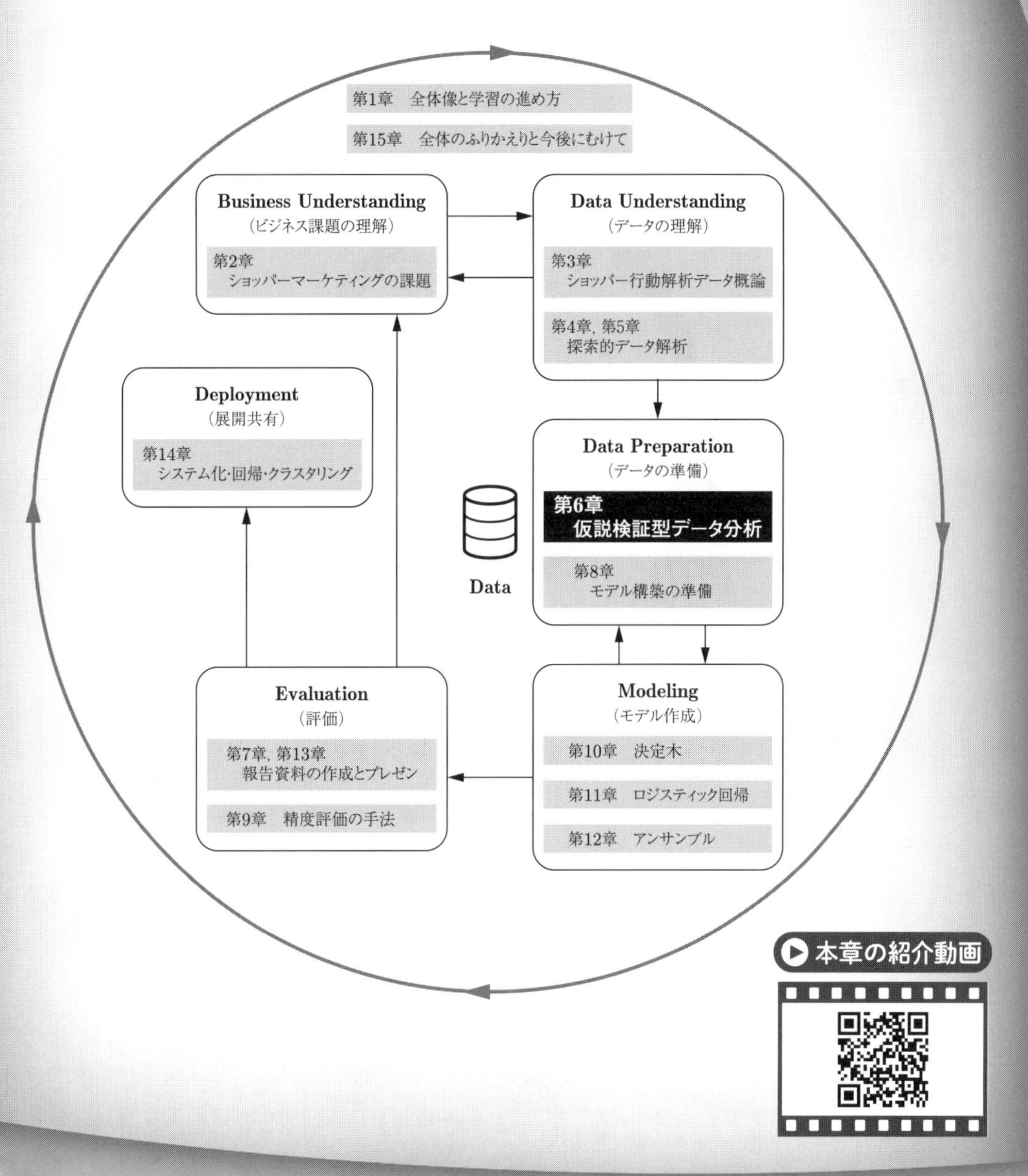

本章の紹介動画

第5章までは，データを集計したり可視化したりして，おもにデータの特徴を模索してきた．探索的データ解析という名のとおり，手がかりを探るようにしながら進めてきたといえる．今後機械学習モデルを構築したり課題を解決したりするために重要な作業ではあるのだが，ある意味いくらでも分析ができてしまうため，そのうちどこがゴールだったのかを忘れてしまいがちだ．

探索的にデータを分析しているだけでは「So What?」(それで？) になりがちである．そこでおすすめの方法が**仮説検証型データ分析**[※1]だ．これは，まずはクライアントの「お悩み」などから仮説を設定して，それが本当に正しいのかどうかをデータ分析で検証する，という方法である．**仮説** (hypothesis) とは，情報収集の途中や分析作業以前にもつ「仮の答え」のことである．検証結果から「気付き」を得て，新たな仮説を思いつくということもあるだろう．第5章までは「分析」と「気付き」を繰り返してきたが，この章では仮説→分析→気付き→仮説…のループを繰り返していこう．

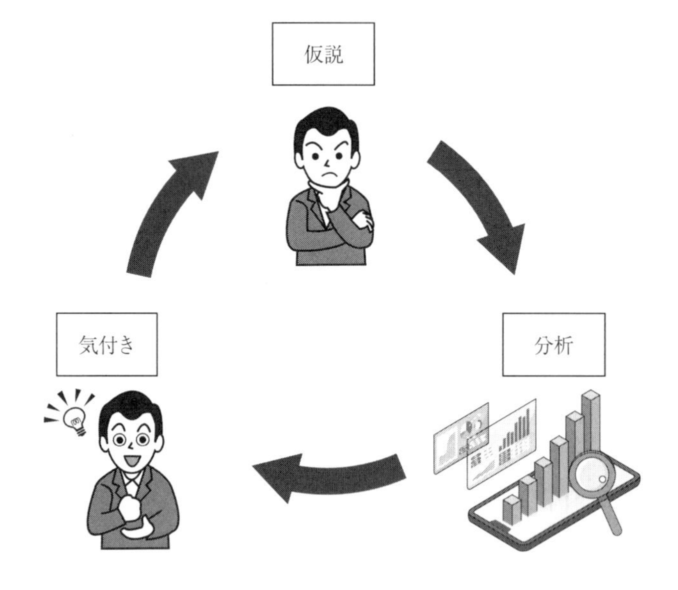

図 6.1　仮説・分析・気付きのループ

これはRPGで例えると，日々の戦闘を繰り返す過程で，戦い方を覚えていくことに近い．第4章・第5章の探索的データ解析では情報をもとに武器やアイテムを手に入れステータスを確認するという行為に近かったが，この第6章ではその武器やアイテムを「このように使えばこのような効果が得られるのではないか」という仮説をもとに実際に使って具体的な敵 (課題) に対して戦闘をする．これによって様々な経験値が得られ，武器やアイテムの使い方がわかってくるとともに，自身がレベルアップしていき，より有利に戦闘を進めることができるだろう．

なお，仮説検証は複数人のチームで行ってこそ威力を発揮する．立てる仮説や検証の方法は様々であるため，1人だと気付きにくいところがあるためだ．引き続きDEFP2021におけるチームメンバーのコメントを多数掲載するので，ぜひ本書を読み進めている仲間とも積極的に意見交換をしながら手を動かしていってほしい．

[※1] 「仮説検証型データ分析」という名称は筆者の造語であるが，仮説検証自体はデータ分析に限らずコンサルティングなどでも重要な手法である．仮説思考に関しては内田和成『仮説思考　BCG流　問題発見・解決の発想法』(東洋経済新報社，2006) をおすすめしたい．

6.1 仮説検証のための事前準備

6.1.1 仮説の再確認

さっそく仮説について考えてみよう．第2章で店頭マーケティングの課題について取り上げた．その際に，今回の仮想的なクライアントである鳥居さんから以下のようなお話があったことを覚えているだろうか．

- 女性のほうがいろいろと商品を検討してそう
- 女性のほうが長い時間比較検討してそう
- 若い人はあまり商品を検討しない

6.1.2 手書きで一覧表のイメージを作成

この仮説が果たして本当なのか，1つずつ検証していってみよう．そのためには，データを少し整理したほうがよさそうだ．

演習 6.1 仮説検証を行うためにはどのような一覧表があるとよさそうだろうか？(3分)

今回も，まずは手書きでラフスケッチをしてみよう．例えば筆者の場合は，以下のような一覧表があるとよさそうだと考えた．

人物 ID	性別	年代	年代区分	接触回数	購入回数	フレーム滞在時間
20201026-010001	Woman	30's	Young	2	2	6.2
:	:	:	:	:	:	:

図 6.2 一覧表のイメージ

では，実際にこのような表を作成していこう．

6.1.3 一覧表の作成

ショッパー属性リストの作成

第5章でも実施したファイルの読み込みなどの初期処理を行った上で，customer_id ごとに性別 (gender)，年代 (age)，年代区分 (age_category) を持つ表を作成して，shopper_attribute_list という変数名にしておこう．

```
1 import numpy as np
2 import pandas as pd
3 import matplotlib.pyplot as plt
4 %matplotlib inline
5
6 df1 = pd.read_csv("../input/gi_train_mm10.csv") # 10月のデータ
7 df2 = pd.read_csv("../input/gi_train_mm11.csv") # 11月のデータ
```

```
8
9  df_tmp = pd.concat([df1, df2])
10 df = df_tmp[df_tmp["customer_id"].notna()].copy()
11
12 df_et1 = df.loc[(df["event_type"] == 1)]
13 df_et2 = df.loc[(df["event_type"] == 2)]
14 df_et3 = df.loc[(df["event_type"] == 3)]
15
16 shopper_attribute_list = df[["customer_id","gender","age","age_category"]] ¥
17     .drop_duplicates().set_index("customer_id")
18 shopper_attribute_list
```

	gender	age	age_category
customer_id			
20201026-010001	woman	30's	Young
20201026-010003	man	50's	Middle
20201026-010004	man	10's	Teen
20201026-010005	woman	30's	Young
20201026-010006	man	40's	Middle
...	...	...	...
20201101-120046	woman	10's	Teen
20201101-120047	man	40's	Middle
20201101-120049	woman	40's	Middle
20201101-120052	man	20's	Young
20201101-120057	woman	Over70's	Senior

9116 rows × 3 columns

ショッパー接触回数リストの作成

次に customer_id をインデックスとして，それぞれのショッパーの商品への接触回数を「接触回数」という列名で持つ DataFrame を作成して，shopper_contact_list という変数名にしておこう．

```
1 shopper_contact_list = ¥
2     df.groupby("customer_id")[["num_touch"]].sum().astype(int)¥
3     .rename(columns={"num_touch" : "接触回数"})
4 shopper_contact_list
```

	接触回数
customer_id	
20201026-010001	2
20201026-010003	3
20201026-010004	0
20201026-010005	1
20201026-010006	2
...	...
20201101-120046	0
20201101-120047	1
20201101-120049	1
20201101-120052	4
20201101-120057	0

9116 rows × 1 columns

ショッパー購入回数リストの作成

同様に，customer_id をインデックスとして，それぞれのショッパーの商品の購入回数を「購入回数」という列名で持つ DataFrame を作成して，shopper_buy_list という変数名にしておこう．

```
1 shopper_buy_list = ¥
2     df.groupby("customer_id")[["buy_flag"]].sum().astype(int)¥
3     .rename(columns={"buy_flag" : "購入回数"})
4 shopper_buy_list
```

```
                    購入回数
      customer_id
 20201026-010001         2
 20201026-010003         3
 20201026-010004         0
 20201026-010005         1
 20201026-010006         2
              ...      ...
 20201101-120046         0
 20201101-120047         1
 20201101-120049         1
 20201101-120052         4
 20201101-120057         0
9116 rows × 1 columns
```

ショッパー滞在時間リストの作成

さらに，customer_id をインデックスとして，フレーム滞在時間 (time_duration) を持つ DataFrame を作成して，shopper_time_duration_list という変数名にしておこう．

```
1 shopper_time_duration_list = ¥
2     df_et1[["customer_id","time_duration"]].set_index("customer_id")
3 shopper_time_duration_list
```

```
                    time_duration
      customer_id
 20201026-010001              6.2
 20201026-010003             14.2
 20201026-010004             21.0
 20201026-010005             19.2
 20201026-010006             19.8
              ...             ...
 20201101-120046             13.6
 20201101-120047              4.6
 20201101-120049             11.2
 20201101-120052             28.6
 20201101-120057             13.8
9116 rows × 1 columns
```

ショッパー情報一覧の作成

最後に，shopper_attribute_list, shopper_contact_list, shopper_buy_list, shopper_time_duration_list の各 DataFrame を結合させて，df_shopper という新たな DataFrame を作成しておこう．次節以降，このショッパー情報一覧をもとに仮説を検証していく．

```
1 df_shopper = pd.concat(¥
2     [shopper_attribute_list, shopper_contact_list, shopper_buy_list, ¥
3     shopper_time_duration_list], axis=1)
4 df_shopper
```

	gender	age	age_category	接触回数	購入回数	time_duration
customer_id						
20201026-010001	woman	30's	Young	2	2	6.2
20201026-010003	man	50's	Middle	3	3	14.2
20201026-010004	man	10's	Teen	0	0	21.0
20201026-010005	woman	30's	Young	1	1	19.2
20201026-010006	man	40's	Middle	2	2	19.8
...	...	...	...	...	...	...
20201101-120046	woman	10's	Teen	0	0	13.6
20201101-120047	man	40's	Middle	1	1	4.6
20201101-120049	woman	40's	Middle	1	1	11.2
20201101-120052	man	20's	Young	4	4	28.6
20201101-120057	woman	Over70's	Senior	0	0	13.8

9116 rows × 6 columns

コラム　日本語の列名

ここでは敢えて「接触回数」「購入回数」という日本語の列名を使用したが，これには理由がある．接触・購入にはそれぞれ回数と人数があるという話をしたが，これを英語表記にすると少しややこしくなるためだ．「contact_num」「buy_num」などとすることはもちろん可能だが，後になって見返したときに「これは回数のことなのか？人数のことなのか？」と疑問に思うこともあるだろう．また，自分だけがこのプログラムを動かすとは限らない場合もある．パッと見たときに区別ができるように敢えてこのような日本語表記とした．

他の列名が gender や age といった英語表記になっているのに，ここだけ日本語表記というのは落ち着かない...という方もいらっしゃるかもしれない．一部のライブラリでは日本語表記での処理や可視化に対応していなかったりする場合もある．そういった懸念がある場合は英語表記で扱っても問題はないだろう．

6.2　仮説1「女性のほうがいろいろと商品を検討してそう」の検証

鳥居さん曰く「女性のほうがいろいろと商品を検討してそう」とのことだが，これは本当だろうか．今手持ちのデータでこの仮説を検証してみよう．

6.2.1 検証方法の検討

> **演習 6.2** 「女性のほうが商品をいろいろと検討している」という命題に対して，イエスかノーを明示したい．今手持ちのデータをどう分析して，どう説明していけばよいだろうか．考えてみよう (5分)

受講生からは以下のような意見が挙げられた．

- 「いろいろと検討」というのは，どのくらい商品に接触しているかでわかりそうだ
- 「いろいろと」というのは，もしかしたら単に商品の数というよりも，商品のSKU数のことかもしれない

このように，クライアントの話から命題を抽出して，さらにそれをどう解釈して具体的にどうデータで立証すればよいのかを，詳しく順序だてて考えることが大切だ．

6.2.2 データで検証

ここではどのくらい商品に接触しているかについて検証してみよう．まずは一覧表の接触回数を性別ごとに集計して要約統計量を確認してみよう．

```
1 df_shopper.groupby("gender")["接触回数"].describe()
```

```
         count      mean       std  min  25%  50%  75%   max
gender
   man  3970.0  0.802267  1.474549  0.0  0.0  0.0  1.0  15.0
 woman  5146.0  0.723280  1.570993  0.0  0.0  0.0  1.0  25.0
```

分布も確認してみよう．男性と女性についてそれぞれ接触回数の箱ひげ図を描いて比較してみよう．

```
1 df_man = df_shopper[df_shopper["gender"] == "man"]
2 df_woman = df_shopper[df_shopper["gender"] == "woman"]
3
4 data = (df_man["接触回数"], df_woman["接触回数"])
5 plt.boxplot(data, labels=["man", "woman"], vert=False)
6 plt.show()
```

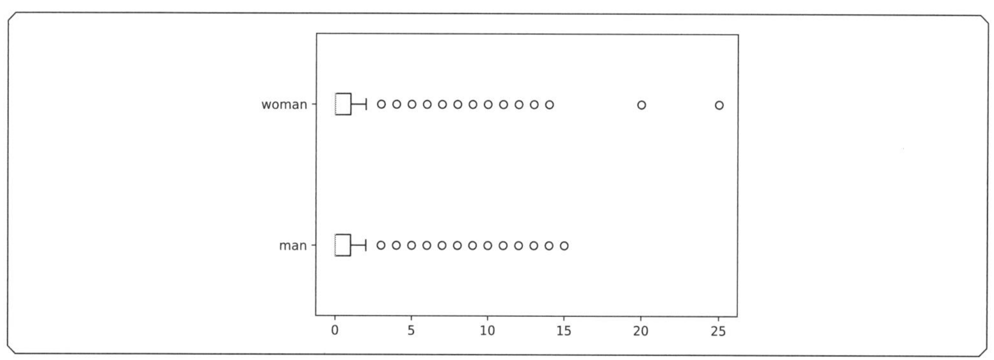

2つの箱ひげ図を並べて表示することによって比較しやすくしている．5行目で boxplot 関数の引数として vert=False を設定することで横に倒した箱ひげ図を描くことができる．場合によっては縦よりも横のほうが見やすいだろう．

さて，この2つの結果をみていかがだろうか．「女性のほうがいろいろと商品を検討してそう」という仮説から接触回数は女性のほうが多いかと思われたが，実際はそうではなく，平均値はむしろ女性のほうが少ない結果だった．ただ，男女ともに平均値は1以下，中央値も0となっていることから，それほど差があるとはいえそうもない．少なくとも，どうやら仮説とは少し異なる結果だということがデータからわかった．

ところで，このことは別の店舗 (例えばレインボーマーケット東京中央店) の別の商品カテゴリ (例えばお菓子) の売場でも同じことがいえるだろうか？　もちろん，そうとは限らないだろう．なぜなら，今回はあくまでもレインボーマーケット新日本店の飲料売場のデータを確認しているに過ぎないからだ．したがって，「少なくとも今回のデータに関していえば」という注釈が必ず必要になる．

コラム　早まった一般化に注意

少数の個別の事例やイメージから，より広い範囲に対してもその性質が成立すると結論づけることを，**早まった一般化** (hasty generalization) というそうだ．例えばとある店舗において，ヘアケア売場の立寄者の女性比率が70％，お菓子売場の立寄者の女性比率が30％だったとしよう．そのようなときに「日本全国どの店舗においても，ヘアケア売場はお菓子売場よりも女性比率が高い．」と考えてしまうようなことをいう．しかし，現実にこれが成り立つとは言い切れない．なぜなら，全国で数万店舗もあるうちのある1店舗のデータにしか過ぎないからだ．言い切れないというのは，一般化できるかもしれないし，一般化できないかもしれない，という意味であり，現在与えられているデータのみでは断定できないということだ．

一方で，**拡大推計**や**ウェイトバック集計**と呼ばれる考え方がある．これは「みそ汁の味見」や「選挙の出口調査による当確発表」をイメージするとよい．すなわち，抽出した少数のデータから母集団全体を類推することをいう．これは統計的な考え方であり「早まった一般化」とは異なる．

データ分析を行っていると，これまで誰も気付かなかったような発見をしたと感じる場合がたまにある．検証すべき仮説としては有効かもしれないが，それが本当に一般化できる法則なのかどうかは一度立ち止まってよく検証したほうがよい．

6.3　仮説2「女性のほうが長い時間比較検討してそう」の検証

6.3.1　検証方法の検討

鳥居さん曰く「女性のほうが長い時間比較検討してそう」とのことだが，これは本当だろうか．今手持ちのデータでどのようにこの仮説を検証すればよいだろうか．

「長い時間比較検討」というのは，滞在時間が長いか短いかを比べればよさそうである．一覧表の滞在時間を性別ごとに集計すればよさそうだ．その際に要約統計量も調べてみることにしよう．

6.3.2　データで検証

```
1 df_shopper.groupby("gender")["time_duration"].describe()
```

```
        count       mean        std  min   25%   50%   75%    max
gender
   man  3970.0  33.750025  35.937931  0.6  11.8  21.8  42.4  370.2
 woman  5146.0  37.441974  36.765679  0.0  13.8  25.7  47.8  421.6
```

分布も確認してみよう．男性と女性についてそれぞれ滞在時間の箱ひげ図を描いて比較してみよう．

```
data = (df_man["time_duration"], df_woman["time_duration"])
plt.boxplot(data, labels=["man", "woman"], vert=False)
plt.show()
```

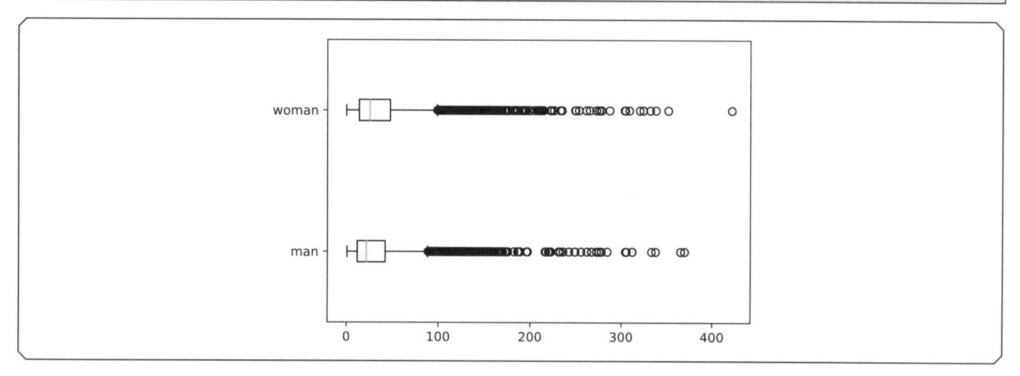

要約統計量・箱ひげ図ともに 6.2 節で扱った接触回数とは少し状況が異なり，男性と女性とで少し違いがあるようだ．さて，ここからどのようなことに気付くだろうか．

演習 6.3 要約統計量と箱ひげ図からわかる「気付き」を書き出してみよう．仮説は正しかっただろうか？ (3 分)

受講生からは以下のような意見が挙げられた．

- 滞在時間の中央値が男性が約 21.8 秒なのに対して女性が約 25.7 秒となっている．4 秒ほど差があるから明らかに女性のほうが滞在時間が長いといえるのではないか
- いや，でも平均値をみるとそうでもない．たしかに女性のほうが長いが，33.8 秒と 37.4 秒であるから，10％程度しか違わない．これをもってして女性のほうが滞在時間が長いと断じてよいのか？

どちらも大変よい意見だ．「4 秒ほど差がある」というのは「明らかに長い」といえるのだろうか？このような場合には統計的仮説検定が役に立つ．ここでは簡易的に試してみよう．

コラム　認知バイアスとの付き合い方

先ほど紹介した「早まった一般化」は**認知バイアス**の１つである．『認知バイアス　心に潜むふしぎな働き』[※2]によれば，認知とは「心の働き」全般を指す言葉であり，「バイアスがかかる」とは，先入観にとらわれて物事の一側面にだけ注意が向けられ，そのほかの側面についての思慮が足りないことを指すそうだ．このようなマーケティングリサーチ系のデータと向き合う際に意識しておきたい認知バイアスは他にもある．例えば，仮説を検証する際にそれを支持する情報ばかりを集め，反証する情報を無視または集めようとしない傾向のことを**確証バイアス** (confirmation bias) という．特に，自分に都合のよい証拠だけを提示し相手を説得しようとすることを**チェリー・ピッキング** (cherry picking) といったりもする．仮説を検証する上では，その仮説が「正しいことを検証する」のではなく，「正しいかどうかも含めて検証する」という考え方が必要になろう．

ところで，マーケティングには様々な認知バイアスが使われている．例えば消費財メーカーが自社商品のCMに有名人を起用するのは**ハロー効果** (halo effect) を狙っているし，SNSで大勢の人が「いいね！」としている商品はさらに多くの「いいね！」をもらえる傾向にあるといった**バンドワゴン効果** (bandwagon effect) なども見逃せない．『情報を正しく選択するための認知バイアス事典』[※3]では様々なバイアスが紹介されている．

筆者は宇宙に関することに興味があるため，テレビや雑誌で「宇宙」という言葉が出てくると反応する．これを心理学ではカクテルパーティ効果というらしい．例えば「炭酸飲料」とか「果汁飲料」といった言葉に意識的に注目してみると，普段は目にも留めていなかったテレビの情報番組から意外な商品知識が得られて，仮説や示唆出しに役立つかもしれない．

認知バイアス自体は人間が環境に適応するために身に付けたものであり，それ自体が悪いということはない．しかし，良い効果を生む場合もあれば，悪い影響が出る場合もある．特にデータ分析においては認知バイアスとうまく付き合う必要があるだろう．まずはぜひ認知バイアスの知見を深めていくことから始めてみよう．

6.3.3　統計的仮説検定の概要

統計的仮説検定 (statistical hypothesis testing)[※4]では背理法と同様の論法を用いる．ここでは，女性と男性の滞在時間には差があるといえるのかを，統計的仮説検定によって確かめてみよう．

6.3.4　仮説検定の進め方①　仮説を立てる

検定を行うために立てる仮説のことを**帰無仮説** (null hypothesis) といい，帰無仮説に対する仮説を**対立仮説** (alternative hypothesis) という．本来立証したいのは対立仮説のほうである．仮説検定の論法は「対立仮説とは対立の帰無仮説」が「ほとんどありえないことであることを示す」(これを帰無仮説を**棄却** (rejection) するという) ことで，対立仮説を立証する，というものである．さて，今回の場合，帰無仮説と対立仮説はそれぞれどのようになるだろうか？

演習 6.4　帰無仮説と対立仮説をそれぞれ書き出してみよう (3分)

[※2] 鈴木宏昭『認知バイアス　心に潜むふしぎな働き』(講談社，2020)
[※3] 高橋昌一郎 (情報文化研究所監修)『情報を正しく選択するための認知バイアス事典』(フォレスト出版，2021)
[※4] 統計的仮説検定のことを，単に「検定」ということも多い．検定では，その事象が偶発的なものなのか，必然的なものなのかを見極めることができる．例えば今回の場合は，女性のほうが明らかに滞在時間が長いという人もいれば，そうとも言い切れないという人がいた．このように，人によって判断が変わりそうな微妙な違いを統計学の力を使って客観的に判断できる．

例えば以下のように書くことができるだろう.

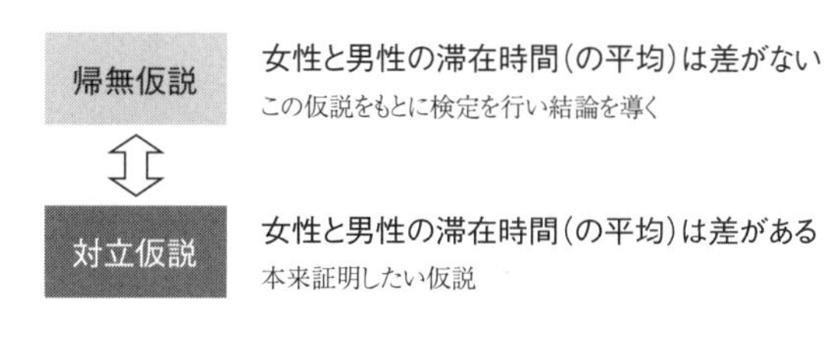

図 6.3 帰無仮説と対立仮説

「女性と男性の滞在時間は差がある」という本来立証したい対立仮説に対して,「女性と男性の滞在時間は差がない」という帰無仮説を立て,この仮説を棄却することで「女性と男性の滞在時間は差がある」を導くことを考えていこう.

6.3.5 仮説検定の進め方② 有意水準を設定しp値を算出する

統計的仮説検定において帰無仮説を棄却する基準となる確率のことを**有意水準** (significance level) といい,5% (0.05) や 1% (0.01) がよく使われる.帰無仮説のもとで実際にデータから計算された統計量よりも極端な (帰無仮説のもとではより稀な) 統計量の値が観測される確率を **p 値** (p-value) という.p 値と有意水準を比較して,もしp値が有意水準よりも小さかったら,帰無仮説を棄却することができ,対立仮説が正しいと判断する.順番としては,まずは有意水準を設定してからp値を算出する.逆にすると,判断が恣意的になる可能性があるためだ.

図 6.4 検定の流れ

ここでは,有意水準を 5% (0.05) としておこう.統計関数を集めたモジュールである **scipy.stats** を使ってp値を求めてみよう.平均に差があるかどうかを調べるには **t 検定**を使う.

```
1 import scipy.stats as st
2 xa = df_shopper[df_shopper["gender"] == "man"]["time_duration"]
3 xb = df_shopper[df_shopper["gender"] == "woman"]["time_duration"]
4 t, p = st.ttest_ind(xa, xb, equal_var=False)
5 print("t値=", t)
6 print("p値=", p)
```

```
t値= -4.8146895941604155
p値= 1.4993628244769003e-06
```

1行目で scipy.stats をインポートしている.2行目,3行目ではそれぞれ,男性の滞在時間,女性の滞在時間を Series オブジェクトとして設定し,4行目の **ttest_ind** メソッドの引数として渡している.また,引数のオプションである equal_var は,それぞれの集団の分散 (この場合は,男性の滞在時間の分散と,女性の滞在時間の分散) が等しいかどうかを指定するもので,False にすると等分散かどうかを考慮する必要のない**ウェルチの t 検定** (Welch's t test) になる.

`ttest_ind` メソッドを実行すると t 値と p 値が得られる．p 値をみるときわめて小さい値 (10^{-6} のオーダー) となっていることがわかるだろう．これは先に決めた有意水準よりも小さい値となっている．よって帰無仮説が棄却されるため，対立仮説が正しいといえる．すなわち女性と男性の滞在時間は差があるといえる，ということになる．

なお，検定だけだと「差がある」ということはいえても実際の差が 1 秒なのか 0.00001 秒なのかはわからない．そのため，どの程度の差があるのかをみるために**区間推定**を行う場合もある．今回は簡易的に検定のみを行ったが，検定や区間推定は統計学における最重要分野の 1 つであり，厳密には様々な方法がある．関心がある方はぜひ調べてみてほしい．

コラム　検定における注意点

今回は検定によって有意差があるかどうかを検証したが，実は検定を行う上で注意することがいくつかある．その中の 1 つが，サンプルサイズが大きいほど p 値が小さくなりやすくなり，帰無仮説が棄却される，つまり統計的有意差があるという結果になりやすいというものだ．

『東京大学のデータサイエンティスト育成講座』[※5]の確率と統計の基礎の章では，確率変数と確率分布から統計的推定の紹介をした上で統計的検定について扱っている．その中で「実はビッグデータの解析 (特に決まった厳密な定義はありませんが，サンプルサイズが数百万，数千万以上ある場合を想定しています) には向いていないのです．」と述べられている．Nature 誌では，論文の約半数が「統計的有意性」を誤用しており，科学にとって深刻な損害をもたらしていると警鐘を鳴らしている[※6]．

6.4　仮説 3「若い人はあまり商品を検討しない」の検証

鳥居さんは，「若い人はあまり商品を検討しない」と言っていた．これについて考えてみよう．

6.4.1　検証方法の検討

まずは「あまり商品を検討しない」について考えてみよう．商品を検討するとはなんだろうか？例えば，A という商品を手に取って B という商品を手に取って C という商品を手に取って最終的に D を買った，という場合は，検討しているといえそうだ．一方で，最初に A という商品を手に取ってそのまま売場を立ち去っていたら，検討したというよりもともと買う商品を決めて売場にやってきたとみなせるだろう．つまり，手に取った商品の数を指す「商品接触数」を集計するとなにかがわかってきそうだ．

次に，「若い人」とはなんだろうか？　人によっては 10 歳未満のような子供のことを指していることもあれば，10 代や 20 代を含む場合もあるだろう．鳥居さんの年齢からみて「若い人」とはいったい何歳ぐらいのことをいうのか，これは今の時点では想定するしかない．まずは年代別に傾向をみてみるところから始めよう．

※5 塚本邦尊・山田典一・大澤文孝『東京大学のデータサイエンティスト育成講座』(マイナビ出版，2019)

※6 https://www.itmedia.co.jp/news/articles/1903/26/news112.html

コラム 「仕様を明確にしてほしい」という前に

「いろいろと」とか「あまり」とか「若い」というように，具体的な基準が明確ではない形容詞や副詞を用いて語られることがビジネスの現場ではよくある．日本人はよく物事をあいまいにしがちといわれることが多いが，その表れといえるかもしれない．

理由はおもに 2 つある．1 つはただの話し言葉における癖であり，実際には心のうちで明確な基準を持っている場合．もう 1 つは，本当にあいまいにしかイメージできていない場合だ．どちらの場合でも「具体的には？」と一段掘り下げて聞いてみたり，メンバー内でディスカッションをしてみるとよいかもしれない．意外と自分のイメージとは異なる定義が隠されていたりする場合も多い．

データサイエンティストやシステムエンジニアは「定義」にこだわる傾向がある．あいまいな仕様があるとたまに不満げに「仕様を明確にしてほしいんですけど」と言ったりする場合もあるが，そういう前にヒアリングをして聞き出す努力をしてみよう．「そういう考え方もあるのか」と学びが増えるかもしれない．

6.4.2 データで検証

年代別に接触回数の要約統計量を確認してみよう．

```
df_shopper.groupby("age")["接触回数"].describe()
```

```
          count      mean       std  min  25%  50%  75%   max
age
0's       327.0  0.577982  1.317370  0.0  0.0  0.0  1.0   8.0
10's      606.0  0.882838  1.714634  0.0  0.0  0.0  1.0  25.0
20's      689.0  0.698113  1.241955  0.0  0.0  0.0  1.0  13.0
30's     1834.0  0.705016  1.333486  0.0  0.0  0.0  1.0  14.0
40's     2279.0  0.756033  1.548223  0.0  0.0  0.0  1.0  14.0
50's     1753.0  0.787222  1.652042  0.0  0.0  0.0  1.0  20.0
60's     1350.0  0.801481  1.650931  0.0  0.0  0.0  1.0  13.0
Over70's  278.0  0.805755  1.618386  0.0  0.0  0.0  1.0  11.0
```

演習 6.5 要約統計量からわかる「気付き」を書き出してみよう．仮説は正しかっただろうか？(3 分)

受講生からは以下のような意見が挙げられた．

- 中央値はすべて 0 になっており，これだけではよくわからなそうだ
- 平均値をみると 10 代を除いて年代が上がるほど数字が大きくなっている．したがって若い人はたしかに接触回数が少ないようにみえる
- 10 代は標準偏差が他の年代区分よりも大きく，人によってばらつきが大きいようだ．少ない商品しか手に取らない場合と，数多くの商品を手に取る場合とで分かれるのかもしれない

どれも鋭い意見だ．今回の場合は，若い人の定義が現時点では明確ではないため，まずはこの数字をもって解釈を添えつつもう一度ヒアリングをしてみるとよいだろう．このように，必ずしも答えが明確に出る問題だけではないことも覚えておいてほしい．

6.5　仮説4「『雪のしずく』は『岩清水』と比較検討されている」の検証

6.5.1　検証方法の検討

鳥居さんからは，ラボラトリー社の基幹商品である「雪のしずく」の競合商品を割り出したいというリクエストもあった．どうやら，フューチャー社の「岩清水」を競合商品として見ているようだ．

これを「雪のしずく」と一緒に接触されている商品を割り出すという問題と解釈する．なお，このように一緒に接触されている商品を導出する分析手法を**併接触分析**という．

6.5.2　データで検証

まずは「雪のしずく」に接触したショッパーの人物IDのリストを作成してみよう．

```
#「雪のしずく550ml」に接触したショッパーの人物IDのリストを作成
list_tdr = df_et3[df_et3["product_name"] == "雪のしずく550ml"]["customer_id"]¥
    .drop_duplicates()
list_tdr
```

```
13254    20201026-010009
13256    20201026-010010
13312    20201026-010058
13415    20201026-010198
13473    20201026-020114
              ...
3723     20201101-060164
3815     20201101-070110
3855     20201101-070189
4117     20201101-100058
4351     20201101-120031
Name: customer_id, Length: 74, dtype: object
```

次に，その人物IDのショッパーが接触した商品の一覧表を作成してみよう．

```
#その人物IDのショッパーの接触商品の一覧表を作成
df_tmp = df_et3[df_et3["customer_id"].isin(list_tdr)]
df_tmp.head()
```

	customer_id	...	product_name	company	...
13254	20201026-010009	...	雪のしずく550ml	ラボラトリー	...
13255	20201026-010010	...	ジャパンスプラッシュ500ml	クオリティー	...
13256	20201026-010010	...	雪のしずく550ml	ラボラトリー	...
13311	20201026-010058	...	ジャパンスプラッシュ500ml	クオリティー	...
13312	20201026-010058	...	雪のしずく550ml	ラボラトリー	...

最後に，商品接触回数の降順でリスト化してみよう．

```
df_tmp["product_name"].value_counts()
```

```
雪のしずく 550ml            126
ジャパンスプラッシュ 500ml        18
岩清水 555ml                4
日本の伝統 525ml              3
ウェットスポーツ 500ml           3
天然水 100 の炭酸水 500ml        3
朝の雫 540ml                3
カオスの森 600ml              3
スリーシードル 500ml            2
ドラゴンバード 525ml            2
伝統の技 525ml              2
無農薬健康茶 600ml            2
ディープグリーン 525ml           2
コーヒー牛乳 500ml            2
マイルドラバー 600ml            1
しゅわしゅわ檸檬ライム 470ml         1
パワーオブビースト 355ml          1
おいしい時間 555ml            1
ヘルシーなお茶 410ml            1
健康の国 500ml              1
柑橘フレッシュ 410ml            1
贅沢乳酸菌ドリンク 500ml          1
桃の世界 410ml              1
強烈スマッシュ 500ml            1
酸っぱい果実 555ml            1
はじけたグレープ 500ml           1
あの日のソーダ 500ml            1
つぶつぶミカンジュース 400ml         1
ジンジャーアタック 500ml          1
トルマリン 600ml              1
ワイルドオレ 500ml             1
おいしい新茶 470ml             1
優しい君 500ml              1
森の光 600ml               1
Name: product_name, dtype: int64
```

これを見ると,「雪のしずく」と一緒に手に取られている商品は「ジャパンスプラッシュ」(18回)のようだ.次に「岩清水」(4回),「朝の雫」(3回)などとなっており,その名称から水ジャンルの商品が多いことがわかるだろう.仮説とは少し異なる結果ではあったものの,「ジャパンスプラッシュ」という新たな競合が浮かび上がってきたことは,ラボラトリー社の今後のマーケティング戦略にも重要な示唆といえるだろう.

コラム　バスケット分析と併接触分析

ショッパーがどの商品とどの商品を一緒に購入しているかを調べてその傾向を見出していくことを**バスケット分析** (market basket analysis) という.小売店舗でショッパーがレジに持っていくお買い物かご(バスケット)からその名前がついている.また,バスケット分析のように「なにかとなにかの関連性」を分析することを一般的に**アソシエーション分析** (association analysis) という.

バスケット分析で最も有名な事例が「おむつとビール」だ.1992年にあるコンサルティング会社が「金曜の夕方に,おむつとビールを一緒に購入する30代から40代の男性客が多い」というデータ解析結果を明らかにした.このことから,例えばおむつとビールを同じ売場に置いたり,おむつを購入するショッパーにビールのクーポン券を発行するなどといったマーケティングのアイデアが出てくるだろう.

今回紹介した併接触分析も,このアソシエーション分析の1つとして考えられる.バスケット分析の接触版ともいえるだろう．バスケット分析はどちらかというとカテゴリを跨いだ商品に関して有効な分析であった．併接触分析は同一カテゴリ内での競合商品や比較検討される商品の割り出しに有効な分析である．うまく活用することで商品どうしの関連性がみえてきて，商品や売場の改善に繋がるだろう．

6.6 仮説5「時間帯によって手に取られる商品が異なる」の検証

6.6.1 検証方法の検討

鳥居さんは「時間帯によって手に取られやすい商品が異なるんじゃないかな」という話をしていた．そこで，時間帯ごと (9時台，10時台，11時台...) にそれぞれの商品の接触回数を合計して一覧表を作成してみよう．なお，ここでは日にち (曜日) は考慮しないこととする．こういったとき，in_time の「時」の部分のみを切り出して新たに列を追加すると便利だ．

6.6.2 データで検証

まずはそれぞれの列の型を確認しておこう．

```
1 df_et3.info() # 型の確認
```

```
<class 'pandas.core.frame.DataFrame'>
Int64Index: 6907 entries, 13242 to 4365
Data columns (total 18 columns):
 #   Column            Non-Null Count  Dtype
---  ------            --------------  -----
 0   customer_id       6907 non-null   object
 1   event_day         6907 non-null   object
 2   store_id          6907 non-null   int64
 3   store             6907 non-null   object
 4   project_category  6907 non-null   object
 5   area_id           0 non-null      float64
 6   gender            6907 non-null   object
 7   age               6907 non-null   object
 8   age_category      6907 non-null   object
 9   event_type        6907 non-null   int64
 10  product_id        6907 non-null   float64
 11  product_name      6907 non-null   object
 12  company           6907 non-null   object
 13  time_duration     6907 non-null   float64
 14  num_touch         6907 non-null   float64
 15  in_time           6907 non-null   object
 16  out_time          0 non-null      object
 17  buy_flag          6907 non-null   int64
dtypes: float64(4), int64(3), object(11)
```

これをみると，商品接触の日時を表す「in_time」の列は object として扱われているようだ．このままだと扱いづらいため，扱いやすくするために **datetime** 型に型変換を行ってみよう．

```
1 df_tmp = df_et3.copy() # いったんコピー
2 df_tmp["in_time"] = pd.to_datetime(df_tmp["in_time"]) # 型変換
3 df_tmp.info() # 型の確認
```

```
<class 'pandas.core.frame.DataFrame'>
Int64Index: 6907 entries, 13242 to 4365
Data columns (total 18 columns):
 #   Column            Non-Null Count  Dtype
---  ------            --------------  -----
 0   customer_id       6907 non-null   object
 1   event_day         6907 non-null   object
 2   store_id          6907 non-null   int64
 3   store             6907 non-null   object
 4   project_category  6907 non-null   object
 5   area_id           0 non-null      float64
 6   gender            6907 non-null   object
 7   age               6907 non-null   object
 8   age_category      6907 non-null   object
 9   event_type        6907 non-null   int64
 10  product_id        6907 non-null   float64
 11  product_name      6907 non-null   object
 12  company           6907 non-null   object
 13  time_duration     6907 non-null   float64
 14  num_touch         6907 non-null   float64
 15  in_time           6907 non-null   datetime64[ns]
 16  out_time          0 non-null      object
 17  buy_flag          6907 non-null   int64
dtypes: datetime64[ns](1), float64(4), int64(3), object(10)
```

なお，in_time の年月日にはプログラム実行時の年月日が自動的に入るようになっている．今回は使用しないが，これは実際の event_day とは異なるので注意しよう．では，ここから「時」の情報のみを取り出して，新たな列「hour」を追加しよう．

```
1 df_tmp["hour"] = df_tmp["in_time"].dt.strftime("%H") # 時のみ切り出して hourに格納
2 df_tmp.head(5)
```

```
             customer_id  ...                  in_time  ... hour
13242  20201026-010001  ...  YYYY-MM-DD 08:01:51.400  ...   08
13243  20201026-010001  ...  YYYY-MM-DD 08:01:53.600  ...   08
13244  20201026-010003  ...  YYYY-MM-DD 08:03:00.400  ...   08
13245  20201026-010003  ...  YYYY-MM-DD 08:03:00.400  ...   08
13246  20201026-010003  ...  YYYY-MM-DD 08:03:03.800  ...   08
```

in_time の YYYY-MM-DD の箇所はプログラム実行時の年月日になっているはずだ．

ここから，各時についての情報のみを取り出したい．hour について groupby 関数を使い，product_name についてみてみよう．

```
1 df_tmp.groupby("hour")["product_name"].describe()
```

```
      count  unique                        top  freq
hour
  08    359      81      トラディショナル緑茶 525ml    36
  09    394      97  アフタヌーンレモンティー 500ml    19
  10    430     106     ジャパンスプラッシュ 500ml    30
  11    582     118         キッズアップル 470ml    36
  12    492     103           ワイルドティ 525ml    24
  13    449     109       ライフパートナー 500ml    22
```

```
14    548    113    ジャパンスプラッシュ 500ml    27
15    648    112    トラディショナル緑茶 525ml    44
16    645    125        ライフパートナー 500ml    25
17    578    120    トラディショナル緑茶 525ml    27
18    674    119        ライフパートナー 500ml    31
19    510    115    トラディショナル緑茶 525ml    26
20    448    109    トラディショナル緑茶 525ml    21
21    150     64    トラディショナル緑茶 525ml     9
```

describeメソッドを使うことで，時間ごとのcount（レコード数），unique（ユニークレコード数），top（最も多い商品），freq（最も多い商品の数）がわかる．これをみると，例えば「トラディショナル緑茶」は朝や夕方～夜の時間帯は手に取られやすいことがわかる一方で，お昼の時間帯は「キッズアップル」や「ワイルドティ」といった別の商品がその時間帯におけるトップとなっていることがわかる．時間帯の違いは購買層の違いともいえる．もしこの「レインボーマーケット新日本」が住宅街の店舗であれば，お昼の時間帯は子育て世代の買物客が多いと予想され，そういったショッパーには「キッズアップル」などの商品のほうが関心を示されるのかもしれない．一方で夕方や夜にかけてはオフィス街で仕事を終えた人が帰りがけに寄って「トラディショナル緑茶」を手にしているのかもしれない．鳥居さんの仮説以上に，様々なことがこの出力結果からわかってきそうだ．

6.7　DEFP2021発表資料からの学び

DDbrothersチームは「うるうるグリーンティー」に着目し，コンバージョンツリーを作成した（図6.5）．これは，「うるうるグリーンティー」に接触した人のうち，「うるうるグリーンティー」のみに接触した人と「うるうるグリーンティー」以外の商品にも接触した人に分け，さらにそれぞれ購入者・非購入者に分けるといったツリー形式の分析手法だ．これによると，「うるうるグリーンティーのみに接触して購入した人」は一定層いることから計画購買率は高いと考えられる一方で，「うるうるグリーンティーに接触したが購入しなかった人」もいたことから，「商品としての魅力は認められているが，離脱客の接触が多いことからも購入の決め手にかける．」というインサイトを得ることができた．

C.C.Lemonチームは，買物客行動考察として，購入にあたる思考と行動の仮説を検討した（図6.6）．例えば，希望商品のジャンルがなく，売場を確認・物色して商品を購入した人は，興味やそのときの気分にあった商品を見つけることができたとして，売場滞在時間が長くなったり，様々な販売エリアを見渡す傾向にあると推測している．このように仮説をもとにしてどういった行動に至るのかをバックキャストして考えることで，どういった分析をすればよいのかを考えることも有効な手段だろう．

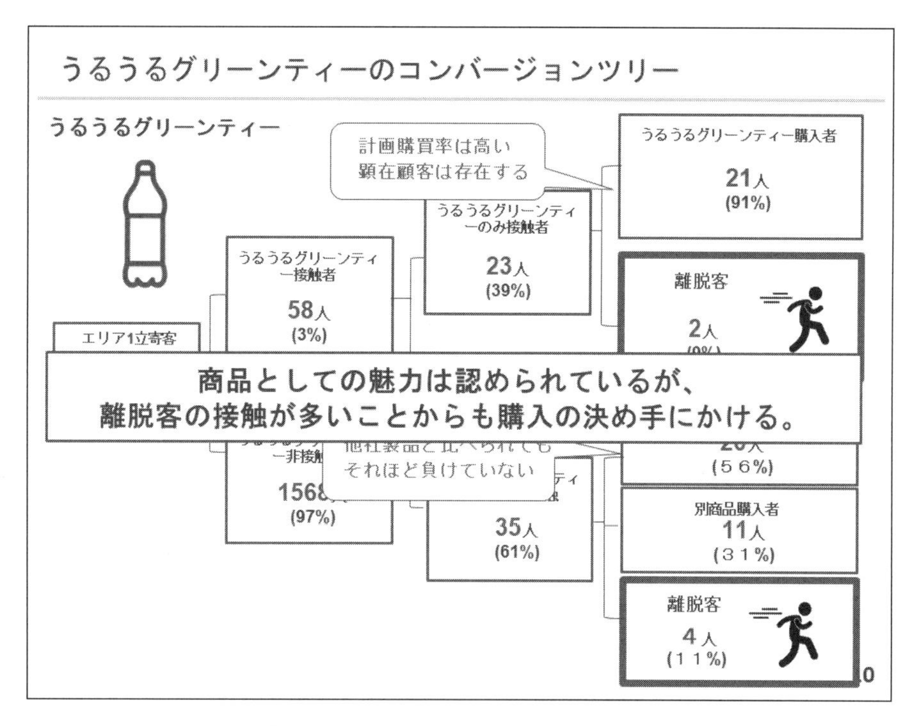

図 6.5 DDbrothers チームの発表資料

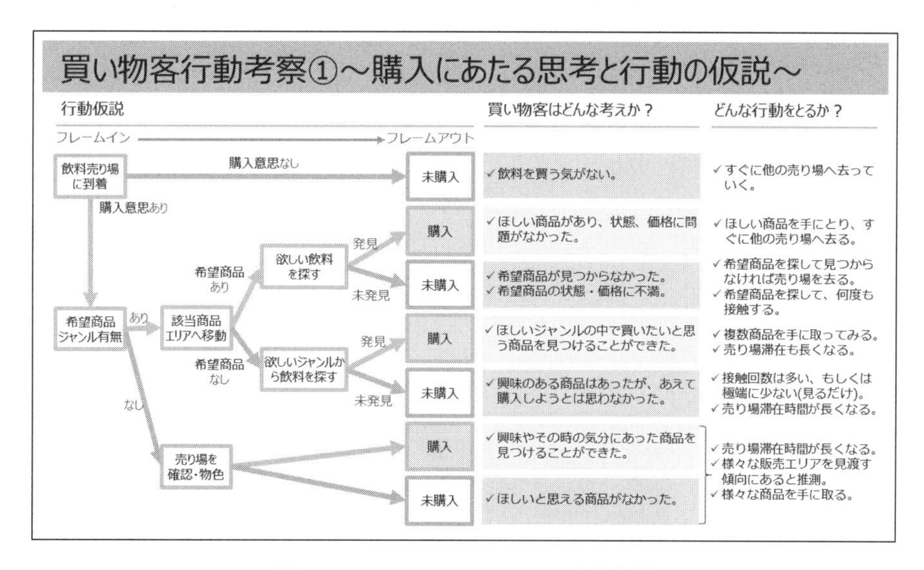

図 6.6 C.C.Lemon チームの発表資料

以上で本章は終了とする．いかがだっただろうか．本章ではいくつかの仮説を具体的にデータで検証した．仮説どおりのものもあれば，新たな気付きを得られたものもあっただろう．このように，仮説→分析→気付き→仮説 … のループを回しながら，課題解決を少しずつ進めていこう．

章末問題

6.1　売場に立ち寄っただけのショッパーと，商品を購入したショッパーでは，なにが違うだろうか？　商品を購入したショッパーにはなにか特徴があるだろうか？

6.2　最も併接触される商品の組み合わせはなんだろうか？

6.3　時間帯別に立寄者の性別や年代は異なるだろうか？　また，その結果と時間帯別の接触商品にはなにか関係性がありそうだろうか？

解答例は ▶サポートページ参照

第 7 章

報告資料の作成とプレゼン (I)

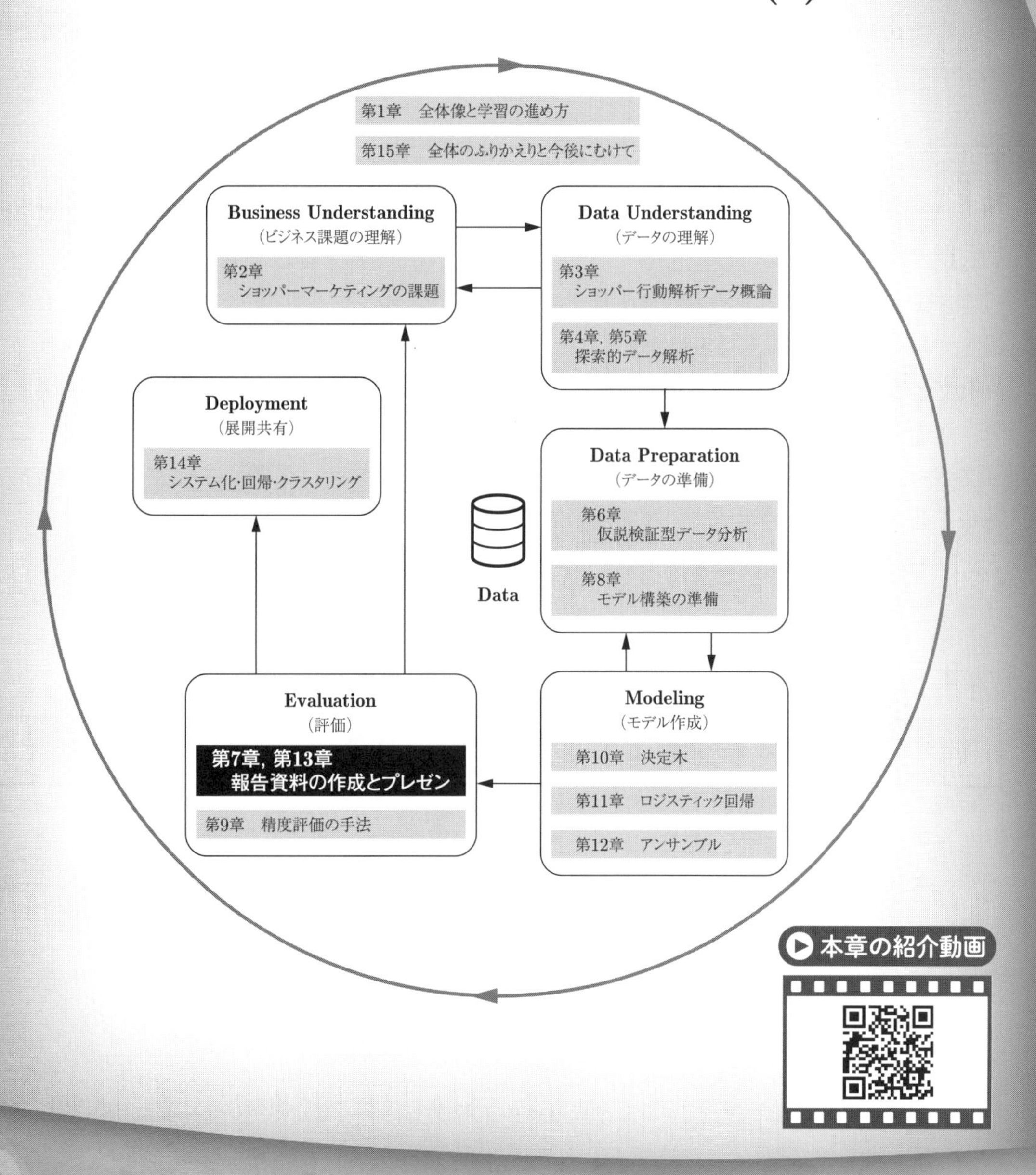

前章までで探索的・仮説検証的にデータ分析を行い，様々な気付きを得ることができた．本章ではこれまでの経緯を整理して，鳥居さんにプレゼンを行うことを想定して，さっそく報告資料を作成していってみよう．

本章はCRISP-DMのサイクルにおいてEvaluation (評価) にあたるものとしている．機械学習のモデル構築に限定すれば，このEvaluationのプロセスは平均二乗誤差や正解率といった評価指標を用いて構築したモデルを評価することにあたるのだが，ここではもう少し大枠で捉えて，これまでの作業の「ふりかえり」として捉えよう．ここまで行ってきた分析の結果を評価するとともに，鳥居さんへの報告を通じてプロセスをレビューし，次のアクションを決定するという意味合いで自身の作業を「評価」していこう．なお，本来的な意味での精度評価の手法については第9章で扱うものとする．

7.1　これまでのふりかえり

7.1.1　ふりかえりとは

報告資料を作成するにあたり，第1章〜第6章までをふりかえってここまででわかったことを整理してみたい．ところで，「**ふりかえり**」とはどういう作業だろうか？　アジャイルソフトウェア開発プロセスに詳しい方は**レトロスペクティブ** (retrospective) という言葉を聞いたことがあるだろう．もともとは懐古的な，とか過去にさかのぼった，といった意味を持つ言葉だが，転じて「ふりかえり」を指すものとして定着している．ふりかえりの手法にはいくつかある[※1]が，今回はYWTという方法でふりかえりを行う．YWTでは「やったこと (Y)」「わかったこと (W)」「次にやること (T)」を書き出していく．ここでは，やったこととして第1章〜第6章で取り組んだことを思い出し，そこからわかったことを書き出し，次にやることとしてプレゼン資料の構成を考えていこう．

7.1.2　ふりかえりの実施〜やったこと〜

演習7.1　第1章〜第6章までで「やったこと」を自分なりに書き出してみよう (5分)

どんなことが書き出せただろうか．ほんの数日前，数週間前に勉強したことなのに，もしかしたら思った以上に書き出せなかったかもしれない．人は忘れる生き物なので，このように定期的に機会を設けて過去をふりかえることをおすすめする．例えば，以下のようなことが書き出せたのではないだろうか．

- ショッパーマーケティングの課題を知った
- データをダウンロードし自分で手を動かしてプログラムを組んだ
- 演習や章末問題を通して自分なりに考えディスカッションをして学びを深めた
- 探索的データ解析に取り組んだ

[※1] 森一樹『アジャイルなチームをつくる　ふりかえりガイドブック　始め方・ふりかえりの型・手法・マインドセット』(翔泳社，2021)

- 仮説検証型データ分析に取り組み，顧客課題を深掘りした

7.1.3 ふりかえりの実施〜わかったこと〜

ここまでで十分ビジネス課題と戦える実践力が身についてきたはずだ．では具体的にどのようなことが「わかった」のか，書き出してみよう．

演習 7.2 「やったこと」を通して「わかったこと」を自分なりに書き出してみよう (5 分)

例えば以下のようなことが「わかった」のではないだろうか．

- ショッパーマーケティングの課題として，販促物の効果検証，ペルソナ/カスタマージャーニーの検証，棚割の最適化などがあることを理解した
- 鳥居さんはラボラトリー社のマーケティング戦略室の室長であり，データで説得力を増して提案力を向上したいと思っている
- GI データには商品の購入者だけでなく立寄者，滞在者，接触者といったショッパーのデータも含まれている
- 鳥居さんは「女性のほうが商品をいろいろと検討している」という仮説を持っていたが，実際のデータをみるとそうではないようだった．一方で滞在時間は女性のほうが長いといえそうだった
- どうやら時間帯によって手に取られやすい商品が異なっているようだった

これらのふりかえりをもとにしてプレゼン資料の作成に取り組んでいこう．

7.2 プレゼン資料の構成

7.2.1 クライアントが知りたいことを書く

ビジネスにおける報告書では，大原則として「クライアントが知りたいことを書く」必要がある．バーバラ・ミントさんの世界的名著『考える技術・書く技術』をもとにして日本人の著者により書かれた入門書※2では，日本の教育では「書きたいことを書きなさい」と教えられてきたことが誤解の 1 つだと述べられている．そのうえで「なにについて書くのかを決めるのは，あなたではありません．それは読み手です．」「読み手は忙しいのですから，自分に関係のないあなたの関心ごとや思いつきに付き合っている暇はありません．」という言葉を投げかけている．厳しいように思われるが，実際にビジネスの現場においてクライアントは想像以上に忙しい．知りたいことを端的に書くという大原則に則ってプレゼン資料の構成を考えていこう．

※2 山崎康司『入門　考える技術・書く技術　日本人のロジカルシンキング実践法』(ダイヤモンド社，2011)

7.2.2　目次構成例

では，プレゼン資料の構成は具体的にどのようにするとよいだろうか？　まずは自分なりに目次構成案を書き出してみよう．

演習 7.3　プレゼン資料の目次案を書き出してみよう (5分)

どうだろう，実際に目次を書き出してみようと思うと，意外と手が止まってしまったのではないだろうか．一方で，頭の中では「こんなことをスライドにしてプレゼンしたい」ということが浮かんでいることもあるだろう．プレゼン資料を作成する際に，いきなり PowerPoint などのプレゼンテーションソフトを開いて書き出すのはあまりおすすめしない．まずはノートに手書きでわかったことを書き出し，それらの関係性を線や図などで表しながら，スライドの構成を考えていくとよい．

具体的な目次構成例を挙げておこう．

1. エグゼクティブサマリ
2. これまでの経緯
3. 課題の整理
4. データ分析の方法
5. データ分析の結果と考察
6. 今後にむけて

まずはエグゼクティブサマリを冒頭に入れておく．1枚で簡潔に書くとよいだろう．前提として，先ほども述べたとおりクライアントは非常に忙しい．その中で時間を割いて報告会に参加してくれている．そのため，結論を先にはっきりと述べておくのが大切だ．忙しいクライアントがこの1枚のスライドを読んだだけで内容を理解できるレベルが理想的である．文書やプレゼンなどにおける文章構成方法の1つとして **PREP 法**というものがある．PREP (プレップ) とは「Point (結論)」，「Reason (理由)」，「Example (実例・具体例)」，「Point (結論)」の頭文字を表しており，この順番で書くとよいとされている．エグゼクティブサマリを最初に持ってくるのは，まさにこの PREP 法において冒頭に Point (結論) を持ってくることにも該当する．

次に「これまでの経緯」をおさらいする．報告会に参加する人は，これまでの経緯を知っている人だけとは限らない．担当者 (今回の場合では鳥居さん) の上長や，場合によっては経営陣が同席することもある．そもそもなぜこういった活動をしているのか，どのようなスケジュールで活動を行ってきたのか，などを改めて文面に落とし込むことで，報告会に出席している人全員が腹落ちした状態で報告を進めることができるようになる．また，報告会後にこの資料が社内で展開されることも十分考えられる．資料が「一人歩き」しても誤解なく今回のリサーチの経緯を理解してもらえるように説明を入れておくのだ．この際，前節で行った「ふりかえり」の結果を活用するとよいだろう．

さらに「課題の整理」をする．先に触れたとおり，課題を感じている当事者自身が課題を整理しきれていない場合が多い．また，以前に伝えた課題を自分自身が失念してしまっている可能性もある．ここでは鳥居さんへのインタビュー結果を整理して「こういった解決すべき課題がありましたよね」ということを改めて提示するとよいだろう．ここには第3章での整理が使えそうだ．

さて，ここまでデータ分析の話は一切出てきていない．「データ分析の報告書なのにこれでよいのだろうか？」と思われるかもしれない．データ分析の報告会というと，具体的なデータ分析の方法論や細かい分析内容，時にはそのグラフの表現の仕方に話が行きがちである．ここで意識したいのは，データ分析はあくまでも「手段」であり，経緯や課題は「目的」である，ということだ．「なぜこういったことをしているのか」というWhyを最初に明確にして改めて出席者全員で合意した上で報告会を始めることで，目的を忘れずに進行することができるだろう．

その後ようやく「データ分析の方法」を示す．データの構造を十分理解できている場合は割愛してもよいが，今回は初めての報告会になるため認識合わせのためにも入れておくとよい．今回は数あるデータの中からGIデータに絞って分析をしたこと，そのGIデータの構造やそこからわかることなどを記すとよいだろう．第2章のデータ構造や第4章・第5章の探索的データ解析が使えそうだ．

そして「データ分析の結果と考察」を示す．ここが本丸である．第6章の仮説検証型データ分析などが使えそうだ．「このような仮説に対してこのようなデータ分析結果が得られた」といった論調で示していくとよいだろう．さらにその結果から得られたことを考察としてまとめていく．「以上から，○○であるといえる」とか「○○であると思案」などといった形でまとめるとよいだろう．ここで大切なのは，データ分析の結果としてグラフや図や表などを貼り付けて終わりにしないことだ．資料は報告会に出席した人だけでなく，別の人が見る場合も多い．その際にグラフの見方は人によって異なるかもしれない．グラフからなにがいえるのか，ということはきちんと文言で表しておくことをおすすめする．

なお，この目次例はあくまで一例であるので，適宜状況に応じて対応いただくとよいだろう．

表 7.1 目次構成例と対応章

目次例	対応章
エグゼクティブサマリ	
これまでの経緯	第7章 (ふりかえり)
課題の整理	第3章
データ分析の方法	第2章，第4章，第5章
データ分析の結果と考察	第6章
今後にむけて	

7.2.3 メッセージを考え構造化する

次に，「データ分析の結果と考察」で示したい内容を考えていこう．ここでもまだPowerPointを開かずに，メモ書きでよいので，まずは今回の分析でわかったことや伝えたいこと，考えたことなどをとにかく思いつく限り書き出していく．

具体的に例を挙げて考えてみよう．第4章〜第6章の演習などを通じてわかったことを書き出してみよう．なお，先ほど行ったYWTのW (わかったこと) で挙げられたことも活用してほしい．

- 滞在時間は平均値のほうが中央値よりも長い (4.4節)
- 滞在時間が長くなるほど人数は少なくなるが，200秒以上のように長い滞在時間の人もちら

ほらいる (4.5 節)

- エリアによって滞在時間が異なり，平均値・中央値ともに，最も短いのはエリア 4 (5.1 節)
- 立寄者は女性が多いが意外と男性も多い (5.4 節)
- 最も接触数・購入数が多いのはトラディショナル緑茶 (5.5 節)
- CVR は商品によって大きく異なるが，だいたい商品を手に取った人の 4 人に 3 人くらいは購入している (5.6 節)
- 全メーカー中，ラボラトリー社の商品は接触回数は 3 位だが，CVR (全体) は 9 位となっている (5.7 節)
- 女性のほうが商品接触数は少なそう (6.2 節)
- 女性のほうが商品を長い時間比較検討している (6.3 節)
- 若い人ほど商品接触数が少なそうであるが追加分析の余地がある (6.4 節)
- 「雪のしずく」は「ジャパンスプラッシュ」と比較検討されることが多い (6.5 節)
- 15 時頃が最も商品接触数が多い (6.6 節)

これをそのまま鳥居さんにお伝えすることもできるが，箇条書きが多すぎて理解が追いつかないという側面もあるだろう．『入門 考える技術・書く技術』では，ジョージ・ミラーの有名な論文「The Magical Number Seven, Plus or Minus Two」を引用する形で，情報の受け取り手が内容を理解するためには 5〜9 を限界の数とするのがよいと述べられている．上記の箇条書きは全部で 12 個もあるため，少し多すぎるかもしれない．

ここで構造化する工夫をしてみよう．構造化とは，なにとなにをまとめることができるのか，なにがなにの上位概念でありなにがなにに包含されるのか，といったことを考えるということだ．情報をグループ化すると捉えればよい．例えば，「滞在時間は平均値のほうが中央値よりも長い」と「15 時頃が最も商品接触数が多い」は同じ「売場全体に関する分析」という観点でまとめることができそうだ．また，「全メーカー中，ラボラトリー社の商品は接触回数は 3 位だが，CVR (全体) は 9 位と低迷」と「「雪のしずく」は「ジャパンスプラッシュ」と比較検討されることが多い」は同じ「ラボラトリー社の商品」という観点でまとめることができそうだ．

- 売場全体に関する分析
  - 滞在時間は平均値のほうが中央値よりも長い
  - 15 時頃が最も商品接触数が多い
  - …
- ラボラトリー社の商品に関する分析
  - ラボラトリー社の商品は接触回数は 3 位だが，CVR (全体) は 9 位と低迷
  - 「雪のしずく」は「ジャパンスプラッシュ」と比較検討されることが多い
  - …

だいぶすっきりとしたのではないだろうか．これらの構成・メッセージが「データ分析の結果と考察」において 1 スライドずつ紹介されるイメージをしておこう．

7.2.4 メッセージがそのままエグゼクティブサマリになる

前項で考えたメッセージは，そのまま「エグゼクティブサマリ」に活用することができる．「これまでの経緯」や「課題の整理」はデータ分析を行う前でも作成することができるから事前に作成しておき，「データ分析の結果と考察」の大枠をつくることで「エグゼクティブサマリ」を作ればレポートが完成する．

7.3 表やグラフの表現方法

7.3.1 表やグラフの3つのタイプ

プレゼン資料では表やグラフがきわめて重要だ．データ分析結果を明確にクライアントに伝えるために，その表現方法について改めて理解しておこう．データ分析における表やグラフは，その情報量や目的性によって，大きく3つのタイプに分けることができる．

- ①ファクトタイプ：ありのままのファクトを表示して議論を誘発するもの
- ②サマリタイプ：ある程度サマライズして考察を述べるためのエビデンスとして使用するもの
- ③結論タイプ：結論を明確にするためにできるだけ簡略化したもの

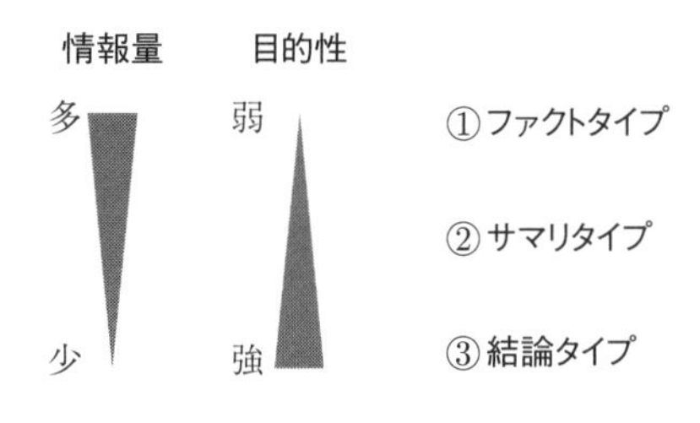

図 7.1 表やグラフの3つのタイプ

例を用いながら紹介しよう．例えば第5章で，それぞれの商品について接触人数や購入人数などを算出した．もしありのままのファクトを表示するとしたら，すべての商品について接触回数・接触人数・購入回数・購入人数・メーカー名・CVR を表示するとよいだろうから，表 7.2 のような表になるだろう．

ここで，例えば「ラボラトリー社の商品は他社の商品に競り負けている」という仮説があったとしよう．CVR がその評価基準であれば CVR が高いほうからその商品名と CVR だけを表示すればよく，さらに上位商品だけに絞っても問題ないと思われるため，表 7.3 のような表になるだろう．

さらに，結論を明確にするだけであれば，ラボラトリー社の商品の CVR (全体) と他社 (例えば上位3社) の商品の CVR (全体) を算出してグラフで対比させた図 7.2 のような表現がよいかもしれない．非常にシンプルではあるが，言いたいことは明確である．

さて，①・②・③のタイプ，どの表現が最もよいのだろうか？

演習 7.4 それぞれのタイプのメリットとデメリットを書き出してみよう (3分)

表 7.2　ファクトタイプの例

	接触回数	接触人数	購入回数	購入人数	company	CVR
激熱苺 480ml	3	3	3	3	エターナル	1.000000
つよーい炭酸水 490ml	6	3	6	3	フューチャー	1.000000
すっぱいかんきつドリンク 400ml	15	14	15	14	ラボラトリー	1.000000
パワーオブビースト 355ml	27	16	17	15	ゲーミングファイト	0.937500
玄米のおいしいお茶 500ml	20	15	16	14	ラボラトリー	0.933333
乳酸菌たっぷりレモン水 500ml	22	14	19	13	エターナル	0.928571
ディープグリーン 525ml	168	119	146	110	イッツ園	0.924370
トラディショナル緑茶 525ml	287	181	258	166	クオリティー	0.917127
マイルドラバー 600ml	131	81	106	74	ラボラトリー	0.913580
クリアブラウン 525ml	83	64	76	58	クオリティー	0.906250
愛の告白 500ml	67	50	54	45	エターナル	0.900000
ジャパンスプラッシュ 500ml	225	155	195	139	クオリティー	0.896774
...	...	...	...	...	...	...

表 7.3　サマリタイプの例

	company	CVR
激熱苺 480ml	エターナル	1.000000
つよーい炭酸水 490ml	フューチャー	1.000000
すっぱいかんきつドリンク 400ml	ラボラトリー	1.000000
パワーオブビースト 355ml	ゲーミングファイト	0.937500
玄米のおいしいお茶 500ml	ラボラトリー	0.933333
乳酸菌たっぷりレモン水 500ml	エターナル	0.928571
ディープグリーン 525ml	イッツ園	0.924370
トラディショナル緑茶 525ml	クオリティー	0.917127
マイルドラバー 600ml	ラボラトリー	0.913580
クリアブラウン 525ml	クオリティー	0.906250

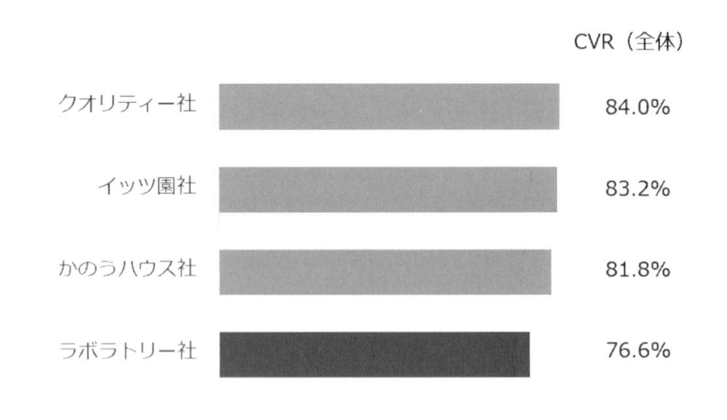

図 7.2　結論タイプの例

まず，ビジネスにおいて使う表やグラフは極力情報量を少なくして端的に言いたいことを表すのがよいとされている．したがって，③が正しいとする考え方が一般的だ．情報量が多い表やグラフは見る人の脳に負担をかけているともいえるしプレゼンの時間も限られるため，少ない時間で意思決定するためには情報量を絞った表やグラフであることが望ましい.

『人は悪魔に熱狂する』※3では「データは事実ですが, 真実とは限りません. 意味を読み取らなければ, データはなんの役にも立たないのです.」と述べられている. その言葉どおり, データからなにを読み取り, 表やグラフを用いてなにを表現するかが大切なのだ.

ここで注目したいのが目的性だ. 目的性とは目的をもって表やグラフを作成する度合いを指している※4. ③は「ラボラトリー社の商品は他社の商品に競り負けている」という目的 (結論) が明確にあるため目的性が強いといえ, 逆に①はありのままを表示しているだけであり目的性は弱いといえる. ただ, ここでよく考えてみてほしい.「競り負けている」というのはそもそも CVR (全体) の数字の高い・低いで判断してよいのだろうか？ メーカーごとの CVR には「全体」と「平均」があった (第 5 章参照). ここでは「全体」の CVR でランキングを決めているが, それでよいのだろうか？ かのうハウス社は商品の購入人数が 27 人だけであり, ラボラトリー社は 680 人と 25 倍程度の差があるにもかかわらず「競り負けている」といえるのだろうか？ このような疑問が解消されていないままで③のグラフを示すと「本当にそういえるのか？」という不信感を抱かれてしまうかもしれない.

その点では, ①はありのままを表しているだけであり, そこからなにを読み取るかは読み手側に委ねられた形になっている. 探索的なデータ分析を行っている場合には, むしろこのようなデータの提供の仕方のほうが好まれる場合もある. できるだけ情報を多く提供してほしい, そのファクトデータから自分たち自身でインサイトを読み取りたいというニーズを持つクライアントには, ①や②のような表現のほうが好まれる可能性もある.

このように, どういった目的でどういった相手にプレゼンするかによって, 表やグラフの表現の仕方は変わってくることを意識しておこう.

筆者の場合は, 明確な結論が提示できる場合は③のような表現を使って端的に明示し, 少し議論を誘発したほうが良さそうな場合は Appendix として①や②のような表現を使ってスライドを作成する場合が多い. なお, ①のようにありのままを列挙した資料を**ファクトブック** (fact book) ということがある. その名のとおりファクト (事実) を列挙した資料という意味合いだ. 先ほど目次構成例を示したが,「今後にむけて」の後ろにファクトブックとして①のような資料を掲載するという方法もあるだろう.

7.4 Python と PowerPoint

第 6 章まででPython プログラムを用いていくつかの図やグラフを作成してきてデータの理解を進めてきた. ただ, 資料に掲載してプレゼンする際に Python プログラムで出力した図やグラフが必ずしも適切であるとは限らない. 場合によっては, PowerPoint の機能を使ってグラフを描いたほうが汎用性も高くわかりやすい場合もある.

※3 松本健太郎『人は悪魔に熱狂する　悪と欲望の行動経済学』(毎日新聞出版, 2020)

※4 このような場合に「恣意性」とか「恣意的」といった言葉を使う場合もある. ただ,「恣意」とは本来「勝手気ままにふるまうさま」「論理的な必然性がないさま」を表す言葉であり, かなりネガティブな印象が強い.

ところで，Python と PowerPoint ではどのような違いがあるだろうか．少し考えてみよう．

演習 7.5　Python プログラムと PowerPoint 機能の違いを考えてみよう (3 分)

例えば表 7.4 のような観点が挙げられるだろう．

表 7.4　Python と PowerPoint の違い

	Python プログラム	PowerPoint 機能
再現性	○ 同じプログラムを書けば同じ図が出力できる	△ PowerPoint 機能の操作方法によって異なる図ができる
形式	△ ラスター形式[※5] (解像度がやや低い)	○ ベクター形式 (解像度が高い)
手間	△ Python プログラムで出力した図を PowerPoint に別途貼り付ける必要がある	○ PowerPoint ファイル上で直接編集ができる

まずは「再現性」について．Python プログラムは，(同じ実行環境を整えてあるという事前条件が満たされていれば) 同じプログラムを書いて実行すれば同じ図やグラフが出力できる．例えばサンプルプログラムをそのまま実行すれば同じ図やグラフを出力できるのだ．これは言い方を変えると「再現性が高い」といえる．一方で PowerPoint で図やグラフを作成する場合は，一般的に人が PowerPoint を操作して図やグラフを作成する必要がある[※6]．これは属人性が高いことを意味しており，その操作方法を完璧に同じように実行しない限り，若干の違いが出る．人の手で行う分だけ汎用性が高いということもできるが，再現性はやや低くなる．

次に「形式」について．Python で出力した図やグラフは PowerPoint に貼り付けてクライアントに提出することが一般的であるが，その際に図やグラフは解像度がやや低いラスター形式となる[※5]．

最後に「手間」について．Python で出力した図やグラフは PowerPoint に貼り付ける手間もかかる．もし図やグラフの内容を変更したい場合は，Python プログラムを書き直してまた PowerPoint に貼り付けるという作業が必要になるため面倒だ．その点，PowerPoint ファイル上で直接編集できると効率的な場合もあるだろう．

このあたりのトレードオフを鑑みて，どちらで図を作成するかを考えるとよい．筆者の場合は，Python プログラムにより汎用的に活用できる図やグラフを出力し，PowerPoint に自動的に貼り付けられるような環境を作っている．

[※5] 例えば Jupyter Notebook ではベクター形式 (svg) で画像を出力することも可能であるが，PowerPoint に貼り付ける際に結局はラスター形式となる．

[※6] python-pptx というライブラリを使用すると，Python のプログラムとして PowerPoint ファイルを制御することができる．こういった手法を用いてある程度 PowerPoint にも再現性を持たせることは可能である．
`https://python-pptx.readthedocs.io/en/latest/`

7.5 スライド作成のコツ

7.5.1 メッセージとエビデンスをセットにする

ここからは具体的なスライドの作り方について解説していく．1 枚のスライドの構成要素はおもに以下の 4 つとなる (図 7.3).

- メッセージ
- エビデンス
- 注釈
- ページ数

まずは，7.2.3 項で考えたような 1 つ 1 つのメッセージを書く．これがこのスライドで「言いたいこと」であり，最も重要なパーツである．このメッセージの根拠を示すものとして表やグラフなどのエビデンスを示すことが多く，メッセージとエビデンスをセットにするのが最もベーシックな 1 枚のスライドの構成となる．メッセージだけのスライドは「それって本当に証拠 (データ) はあるの？」という疑問が生まれるし，エビデンスだけのスライドは「それってなにが言いたいの？」という疑問が生まれる．必ずメッセージとエビデンスはセットで語るということを意識しておこう．

この他の要素として，注釈やページ数がある．ページ数はプレゼンにおいて「スライドの○ページにありますように…」というようにどのスライドを示すかを表現するために必要なものとなるから，忘れずに入れておこう．また，メッセージ中に出てくる言葉の説明やエビデンスの引用元などを記載する際はスライド下部に注釈を入れることも多い．なお，タイトルにそのままメッセージを書く場合と，タイトルは「データ分析の結果と考察」としておいてメッセージを書く場合の両方があるが，これは所属する会社やクライアントの PowerPoint のスライドマスターの構成などによって変えるとよいだろう．

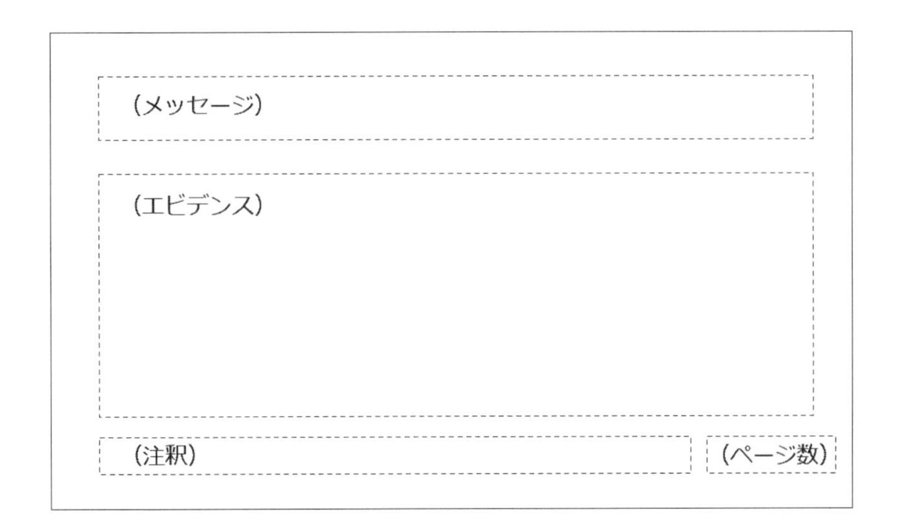

図 7.3 スライドの構成要素

7.5.2　対比表現を意識する

スライドにおいて基本となるのが対比表現だ．対比とは，なにかとなにかを比べた表現のことである．例えば，ラボラトリー社の「飛び出した檸檬水」の CVR は 84.8％であった．この数字だけを紹介すると，高いのか低いのかがよくわからない．ここでエターナル社の「乳酸菌たっぷりレモン水」(92.9％) とクオリティー社の「天然水 100 の炭酸水レモン」(87.5％) と対比することで，競合商品よりも低いということがわかる．ここで，CVR という言葉が初見ではわからない可能性もあるから，下部に注釈を入れておくとよいだろう (なお，こういった言葉の定義をまとめたスライドを別に作っておく方法もある)．

7.5.3　データからなにがいえるのかを必ず入れる

さらに，データからなにがいえるのかを盛り込むとメッセージとしてさらに伝わりやすくなる．図 7.4 の場合だと，CVR は商品が手に取られたうち購入された割合であるから，この数字が高いと商品を手に取った人がより高い確率でその商品を選んでくれているということがいえる．「乳酸菌たっぷりレモン水」は 100 人が手に取ったら約 93 人が購入してくれるが，「飛び出した檸檬水」は約 85 人しか買ってくれていないのだ．言い方を変えると，「飛び出した檸檬水」は他商品に競り負けているということができそうだ．以上をまとめると，メッセージとしては「ラボラトリー社の『飛び出した檸檬水』の CVR は競合商品より低く，他商品に競り負けていると思案」となり，図 7.4 のようなスライドができる．

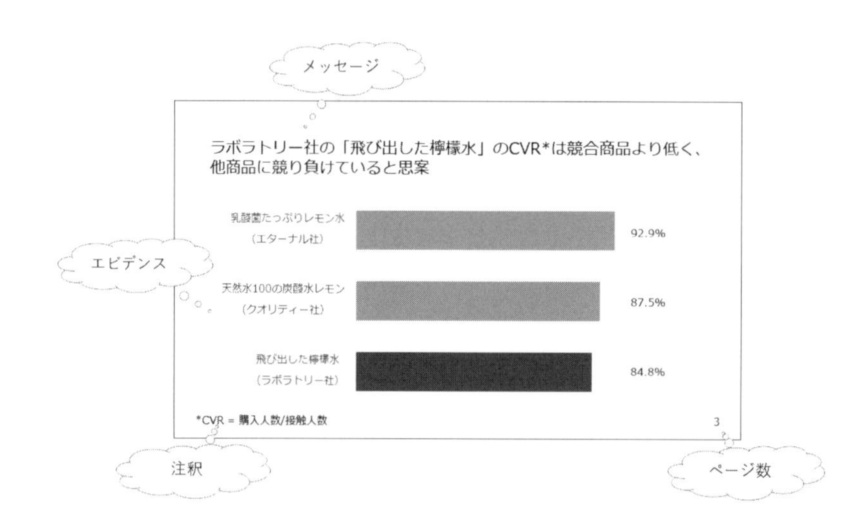

図 7.4　対比表現の例 1

7.5.4　なにとなにを対比すればよいのかを考える

ここで，なにとなにを対比すればメッセージが最も伝わりやすいかを考えることがポイントだ．図 7.4 の例では，「飛び出した檸檬水」の CVR が競合商品よりも低いことを示すために同じレモン系飲料である「乳酸菌たっぷりレモン水」と「天然水 100 の炭酸水レモン」を引き合いに出した．逆にいえば，対比させるものを変えることによってメッセージが変わってくる可能性もある．例えば

「飛び出した檸檬水」が炭酸系飲料だったとして，ラボラトリー社の他の炭酸系飲料と比較をするとどうだろうか．「スペシャルコーク」(64.7％) と「しゅわしゅわオレンジ」(63.3％) に比べれば比較的高いともいえる．その場合は図 7.5 のようなスライドになるだろう．

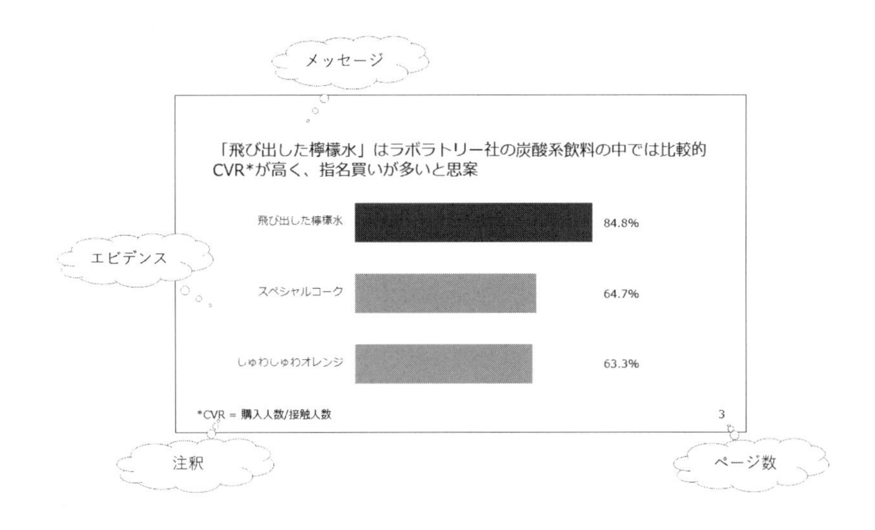

図 7.5 対比表現の例 2

メッセージとしては「『飛び出した檸檬水』はラボラトリー社の炭酸系飲料の中では比較的 CVR が高く，指名買いが多いと思案」という表現にしてみた．なお，「指名買い」とは商品指定でのお買い物を表す用語であり，その商品だけを狙って買いにくることをいう．この場合だと，CVR が高いということは他の商品と比較されることなくその商品だけ「狙いうち」で購入されるということだと解釈して，このような表現にしている．

メッセージとエビデンスをセットにして，対比表現でメッセージを伝える．この基本を守れば納得感があり伝わりやすいプレゼンができるだろう．

コラム　1 つのデータにもいろいろな解釈がある

ここで例として出した CVR は 商品購入人数 ÷ 商品接触人数 の数字であり，各商品においてデータは 1 つに決まる．だが，このデータの読み方としてはいろいろな表現ができる．

- 競り勝っている/競り負けている
- 指名買い率が高い/低い
- ブランド力が高い/低い
- 計画購買率が高い/低い

図 7.4 では競り負けているという表現を，図 7.5 では指名買いが多いという表現をそれぞれ使った．指名買いが多いとはその商品に対する信頼感が大きく，他の商品とも比較検討されていない状態であるともいえるため，ブランド力が高いという言い方もできる．また，第 2 章で紹介した計画購買率が高いという言い方もできる．

さらに，CVR が高いことが一概によいことかというとそうでもない．CVR が高いということは商品に関心を示してくれた人がほとんど購入してくれるということであるから，購入を増やすためには商品への関心を増やすしか手がなくなる．一方で，CVR が低い商品は商品を手に取って関心を示すことができていることから，あと一押しで購入をすぐに増やすことができるポテンシャルを秘めていることになる．

このように，データは1つでも様々な解釈の仕方，様々な表現の仕方があるし，ポジティブに解釈することもネガティブに解釈することもできる．図7.4，図7.5で表したように，「飛び出した檸檬水」をCVRが低い商品と紹介することもできるし，CVRが高い商品と紹介することもできるのだ．

スライドのメッセージは，どのように解釈したかを伝えるきわめて重要な要素である．Pythonプログラムによるデータ分析にこだわるとともに，そのデータの解釈と表現方法にもぜひこだわってみよう．

7.5.5　重複は避ける

スライド作成のコツとして，重複はなるべく避けるとよいだろう．例えば，先ほどのメッセージの中で，

- 立寄者は女性が多いが意外と男性も多い (5.4節)
- 女性のほうが商品接触数は少なそう (6.2節)
- 女性のほうが商品を長い時間比較検討している (6.3節)

というものがあった．この3つをそれぞれ並べると，「女性が多い」「女性のほうが」「女性のほうが」と重複した表現がいくつも並ぶことになり冗長である．このような場合は，以下のようにまとめるとすっきりするだろう．

- 女性は男性に比べて以下のような傾向がみられる
  - 立寄が多い
  - 商品接触数が少なそう
  - 商品検討時間が長い

7.5.6　言葉を揃える

資料全体を通して，同じことを表現しているものは必ず言葉を揃えるようにしよう．例えば資料中で「来客者」という言葉と「立寄者」という言葉が両方使われていたとしよう．実はこの2つの言葉が同じことを意味していたとしても，読み手としては別の意味だと捉えて混乱してしまうことがある．必ずどちらかに統一しておこう．また，「立寄者」と「立ち寄り者」のような「表記ゆれ」もないようにしたい．

複数の人で分析を行っていたりすると，このような表記の違いが意外にも多くなりがちだ．1つのPowerPointファイルにまとめた際に，全体を通して検索・置換を行うなどして，適切に対処しておきたい．

7.5.7　レビューをする

資料がひととおり出来上がったら，本番のプレゼンの前に必ずレビューをしてもらおう．資料のレビューを兼ねて，社内の誰かを担当者 (鳥居さん) に見立ててその人にむけてプレゼンをするという予行練習 (これをロールプレイングという) を行うのもおすすめだ．ラスボスと戦う前に仲間たちと最終チェックを行うようなものである．その際に募るレビュアー (レビューをする人) として，このプロジェクトに詳しい人と詳しくない人をそれぞれアサインできることが望ましい．プロジェク

トに詳しい人をアサインするのはともかく，詳しくない人をアサインするのはなぜだろうか？ 1つの理由は，説明の抜け漏れをチェックするためである．プロジェクトにかかわっていると，自然と前提知識が身に付いてくる．そうするとプレゼンを聞いていても「これはこういうことだな」と自然と頭の中で理解できるようになる．一方でプロジェクトにかかわっていない人としては，事前知識がなにもない状態で報告を聞くことになる．そうすると，「あれ，これってどういう意味かな？」「説明あったかな？」ということがいろいろと気になってくるのだ．そして，そういった新鮮な指摘は実は新たな発見だったりもする．

ここまで説明したような以下の観点でレビューをするとよいだろう．

- メッセージとエビデンスはセットになっているか
- データからなにが読み取れるか書いてあるか
- 重複はないか
- 言葉は揃えられているか

さらに，全編を通して論理的な矛盾はないか，一貫性はあるか，などといった観点で改めてチェックするとよいだろう．レビューをしてもらうと，思った以上に自分では気付かなかった抜け・漏れが多くあることに気付く．これはどんなに報告書の作成が慣れてきてもゼロにはできないことなので，ぜひ積極的にレビューを行おう．

コラム　ゲーム感覚でレビューをしよう

レビューはたまに「指摘のし合い」になることから，まるで自分を否定されたような気分になることがある．もしかしたら，モチベーションを損なう原因になるかもしれない．

そんなときにおすすめなのが，ゲーム感覚でレビューをすることだ．1つ面白いアクティビティを紹介する．図 7.6 のようにスライドのメッセージを隠してグラフだけを見せて，「このグラフではなにが言いたいのでしょう？」というクイズを出し，レビュアーに答えてもらうというものだ．

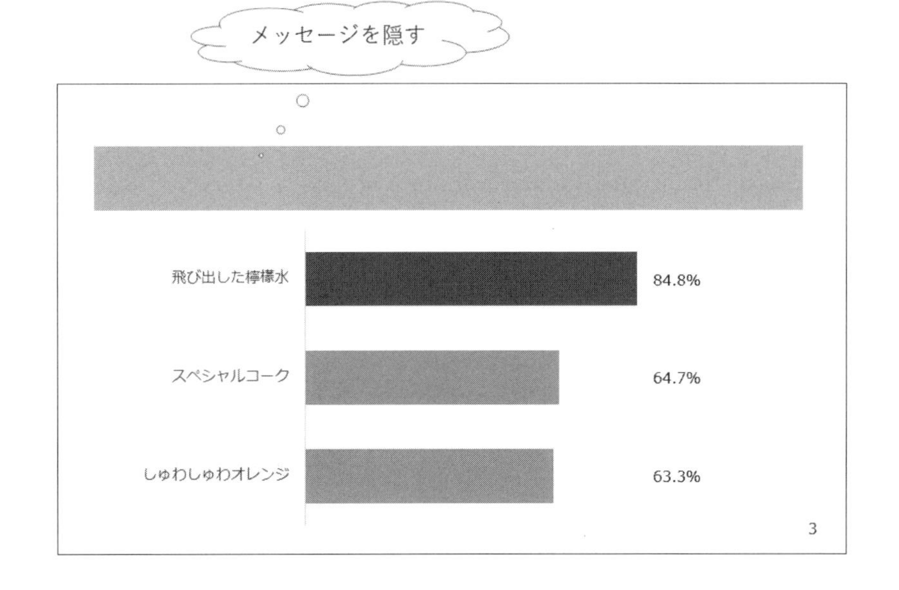

図 7.6　メッセージを隠したクイズ

ここで，自分が言いたいメッセージと同じような意見が出てくれば，そのスライドとしては成功である．一方で，他の解釈が出てきた場合には，メッセージの表現を変えたほうがよいかもしれないし，引用するエビデンスを変える必要が出てくるかもしれない．また，スライドの表現とは別に新たなインサイトが得られるかもしれない．

ゲーム感覚で楽しみながらスキルアップもできるため，ぜひ試してみていただきたい．

7.6　プレゼン (発表)

以上の工程を経て無事プレゼン資料を作成することができたとしよう．ここからはそのプレゼン (発表) について紹介していく．

7.6.1　出席者と時間配分を事前に確認する

プレゼンに臨む上で大切なのが，出席者は誰なのかを確認することだ．当然のことのように思われるだろうが，意外とこれができていないために失敗する場合が多い．出席者が誰かによって，当日のプレゼンの進行が変わってくる．場合によってはプレゼンで使用する資料も変わってくるのだ．例えば，プロジェクトを進めている担当者 (今回の場合だと鳥居さん) のみが出席する場合と，その上長や関連部署の人が出席する場合とで，「これまでの経緯」を説明するか否かが変わってくるだろう．前者なら当然知っているだろうからリマインドの意味で簡単に説明すればよいだろうし，後者の場合は少し時間をかけて話をしたほうがよいだろう．

また，相手のデータ分析に関するリテラシーのレベル感もあらかじめ理解しておくことが望ましい．例えば今回の分析では「中央値」という言葉を使った．「中央値」という言葉は一般的にビジネスではあまり使われない用語であるため，出席者によっては注釈を入れておいたほうがよいかもしれない．スライド上で紹介したCVRという言葉も，もしかしたら詳細の説明が必要になるかもしれない．

RPGで例えれば，敵 (ラスボス) をよく研究して戦いの作戦を立てる，ということだ．孫子の兵法で有名な教訓の1つに「彼を知り己を知れば百戦殆(あやう)からず」という言葉がある．彼とは相手のこと，己とは自分のことである．今回プレゼンする相手をよく知り，自分がどのような武器 (データ) を持っているかを知ることで，戦いを有利に進めよう．

7.6.2　時間を守る

プレゼンの場では，時間を守ることを最低限のルールとしておこう．いろいろと分析を進めていくと，あれもこれもと発表したくなる気持ちが出てくるのだが，相手も様々な業務で忙しい中時間を作って話を聞いてくれているはずだ．プレゼン時間を超過して貴重な時間を奪うことがないよう，話す際の時間配分を意識しておこう．例えば報告会の時間が1時間取られていたら，報告は20分，残りの40分は質疑応答やディスカッションや感想のフィードバックなどに使うとよいだろう．また，エグゼクティブサマリを中心に報告を進め，そのエビデンスを示す必要があれば以降のスライドの表やグラフを示す，ぐらいのほうが時間的にもちょうどよい．ファクトブックを付けている場合はすべてを読み上げる必要はなく，「ファクトブックを掲載していますので，のちほどご参照ください.」とだけお伝えすればよいだろう.

7.6.3 フィードバックの意義

一般的なビジネスにおけるコンペティションとは異なり，データ分析のプレゼンは「報告会」という意味合いも含まれる．報告会においては，こちらから一方的に報告をして終わりということはありえない．質疑応答の時間をきちんと取りフィードバックをもらうことが大切だ.

ここで筆者の失敗談を紹介しておこう．以前業務で分析の報告書を作成した際，100 ページを超える超大作になったことがあった．自分としてはとてもよくできていると思っていたし，それをすべて話し切ろうと思った結果，予定していた 1 時間をフルに使い切ってしまったのだ．そのため，適切なフィードバックをもらえずに，今回の報告に対する感触 (良かったのか悪かったのか，十分だったのか不足していたのか) がまったく得られず，次の最終報告会にむけてどのような分析をしていけばよいのかがわからなくなってしまった.

特に一次報告会や中間報告会では，最終的な報告会にむけて細かく軌道修正をすることが求められる．フィードバックをもらうことで，報告書や報告会の品質も高めていけるとよいだろう.

コラム　フィードバックでの一言で商品の欠品がわかった話

筆者が以前あるクライアントから「どの時間帯が最も商品が手に取られやすいのか？を知りたい」という要望をいただき，GI データで，ある売場の立寄人数あたりのある商品の接触人数を時間帯 (1 時間刻み) ごとに算出し，それをグラフ化したときのこと．そのグラフを見たクライアントから「なぜか 14 時台だけ妙に値が小さいですね．念のため調べていただけますか.」というフィードバックをいただいた.

原因を探っていったところ，あまりにその商品が売れすぎてその時間帯にちょうど商品棚から商品がなくなる，いわゆる「欠品」の状態になっていることがわかった．商品が棚になければ商品に接触しようがないので，必然的に商品接触者が少なくなっていた，というわけだ．厳密にいうと，商品接触者が少ない理由が，欠品が起きていたからか本当にその時間帯だけ手に取られることが少ないのかは，詳細にデータを紐解いていく必要があるものの，このような発見に至ったということは面白い．この事実は小売店舗にお伝えして売場のオペレーション改善に繋げていただいた.

これも元はクライアントからフィードバックをいただいたことが発端である．データをみることで気付きを得て，新たなインサイトに結び付けた好例といえるだろう.

7.6.4 鳥居さんのフィードバック

さて，無事にプレゼンも終わり，フィードバックもいただけたとしよう．鳥居さんからは以下のようなフィードバックがあった.

中間報告ありがとうございます。まずはこういった購買行動データの分析は初めてやることでしたので、多くの学びがありました！

「女性のほうが多くの商品点数で検討しているわけではないが、売場での滞在時間が長い」というのは仮説とはちょっと異なったものの新たな発見がありました。また、「雪のしずく」の競合が「ジャパンスプラッシュ」であるということも大きな示唆でした。「雪のしずく」に対しては「ジャパンスプラッシュ」は価格で勝負している商品なので、「雪のしずく」はそれに対抗しようとはせず、商品の機能性や魅力で対抗しようと思っています。

また、商品に接触した人のうち購入しなかった人が気になりました。そういった人はどういう傾向があるのか、ぜひ知りたいですね。例えば女性が多いのか男性が多いか、エリアの滞在時間によって違いがあるのか、など。実は、できるだけリアルタイムに店頭のデジタルサイネージに販促広告を打ち出して購入を促すシステムを別に構築しているところです。ここに先ほどのデータを組み合わせて、例えば商品に接触したのに購入してくれなかった人にクーポンを発行したりレコメンドをすることで購買を促進することができれば、私たち消費財メーカーだけでなく小売店舗側へのメリットにもなると感じています。今回のデータをうまく活用できるとよいのですが。

どうやらとても喜んでいただけたようだ．また，仮説に対する検証結果に満足いただけたようである．まずは最初の戦いとしては上々の出来といえるかもしれない．

一方で，次なる宿題もいただいた．このように，課題を解決したとしても次なる課題を課せられるケースがある．以降はこれについて考えてみよう．

7.6.5 モデルを構築して未来を「予測」する

鳥居さんが最後に言っていた「できるだけリアルタイムに店頭のデジタルサイネージに販促広告を打ち出して購入を促したいと思っている」というのは，どういうことだろうか．これは，商品を購入したかどうかは後になってからわかるが，売場にいるうちにできるだけ素早く販促を行いたいということだ．GI データに置き換えて考えてみると，「購入フラグ」以外の情報がわかっている状態で，その人がなにかしらの商品を購入するかどうかを「予測」し，その人に対して販促広告を打ち出したいということになる．また別の理由で，システムの都合上，それぞれの売場 (棚前) における商品の接触までは判断できるものの，レジにおける購入とは明確に区別されており「購入フラグ」を立てることができないという場合もある．

そのような場合には機械学習を使って「予測」をしてみよう．次章からはいよいよ機械学習モデルの構築に挑戦していこう．

コラム　察する国，日本

日本には「察する文化」があるらしい．たしかに言わんとしていることを察してもらえるのは助かるし，言いたいことをズバッと言わずに丸めて伝えることは奥ゆかしいといわれることもあり，守りたい大切な文化ではある．

それでうまく伝われば問題ないのだが，一方で誤解を招くこともある．例えばある分析担当者 (A さん) が各社ごとに CVR を算出したグラフを提出したときの話．A さんは先述の図 7.2 のようなグラフを作成した．

「ラボラトリー社は他の上位メーカーに比べて CVR が低い」という趣旨のメッセージと合わせてこのようなグラフを提出したところ，後日クライアントであるラボラトリー社の担当者 (B さん) から「実はちょっとご相談が…」という電話がかかってきた．聞くと，他のメーカーよりも下位にラボラトリー社がいるような資料を経営層や取引先 (小売・流通企業) に見せることができないから，グラフの表現を変えてほしいというものだった．

そこで状況を察して，図 7.7 のようなグラフを作成して提出してみた．

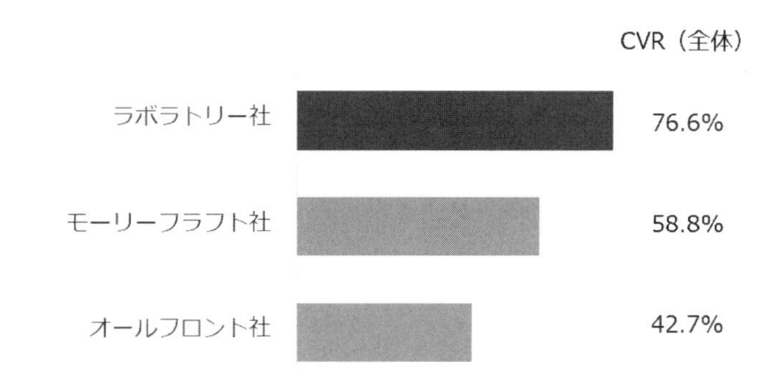

図 7.7 状況を察して作成したグラフ

この 1 週間後，また電話がかかってきた．今度は「あのグラフを取引先 (C さん) に見せたところ『なんでお前のところだけよく見せてるんだ』と怒られまして….」という連絡だった．

どちらのグラフも決して嘘はいっていない．だが誰にとっても後味の悪い結果となってしまった．なぜだろうか．

1 つ目の原因として，B さんが取引先の C さんの感情を誤解してしまったことが挙げられる．C さんは正しい情報が欲しかったのだろうが，B さんはラボラトリー社をよく見せた資料がほしいと思ってしまったのだろう．2 つ目の原因として，A さんが B さんの言葉を鵜呑みにして，ラボラトリー社を 1 位にするようなグラフを作成してしまったことが挙げられる．B さんは「ラボラトリー社を 1 位にしてくれ」とまでは言っていないが，A さんは状況を察して「ラボラトリー社を 1 位にしてあげよう」と思ったのかもしれない．

このように，お互いがお互いを察することによってちょっとした誤解が生まれることがビジネスではよくある．特にデータ分析の業務では，データをどのように見せるかによってこの誤解が助長される傾向がある．このような手違いや手戻りをなくすために一番よいのは，月並みではあるがコミュニケーションをきちんと取ることに尽きる．無用な「お察し」によって誤解を助長させないように注意しよう．

章末問題

7.1　プレゼン資料を作成し，輪講を進めている仲間に対して1人10分で報告を行い，フィードバックをもらおう．

7.2　自分なりの「ふりかえり」をやってみよう．

解答例は ▶サポートページ参照

第 8 章

モデル構築の準備

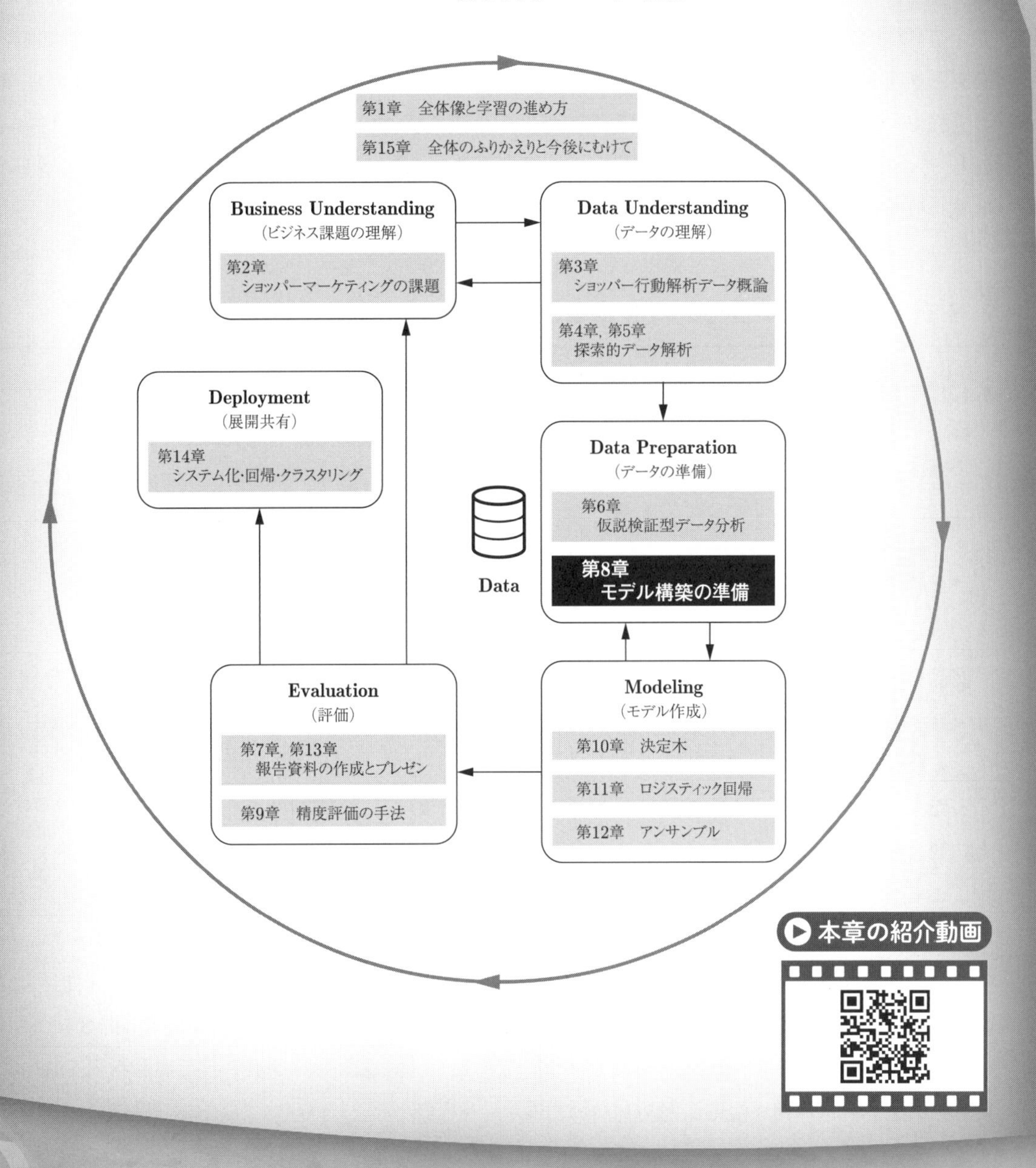

本章の紹介動画

ここからは機械学習モデルの構築に入っていこう．機械学習は，RPGで例えれば魔法のようなものだと思うとよい[※1]．RPGで繰り出される魔法は迫力あるエフェクトで相手に大きなダメージを与える．「なにをやっているのか具体的にはよくわからないが，なにか凄そうでカッコいいし，とりあえず敵は倒せる」というイメージがあると思う．機械学習も似たようなもので，最初はどのような仕組みで動いているのか，直観的に理解するのは難しいかもしれない．ただ，はじめはそれでもよいと思う．まずは動かしてみて，このようなことができるのだな，というのを理解してみてほしい．その後でじっくりと理論的なところを理解していこう．また，魔法を身に付けなくても物理攻撃だけで戦闘を進めることで最終的な目標達成(ラスボスを倒す)は可能かもしれない．これと同じで，第6章までやってきたような統計学的アプローチだけでも様々なことがわかったし，課題解決もある程度進むであろう．一方で，魔法を身に付けることでより有利に戦えるかもしれないし，その過程で身に付く新たなスキルもあることだろう．機械学習モデルの構築や精度評価を身に付けることで，これまで取り組むことが困難だった課題解決の糸口が見つかるかもしれないのだ．新しい世界の扉をノックする気持ちで進めていこう．

8.1　なぜ機械学習モデルを作るのか (Why)

8.1.1　ビジネス課題の整理

さて，そもそもなぜ機械学習モデルを作るのだろうか？　改めて鳥居さんのフィードバックをもとにしてビジネス課題を明らかにしてアプローチを整理してみよう．

鳥居さんは，以下のようなことを言っていた．

- 商品に接触した人のうち購入しなかった人が気になる
- こういった人にクーポンを発行したりレコメンドをすることで購買を促進したい

商品を手に取るということは，ある程度その商品には関心を示しているということになる．メーカーとしても小売店舗としても，できればそのまま商品を購入してもらいたいはずだ．ところが，人は手に取ったものをそのまま購入するとは限らない．そこで，商品を手に取った人のうち購入しなかった人に限定的にクーポンを発行したり商品のおすすめ(レコメンド)をしたりすることで，その人に商品を購入してもらいたい，という意図である．

ここで，消費者の購買行動プロセスを説明するモデルの1つである**AIDMAモデル**を紹介しよう．AIDMAは，Attention (注目) → Interest (興味) → Desire (欲求) → Memory (記憶) → Action (行動) の頭文字を取ったものである．GIデータにおける購買行動に照らし合わせると，「注目」は売場への立寄，「興味」は商品接触，「行動」は商品購入にそれぞれ対応するといえる(図8.1)．

ここで，なにかしらのアクションで「欲求」を喚起し「記憶」を呼び起こして商品購入を促したい．アクションには様々な方法があり，例えば，

- 店頭販促物を設置する

[※1] SF作家のアーサー・C・クラークは，「十分に発達した科学技術は，魔法と見分けがつかない．」(Any sufficiently advanced technology is indistinguishable from magic.) という言葉を残している．

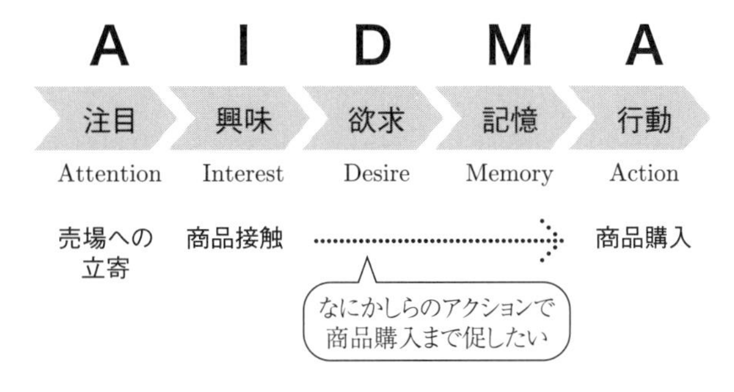

図 8.1 AIDMA モデルと購買行動

- レジやスマホアプリでクーポンを発行する
- 店頭のサイネージで商品のおすすめ (レコメンド) をする

などが考えられる．ここでは，レジで実際に商品を購入する前の購買行動 (売場への滞在，商品への接触など) が終わった時点で，その情報をもとにして商品を購入するのかしないのかを判断し，商品を購入しないと判断された人に対してリアルタイムになにかしらのアクションを行いたいというのが意図となる．

8.1.2 接触非購入者・購入者

売場の立寄者 (ショッパー) は，商品に 1 つ以上接触したショッパーと，商品に 1 つも接触しなかったショッパーに分かれる．前者を**接触者**と呼び，後者を**非接触者**と呼ぶ．また，接触者は，商品を 1 つ以上購入したショッパーと，商品を 1 つも購入しなかったショッパーに分かれる．前者を**購入者**と呼び，後者を**接触非購入者**と呼ぶ．商品を手に触れずに購入することはできないから，非接触者が商品を購入することはない．なお，非接触者と区別するために敢えて非購入者ではなく接触非購入者と表現している．

商品を 1 つだけ接触してその商品を購入するショッパーもいるかもしれないし，複数の商品に接触して複数の商品を購入するショッパーもいるかもしれない．どちらも購入者としてみなされる．一方で，どんなに商品に接触したとしても 1 つも商品を購入しなければ接触非購入者となる．よって，**今回の「お題」は，接触者を購入者と接触非購入者に分類する問題**であるといえる (図 8.2)．ここから先はこの分類を行うモデル構築を行っていこう．

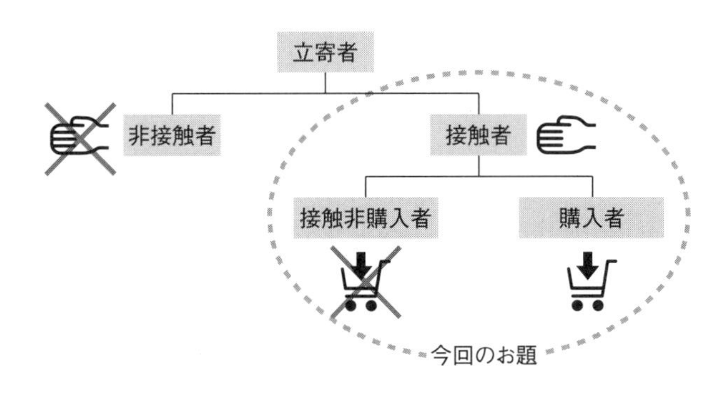

図 8.2 立寄者の細分化

8.1.3　機械学習モデルとはなにか

機械学習モデルを考えていくにあたって，「機械学習」と「モデル」を分けて考えてみよう．

機械学習 (machine learning) は，「機械」(machine) が自分の力で自動的に「学習」(learning) していくことで，未来を予測するものである．AI技術の一翼を担うものである．未来を予測するといっても，実は普段人間が何気なくやっていることを改めて型にはめて実行しただけということが多い．例えば小売業界では商品の発注という業務がある．商品の売れ行きというのは，その商品の人気度や景気動向，天気や曜日などに左右される．そのようなあらゆるパラメタをもとにした機械学習モデルを作成することで，「明日は○個購入されるだろう」というように未来を予測し，発注量を決定することが可能となる．

コラム　商品発注量の決定は「匠の技」？

とある小売企業には「商品発注の鬼」と呼ばれる人がいた．曰く「これまでの経験上，明日は牛乳が17本だなって考えたら，だいたい16本ぐらい売れる．」とのことだ．特にデータをみているわけでもないらしい．世の中には凄い人がいるものだ．まさに匠の技である．ところが，それができる「商品発注の鬼」は1人しかいないらしい (仮にAさんとする)．Aさんはとある店舗ではその実力を発揮してバンバン発注量を当てまくるのだが，全国数百店舗とある系列店舗にその技術はまったく伝わっておらず，どうすればよいのかと頭を悩ませている，という話だった．こういったときに機械学習は使える．Aさんの頭の中を解き明かしてその暗黙知を形式知に変え，ノウハウをモデル化して全店舗に展開することにより，Aさんほどではないにしても，ある程度の精度で発注量を当てられるようにできるかもしれない．ちなみに，ここで最も課題となるのが，「Aさんの頭の中を解き明かす」という行為だ．第2章でショッパーマーケティングの課題に対するアプローチを挙げたが，粘り強くヒアリングを重ねてその思考をひとつひとつ解きほぐすといった地道な活動が必要になるだろう．

一方で，**モデル**とは一般的に，科学的方法において，理論を説明し，可視化し，理解するための簡単で具体的なものをいう．2021年に気候モデルを開発した真鍋淑郎博士にノーベル物理学賞が与えられたことは記憶に新しい．地球規模の温暖化や気候変動を予測する際には，大規模なコンピューターを使って計算を行うが，その前提として物理的な法則にもとづいて大気や海がどう動いているか，熱がどう循環しているかを再現することが必要となる．これを「気候モデル」と呼んでいる．『会社を変える分析の力』※2では，エマニュエル・ダーマンの著書における「分析モデルは模型飛行機のようなもの」という表現を引用する形で「モデルはプラモデルのようなもの」と表現している．すなわち，世の中のすべての事象を完璧に再現できるようなものではなく，あくまで (そのレベル感の大小はあるにしろ) 簡易化されたものであるということは理解しておこう．

つまり機械学習モデルとは，**簡易的に未来を予測するもの**，といえるかもしれない．

8.1.4　目的変数と説明変数

今回のように教師あり学習の機械学習において，**目的変数** (target variable) とは機械学習モデルを用いて予測したい変数のことをいう．また，**説明変数** (explanatory variable) とは目的変数に作用する (目的変数を説明することができる) 変数のことである．今回は，売場の滞在時間や商品接触回数などが説明変数となり，商品を購入したかしないかが目的変数となる．

※2 河本薫『会社を変える分析の力』(講談社，2013)

8.2　どのように機械学習モデルを作るのか (How)

8.2.1　機械学習モデルの構築プロセス

機械学習モデルを構築する際，一般的に以下のようなプロセスで行うことが多い．

- 前処理を行う
- 特徴量を作る
- 結果をいったん保存する
- 学習する
- 精度検証を行う
- パラメタを調整して高精度を目指す

本章では「結果をいったん保存する」というところまで実施し，「学習する」以降は次章以降で実施していく．『Python 実践データ分析 100 本ノック』[※3]では，データ加工から機械学習モデルの構築に至るまでの Python プログラミングについて，手順に従って詳しく紹介している．ぜひ参照されたい．

8.2.2　訓練データと検証データ

機械学習モデルの構築において，学習に使うデータを**訓練データ** (train data) といい，予測したい対象のデータを**テストデータ** (test data) という．第 4 章～第 6 章でも使用した以下の 2 つのファイルが訓練データに該当する (データの期間に応じて 2 つに分けてあるが，同じ形式のファイルであると考えていただいて構わない)．

- `gi_train_mm10.csv`
- `gi_train_mm11.csv`

また，以下の 1 つのファイルがテストデータに該当する．

- `gi_test.csv`

また，訓練データで学習をする際に，さらに訓練データと**検証データ** (validation data) に分ける (図 8.3)．具体的な方法については第 9 章～第 10 章で述べる．

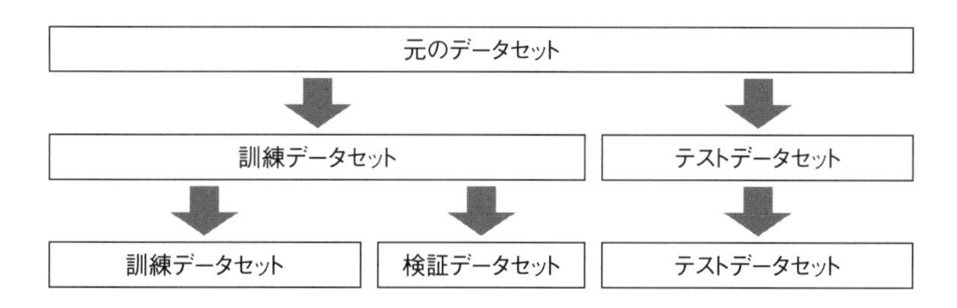

図 8.3　データセットの分割

[※3] 下山輝昌・松田雄馬・三木孝行『Python 実践データ分析 100 本ノック　第 2 版』(秀和システム，2022)

8.3　どのような機械学習モデルを作るのか (What)

8.3.1　回帰・分類・クラスタリング

機械学習には大きく分けて 3 つの種類がある[※4].

- 回帰
- 分類
- クラスタリング

今回は「接触者を購入者と接触非購入者に分類する問題」であるから，機械学習の種類としては分類になる．また，今回のように特に 2 つの値に分類する場合を**二値分類** (binary classification) といい，3 つ以上の値に分類する場合を**多値分類** (multiclass classification) という．

8.3.2　二値分類問題でのゴール

今回は二値分類問題であり，接触者を購入する (購入者)・購入しない (接触非購入者) に分けることができればよい．ここで購入者を 1，接触非購入者を 0 とすれば，表 8.1 のようにショッパーごとに 0 か 1 かで分類されるはずだ (値は架空のものであり，実際のものとは異なる可能性がある)．

表 8.1　二値分類のゴール

人物 ID	分類結果
20201026-010004	0
20201026-010007	1
20201026-010010	1
20201026-010018	0
20201026-010025	1
...	...

データを分類するというのは実は人間が普段から自然と行っていることでもある．例えば初対面の人と話をする際，その顔つきや格好，声質や全体的な雰囲気などのデータから，相手が男性か女性か，年齢は何十代か，などを頭の中である程度分類して会話を進めたりするだろう．『Python 3 年生』[※5]では「『データを分類する，分ける』ということは，『私たちがものごとを理解する知的活動と似たところにある』ということ」と述べられている．

8.3.3　分類に使われる機械学習モデル

分類に使われる機械学習モデルはいくつかある．代表的なものを以下に列挙する．

- 決定木
- ロジスティック回帰
- XGBoost

※4　一般的に機械学習は「教師あり学習」「教師なし学習」「強化学習」に分かれるとされ，回帰と分類は「教師あり学習」に，クラスタリングは「教師なし学習」にそれぞれ該当する．ここでは簡単のため「3 つの種類がある」としたが，厳密な区分については各自調べてみてほしい．

※5　森巧尚『Python 3 年生　機械学習のしくみ　体験してわかる！会話でまなべる！』(翔泳社，2021)

- LightGBM
- サポートベクトルマシン (SVM)
- アンサンブル

本書では決定木を第10章で，ロジスティック回帰を第11章で，LightGBMとアンサンブルを第12章で，それぞれ扱う．

8.4 特徴量を作成する

8.4.1 特徴量とはなにか

ここからは今回の「お題」である二値分類問題について具体的に考えていこう．まずは次の演習に取り組んでみよう．

演習 8.1　接触者のうち，どのような人がより商品を購入してくれる確率が高いだろうか？(5分)

受講生からは以下のような意見が挙げられた．

- 滞在時間が長いほうがより商品を購入する確率が高いのではないか？
- 同じ滞在時間でも，エリアによってその確率が変わりそうだ
- より多くの商品に接触した人のほうが購入する確率は高そうだ
- 第6章で作成した一覧表がそのまま使えるのではないか？
- 商品を製造・販売するメーカーによって購入確率も変わるのではないか？

いずれも大変よい着眼点だろう．たしかに自分たちのスーパーマーケットでの行動を思い返してみても，長い間飲料売場にいれば購入する確率は高そうに思える．また，もしかしたらエリアごとの平均滞在時間によっても購入する確率は異なるかもしれない．そして，そういえば似たようなことをやっていたなということを思い出して，第6章で作成した一覧表に着目したメンバーもいた．過去に行ったことも大いに活用していこう．

このように，分析すべき対象の特徴・特性を表し，予測の手がかりとなる変数のことを**特徴量** (feature) という．今回の場合は説明変数と同じ意味合いと考えてよい．このような特徴量をどれだけ考えられるかが，精度のよい機械学習モデルを構築する上で重要になってくる．

コラム　商品を選択する際にメーカー名は関係あるのか？

DEFP2021において，受講生に以下のようなクイズを出したことがある．
Q.次の商品のメーカーはどこでしょう？

1. 伊右衛門
2. 綾鷹
3. お〜いお茶
4. 生茶
5. 十六茶

皆さんはおわかりになるだろうか．答えは各自調べていただくとして，そのときの正答率は以下のとおりだった (回答数は 21).

1. 伊右衛門：　71.4％
2. 綾鷹：　52.4％
3. お～いお茶：85.7％
4. 生茶：　23.8％
5. 十六茶：　19.0％

ここから 2 つのことがわかる．1 つは正解率が低い商品もあるということ．例えば「十六茶」に関しては 20％を切っている．もう 1 つはブランドによって大きな差があるということ．「お～いお茶」に関しては 80％を超えており，さきほどの「十六茶」とは大きく異なる．もちろんその商品のメーカー名が知られているかどうかと，その商品の売上に相関があるかどうかは，ここからはわからない．メーカー名の認知度と商品の認知度は異なるから，「メーカー名を知らないけどこれまでずっと飲んでいた」という商品もあるだろう．

飲料以外の例を挙げると，例えば YouTube は動画サイトとして認知度が非常に高いが，Google のサービスであることを知らない人も多い．また，別に知らなくても YouTube を使用してくれれば Google としては嬉しいかもしれない．同様に，「十六茶」がどこのメーカーの商品だろうと，「十六茶」を購入してくれていれば OK という考え方もあるだろう．

広告や販促において自社の名前を出すかどうかは，実はいろいろな考え方がある．サービスの紹介 (例えば TVCM など) において，自社名を出しているかどうかをチェックしてみても面白いかもしれない．

さて，こういった前提を踏まえたときに，メーカー名がどれぐらい商品の接触･購買に関係しているだろうか．今回の「お題」の特徴量として有効なものになっているだろうか．ぜひ皆さん自身の手で調べてみてほしい．

8.4.2 異常値の扱い

これまで特になにも気にせずに分析を進めてきたが，そもそも今回与えられたデータセット (gi_train_mm10.csv，gi_train_mm11.csv) はそのまま使ってもよいのだろうか．

まず，今回はあくまで接触者を対象としている．もともとのデータセットは立寄者のデータとなっており，その中には非接触者も含まれているから，接触者のみを抽出する必要がありそうだ．

また，中には**異常値** (outlier)※6 と呼べるものもあるかもしれない．ここで 1 つ発表資料を紹介しよう．C.C.Lemon チームでは，フレームアウト時刻の異常値を発見し，それを修正した (図 8.4)．通常であれば，ある 1 人のショッパーに着目したとき，フレームインからフレームアウトの間に，商品接触やエリアイン/アウトの時刻が収まっているはずだ．だが，フレームアウトした時刻が，エリアアウトや商品接触した時刻よりも前になっているデータがあることを見つけたため，最後のエリアアウト時刻，最終商品接触時刻へ修正を行っていた．GI データも完璧ではないため，たまにこういったデータが存在する．他にもないか探してみるとよいだろう※7．

なお，異常値の扱い方にはいくつか方法があり，別の方法として，このように異常値を持っている

※6 別途紹介した「外れ値」も同じ outlier であった．英語では同じ表現をするが，日本語では少し意味合いが異なる．外れ値は単に他のデータと比べて極端に離れている値を指す．外れ値の中でその原因が明確 (例えば記録上の不具合など) なものが異常値である．

※7 3.2 節で説明した仕様が正しければ，エリア滞在時間の合計値 (トータル滞在時間) とフレーム滞在時間を比較すると，前者のほうが後者よりも必ず短いはずである．しかし，実はそうなっていないデータが存在し，わざとそのままにしてある．これはカメラでデータを取得する際の機械的な不具合なのだが，そのようなデータをどう扱えばよいかも考えてもらいたく，敢えてこのような形で残しておいた．

レコード(ショッパー)自体をそもそも機械学習モデルの構築に使用しない，という手もある．どちらのほうがよいかは，データ量やビジネスへの影響度合いなどを考慮しながら総合的に考えてほしい．

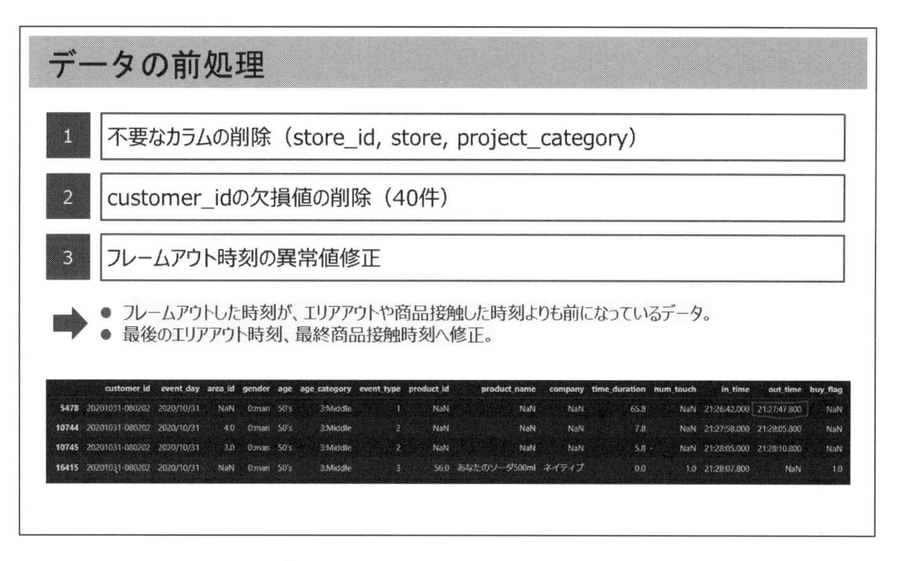

図 8.4 C.C.Lemon チームの発表資料

8.4.3 ライブラリの宣言

では，ここからはプログラムを動かしていこう．まずはライブラリ類の宣言をしてファイルを読み込んでいく．ここはこれまで行ってきた処理とほとんど同様になる．なお，今回は可視化処理を行わないため，Matplotlib は不要となる．

```
1  import numpy as np
2  import pandas as pd
3  
4  gi_train_mm10_df = pd.read_csv("../input/gi_train_mm10.csv") # 10月のデータ
5  gi_train_mm11_df = pd.read_csv("../input/gi_train_mm11.csv") # 11月のデータ
6  
7  # pandasの concatで結合する
8  gi_train_df = pd.concat([gi_train_mm10_df, gi_train_mm11_df], axis=0)
9  pp_gi_train_df = gi_train_df[gi_train_df["customer_id"].notna()].copy()
10 
11 # 各 event_typeごとの DataFrameを作成
12 pp_gi_train_df_et1 = pp_gi_train_df[pp_gi_train_df["event_type"] == 1]
13 pp_gi_train_df_et2 = pp_gi_train_df[pp_gi_train_df["event_type"] == 2]
14 pp_gi_train_df_et3 = pp_gi_train_df[pp_gi_train_df["event_type"] == 3]
```

さて，今回は商品接触者のみが対象となる．そのため，まず event_type=3 の情報を使って商品接触者の人物 ID をリストとして抽出して，event_type=1 および event_type=2 の情報について，その人物 ID のレコードのみを抽出するようにしよう．

```
1  contact_list = pp_gi_train_df_et3["customer_id"].drop_duplicates()
2  contact_list
```

```
13242     20201026-010001
13244     20201026-010003
13247     20201026-010005
13248     20201026-010006
13250     20201026-010007
               ...
4355      20201101-120041
4359      20201101-120043
4360      20201101-120047
4361      20201101-120049
4362      20201101-120052
Name: customer_id, Length: 3312, dtype: object
```

```
pp_gi_train_df_et1_rev = ¥
    pp_gi_train_df_et1[pp_gi_train_df_et1["customer_id"].isin(contact_list)]
pp_gi_train_df_et1_rev.head()
```

```
       customer_id  ...  gender  age  age_category  event_type  ...
0  20201026-010001  ...   woman  30's        Young           1  ...
1  20201026-010003  ...     man  50's       Middle           1  ...
3  20201026-010005  ...   woman  30's        Young           1  ...
4  20201026-010006  ...     man  40's       Middle           1  ...
5  20201026-010007  ...     man  30's        Young           1  ...
```

```
pp_gi_train_df_et2_rev = ¥
    pp_gi_train_df_et2[pp_gi_train_df_et2["customer_id"].isin(contact_list)]
pp_gi_train_df_et2_rev.head()
```

```
          customer_id  ...  gender  age  age_category  event_type  ...
7385  20201026-010001  ...   woman  30's        Young           2  ...
7386  20201026-010003  ...     man  50's       Middle           2  ...
7387  20201026-010005  ...   woman  30's        Young           2  ...
7388  20201026-010006  ...     man  40's       Middle           2  ...
7389  20201026-010007  ...     man  30's        Young           2  ...
```

なお，`pp_gi_train_df` の頭の pp は preprocessed (前処理済み) の意味である．このように変数名を工夫してつけることで少しでもわかりやすいプログラムを心がけたい．

8.4.4　今回使用する特徴量の検討

では，今回使用する特徴量について考えてみよう．まずは簡単なところで，ショッパーが商品棚前にやってきた年月日，性別，年代，フレーム滞在時間，各エリアの滞在時間は特徴量となりそうだ．なお，年代を表す `age` と `age_categoly` は包含の関係にあるから，`age` のみを使えばよさそうである．これらは `event_type=1` のデータにすべて含まれているから，そこから抽出できそうだ．

`store` や `project_category` はどのレコードも共通の文字列が入っているようだったから特徴量とはいえないため，今回は扱わなくてよさそうだ．また，今回は簡略化のため接触した商品に関する情報や時刻に関する情報は扱わないようにするが，もちろんこれらも特徴量となりうる．章末問題としたのでぜひ取り組んでみてほしい．さらに，今回は `buy_flag` (購入フラグ) を当てにいく問題であるから，buy_flag も必要になりそうだ．ただ，訓練データには buy_flag を含める必要があるが，テストデータには buy_flag を含めないようにしよう．

これらの情報について，しかるべき前処理を施した DataFrame を作っておくと，第 10 章以降の機械学習モデルの構築が非常にスムーズになる．以上をもとに，まずはどのような DataFrame を作ると良さそうか考えてみよう．

演習 8.2 どのような DataFrame を作ると良さそうか？手書きでよいので考えてみよう (5 分)

おそらく図 8.5 のようなイメージになるだろう．

説明変数 / 目的変数

人物 ID	年月日	性別	年代	フレーム滞在時間	エリア 1 最大滞在時間	···	エリア 5 最大滞在時間	購入フラグ

図 8.5 DataFrame の完成イメージ

イメージもできたところで，さっそくこの DataFrame を作っていこう．

8.4.5 属性情報とフレーム滞在時間の抽出

まずは属性情報とフレーム滞在時間を抽出しよう．これは event_type=1 のデータから抽出すればよいだけであるため簡単だ．

```
1 output_df = pp_gi_train_df_et1_rev[¥
2     ["customer_id", "event_day", "gender", "age", "time_duration"]].copy()
3 output_df
```

```
           customer_id   event_day  gender   age  time_duration
   0  20201026-010001  2020/10/26   woman  30's            6.2
   1  20201026-010003  2020/10/26     man  50's           14.2
   3  20201026-010005  2020/10/26   woman  30's           19.2
   4  20201026-010006  2020/10/26     man  40's           19.8
   5  20201026-010007  2020/10/26     man  30's           78.6
 ...              ...         ...     ...   ...            ...
1723  20201101-120041   2020/11/1     man  40's           41.0
1725  20201101-120043   2020/11/1   woman  10's           35.2
1727  20201101-120047   2020/11/1     man  40's            4.6
1728  20201101-120049   2020/11/1   woman  40's           11.2
1729  20201101-120052   2020/11/1     man  20's           28.6
3312 rows × 5 columns
```

8.4.6 カテゴリ変数のダミー変数化

ここでカテゴリ変数について考えてみよう．カテゴリ変数とは，第4章でも紹介したとおり数値で表せない変数のことや，数値であってもその数値自体に意味がないものである．例えば，gender は man か woman のように文字列で表されているものであり，カテゴリ変数である．また，event_day や age は一部数値 (日付) で表されているものの，その数値を足したり引いたりできるものではなくその数値自体には意味がないため，これもカテゴリ変数である．こういったカテゴリ変数は，数値的に解釈をすることができないため，そのまま機械学習モデルに渡すことはできない．そのため，以下のような数値化手法のいずれかを行い，前処理として数値化する必要がある．

- ワン・ホットエンコーディング
- ラベルエンコーディング
- ターゲットエンコーディング

ここでは，**ワン・ホットエンコーディング** (one-hot encoding) について紹介する．one-hot (ワン・ホット) とは0か1かどちらかの値を持ち，1つだけ1であり，他は0であるようなビット列のことをいう．もともとはデジタル回路などの用語であり，文字どおり1つだけが hot (スイッチが ON になっているようなイメージ) である状態という意味合いになる．このように変換することを**ダミー変数化**といい，Pandas の **get_dummies** 関数を使うことで簡単に処理することができる．具体的にやってみよう．

```
1 # カテゴリ変数をまとめたリスト
2 cate_cols = ["event_day", "gender", "age"]
3 # ダミー変数化
4 output_df = pd.get_dummies(data=output_df, columns=cate_cols)
5 output_df
```

	customer_id	time_duration	event_day_2020/10/26	…	gender_man	…	age_0's	…
0	20201026-010001	6.2	1	…	0	…	0	…
1	20201026-010003	14.2	1	…	1	…	0	…
3	20201026-010005	19.2	1	…	0	…	0	…
4	20201026-010006	19.8	1	…	1	…	0	…
5	20201026-010007	78.6	1	…	1	…	0	…
…	…	…	…	…	…	…	…	…
1723	20201101-120041	41.0	0	…	1	…	0	…
1725	20201101-120043	35.2	0	…	0	…	0	…
1727	20201101-120047	4.6	0	…	1	…	0	…
1728	20201101-120049	11.2	0	…	0	…	0	…
1729	20201101-120052	28.6	0	…	1	…	0	…

3312 rows × 19 columns

例えば age について，age_0's，age_10's，...，age_Over70's というように全部で8つのカラムができた．10歳未満のショッパーは age_0's のカラムが1，他のカラムが0になっている．同様に，10代のショッパーは age_10's のカラムが1で他のカラムが0，20代のショッパーは age_20's のカラムが1で他のカラムが0，というようになっている．

なお，ラベルエンコーディングの場合は，カテゴリ変数を取りうる値各種類に対して数字を割り当てて変換する．例えば0's なら 0，10's なら 1，20's なら 2 ... といった具合だ．ただ，この変換の仕方はロジスティック回帰には使用できない．

ターゲットエンコーディングの場合は，カテゴリ変数を取りうる値各種類に対して目的変数に応じた数値を割り当てて変換するものであり，目的変数に影響を受けるため**リーク**という現象が起きる可能性がある．

以上の懸念から今回はワン・ホットエンコーディングを使用したが，場合によって使い分けてほしい．

コラム　多重共線性に注意　その 1

このDataFrameを眺めていると面白いことに気付く．例えばgenderについて，男性の場合はgender_manが 1 でgender_womanが 0，女性の場合はgender_manが 0 でgender_womanが 1 になっているが，実はgender_manの列だけでもこの情報は成り立つのだ．gender_manが 1 だったら男性，0 だったら女性であるからである．ageについてはどうだろうか．0 代 (0's)〜70 代以上 (Over70's) の 8 つの選択肢があり，ショッパーはいずれかに属するはずであるから，例えば 0 代 (0's)〜60 代 (60's) でなければ 70 代以上 (Over70's) ということになるし，10 代 (10's)〜70 代以上 (Over70's) でなければ 0 代 (0's) ということになる．

すべてをダミー変数化してしまうと，これらの変数間には強い相関関係が生まれてしまう．このような状態を**多重共線性** (multicollinearity) といい，その英語を略して「マルチコ」と呼ばれたりする．機械学習モデルの学習ができなくなったり，学習したモデルの結果が不安定になるなどの影響を及ぼす可能性がある．対策として，pd.get_dummies関数を実行する際に，引数としてdrop_first=Trueを設定して各変数の最初の 1 つをダミー変数化しない対策を行うことがある．これについては章末問題で取り上げるので，各自で取り組んでみてほしい．

8.4.7 各エリアの最大滞在時間の算出

次に，各エリアの最大滞在時間を算出してみよう．エリアは全部でいくつあるかを確認する意味も込めて，エリア ID のリストを作成しておこう．

```
1 # エリア IDのリストを数値型で作成
2 area_id_list = ¥
3     sorted(pp_gi_train_df_et2_rev["area_id"].astype(int).unique().tolist())
4 area_id_list
```

```
[1, 2, 3, 4, 5]
```

エリアは 1〜5 の 5 つあることがわかった．ここからは少し複雑な処理になる．先に処理の流れを確認しておこう．

1. あるエリア (例えばエリア 1) について考える
2. 人物 ID ごとに，エリア 1 の最大滞在時間を取得する
3. 列名をarea1_max_time_durationとしてDataFrameを作成する
4. そのDataFrameを最終的な出力であるoutput_dfに追加する
5. 1〜4 をすべてのエリアについて繰り返す

このように，Python プログラムを書く前にメモ書きでよいので処理の流れを書き出しておくと，プログラミング中にどういった処理を行おうとしていたのかわからなくなってしまった際にふりかえることができてよいだろう．それではこれを実装してみよう．

```
# areaの time_duration関連のカラムを格納するリスト
area_time_duration_cols = []

# 各エリアについてループ処理
for tmp_area_id in area_id_list:
    # 当該エリアの time_durationを取得
    #(この時点では customer_idについて複数レコードが存在する)
    tmp_area_duration_df = pp_gi_train_df_et2_rev[pp_gi_train_df_et2_rev¥
        ["area_id"]==tmp_area_id][["customer_id", "time_duration"]]
    # そのうち cusotmer_idごとに最大値を取得する
    tmp_area_duration_df = tmp_area_duration_df.groupby(by=["customer_id"])¥
        .max().reset_index(drop=False)

    # カラム名を指定する
    tmp_area_max_time_duration_col = f"area{tmp_area_id}_max_time_duration"
    area_time_duration_cols += [tmp_area_max_time_duration_col]
    tmp_area_duration_df = tmp_area_duration_df.rename(¥
        columns={"time_duration": tmp_area_max_time_duration_col})

    # customer_idをキーとして output_dfに結合する
    output_df = pd.merge(¥
        output_df, tmp_area_duration_df, on=["customer_id"], how="left")
```

それでは，ここまでで出来上がった output_df を確認しておこう．

```
output_df
```

	customer_id	…	area1_max_time_duration	area2_max_time_duration	…
0	20201026-010001	…	6.2	NaN	…
1	20201026-010003	…	14.0	NaN	…
2	20201026-010005	…	4.8	NaN	…
3	20201026-010006	…	7.2	NaN	…
4	20201026-010007	…	NaN	44.0	…
…	…	…	…	…	…
3307	20201101-120041	…	NaN	3.6	…
3308	20201101-120043	…	6.6	NaN	…
3309	20201101-120047	…	NaN	NaN	…
3310	20201101-120049	…	5.0	NaN	…
3311	20201101-120052	…	NaN	16.8	…

3312 rows × 24 columns

また，それぞれのカラム名も確認しておこう．

```
area_time_duration_cols
```

```
['area1_max_time_duration',
 'area2_max_time_duration',
 'area3_max_time_duration',
 'area4_max_time_duration',
 'area5_max_time_duration']
```

8.4.8 目的変数 (buy_flag) の追加

訓練データで正解となる buy_flag は，event_type=3 のレコードのいずれかで buy_flag が 1 のものを取得してくればよいだろう．

```
buy_flag_df = pp_gi_train_df_et3[pp_gi_train_df_et3["buy_flag"] == 1]¥
    .drop_duplicates(subset="customer_id")[["customer_id", "buy_flag"]].copy()
buy_flag_df
```

```
             customer_id  buy_flag
13242  20201026-010001         1
13244  20201026-010003         1
13247  20201026-010005         1
13248  20201026-010006         1
13250  20201026-010007         1
  ...              ...       ...
 4355  20201101-120041         1
 4359  20201101-120043         1
 4360  20201101-120047         1
 4361  20201101-120049         1
 4362  20201101-120052         1
3020 rows × 2 columns
```

この buy_flag_df も output_df にマージしよう．この際，buy_flag は数値型に変換した上で，欠損レコードには 0 を入れておこう．

```
# マージして output_dfに格納
output_df = pd.merge(output_df, buy_flag_df, on="customer_id", how="left")
# buy_flagについて 0埋めと int型への変更を実施
output_df["buy_flag"] = output_df["buy_flag"].fillna(0)
output_df["buy_flag"] = output_df["buy_flag"].astype(int)
output_df
```

```
          customer_id  time_duration  ...  area5_max_time_duration  buy_flag
   0  20201026-010001            6.2  ...                      NaN         1
   1  20201026-010003           14.2  ...                      NaN         1
   2  20201026-010005           19.2  ...                      NaN         1
   3  20201026-010006           19.8  ...                      NaN         1
   4  20201026-010007           78.6  ...                      NaN         1
 ...              ...            ...  ...                      ...       ...
3307  20201101-120041           41.0  ...                     11.0         1
3308  20201101-120043           35.2  ...                      NaN         1
3309  20201101-120047            4.6  ...                      3.6         1
3310  20201101-120049           11.2  ...                      NaN         1
3311  20201101-120052           28.6  ...                      2.8         1
3312 rows × 25 columns
```

8.4.9 欠損値の補間

さらに工夫を凝らしておこう．output_df をよくみると，各エリアの最大滞在時間のカラムには欠損値が存在することがわかる．人によって滞在していないエリアもあるから，その際は最大滞在時間が存在しないのだ．第10章で扱う決定木や第12章で扱うアンサンブルのうちの木系モデルでは欠損値を -1 で，第11章で扱うロジスティック回帰モデルでは欠損値を0で，それぞれ補間しておくと後々都合がよいことが知られている．それぞれ欠損値補間をしておこう．

```
# 木系モデルの欠損値処理 (-1埋め)
# エリア 1〜5についてループを回す
dtc_pp_gi_train_df = output_df.copy()
for col in area_time_duration_cols:
    dtc_pp_gi_train_df[col] = dtc_pp_gi_train_df[col].fillna(-1)

# ロジスティック回帰モデルの欠損値処理 (0埋め)
# エリア 1〜5についてループを回す
lgr_pp_gi_train_df = output_df.copy()
for col in area_time_duration_cols:
    lgr_pp_gi_train_df[col] = lgr_pp_gi_train_df[col].fillna(0)
```

それでは，最終的に出来上がった DataFrame を確認しておこう．

```
dtc_pp_gi_train_df
```

	customer_id	...	area1_max_time_duration	area2_max_time_duration	...
0	20201026-010001	...	6.2	-1.0	...
1	20201026-010003	...	14.0	-1.0	...
2	20201026-010005	...	4.8	-1.0	...
3	20201026-010006	...	7.2	-1.0	...
4	20201026-010007	...	-1.0	44.0	...
...	...	...	...	...	...
3307	20201101-120041	...	-1.0	3.6	...
3308	20201101-120043	...	6.6	-1.0	...
3309	20201101-120047	...	-1.0	-1.0	...
3310	20201101-120049	...	5.0	-1.0	...
3311	20201101-120052	...	-1.0	16.8	...

3312 rows × 25 columns

```
lgr_pp_gi_train_df
```

	customer_id	...	area1_max_time_duration	area2_max_time_duration	...
0	20201026-010001	...	6.2	0.0	...
1	20201026-010003	...	14.0	0.0	...
2	20201026-010005	...	4.8	0.0	...
3	20201026-010006	...	7.2	0.0	...
4	20201026-010007	...	0.0	44.0	...
...	...	...	...	...	...
3307	20201101-120041	...	0.0	3.6	...
3308	20201101-120043	...	6.6	0.0	...
3309	20201101-120047	...	0.0	0.0	...
3310	20201101-120049	...	5.0	0.0	...

```
 3311  20201101-120052  ...                    0.0                   16.8  ...
3312 rows × 25 columns
```

8.5 テストデータの特徴量抽出

8.5.1 テストデータの確認

ではここからは，テストデータについても同様に特徴量を抽出していこう．ここでのポイントは，訓練データとまったく同じような形式にする必要があるということだ．では，テストデータを読み込んで中身を確認してみよう．

```
1 # GIのtestデータを読み込む
2 gi_test_df = pd.read_csv("../input/gi_test.csv")
3 gi_test_df.head()
```

```
      customer_id   event_day  store_id                   store  …     out_time
0  20201026-010002  2020/10/26       10  レインボーマーケット新日本  …  08:02:57.200
1  20201026-010012  2020/10/26       10  レインボーマーケット新日本  …  08:12:55.800
2  20201026-010016  2020/10/26       10  レインボーマーケット新日本  …  08:18:14.800
3  20201026-010018  2020/10/26       10  レインボーマーケット新日本  …  08:19:56.000
4  20201026-010022  2020/10/26       10  レインボーマーケット新日本  …  08:22:06.000
```

訓練データとほとんど同じ構造をしているが，一番右側のカラムにbuy_flagが存在しないことに気付くだろう．テストデータはいわば試験問題であり，今回はこのbuy_flagを当てにいくものであるから，答えが書いてあってはならないため，カラムも存在しないのだ．

8.5.2 テストデータの特徴量抽出

では，テストデータについても訓練データとまったく同じような処理をしていこう．なお，テストデータはすでに商品接触者だけに絞られており，customer_idが欠損しているレコードも存在しないため，そのあたりの処理は必要ない．

```
1 # 各event_typeごとのDataFrameを作成
2 pp_gi_test_df_et1 = gi_test_df[gi_test_df["event_type"] == 1]
3 pp_gi_test_df_et2 = gi_test_df[gi_test_df["event_type"] == 2]
4 pp_gi_test_df_et3 = gi_test_df[gi_test_df["event_type"] == 3]
5 output_df = pp_gi_test_df_et1[¥
6     ["customer_id", "event_day", "gender", "age", "time_duration"]].copy()
7 # ダミー変数化
8 output_df = pd.get_dummies(data=output_df, columns=cate_cols)
9 output_df
```

```
       customer_id  time_duration  event_day_2020/10/26  …  gender_man  …  age_0's  …
0  20201026-010002           13.6                     1  …           1  …        0  …
1  20201026-010012           15.2                     1  …           0  …        0  …
2  20201026-010016           29.6                     1  …           1  …        0  …
```

```
   3  20201026-010018    23.0    1 …    1 …    0 …
   4  20201026-010022     4.4    1 …    0 …    0 …
 …          …              …    … …    … …    … …
8788  20201101-120051    24.2    0 …    0 …    0 …
8789  20201101-120053    42.2    0 …    1 …    0 …
8790  20201101-120054    28.4    0 …    1 …    0 …
8791  20201101-120055    14.0    0 …    0 …    0 …
8792  20201101-120056    22.6    0 …    0 …    0 …
2209 rows × 19 columns
```

```
1 area_time_duration_cols
```

```
['area1_max_time_duration',
 'area2_max_time_duration',
 'area3_max_time_duration',
 'area4_max_time_duration',
 'area5_max_time_duration']
```

```
1  # 各エリアについてループ処理
2  for tmp_area_id in area_id_list:
3      # 当該エリアのtime_durationを取得
4      #(この時点ではcustomer_idについて複数レコードが存在する)
5      tmp_area_duration_df = pp_gi_test_df_et2[pp_gi_test_df_et2¥
6          ["area_id"]==tmp_area_id][["customer_id", "time_duration"]]
7      # そのうちcusotmer_idごとに最大値を取得する
8      tmp_area_duration_df = tmp_area_duration_df.groupby(by=["customer_id"])¥
9          .max().reset_index(drop=False)
10
11     # カラム名を指定する
12     tmp_area_max_time_duration_col = f"area{tmp_area_id}_max_time_duration"
13     tmp_area_duration_df = tmp_area_duration_df.rename(¥
14         columns={"time_duration": tmp_area_max_time_duration_col})
15
16     # customer_idをキーとしてoutput_dfに結合する
17     output_df = pd.merge(¥
18         output_df, tmp_area_duration_df, on=["customer_id"], how="left")
```

```
1 output_df
```

	customer_id	…	area1_max_time_duration	area2_max_time_duration	…
0	20201026-010002	…	7.8	NaN	…
1	20201026-010012	…	3.8	NaN	…
2	20201026-010016	…	NaN	NaN	…
3	20201026-010018	…	11.2	NaN	…
4	20201026-010022	…	NaN	NaN	…
…	…	…	…	…	…
2204	20201101-120051	…	NaN	NaN	…
2205	20201101-120053	…	29.0	NaN	…
2206	20201101-120054	…	11.2	NaN	…

```
 2207  20201101-120055  …                  NaN                   NaN  …
 2208  20201101-120056  …                 15.2                   NaN  …
2209 rows × 24 columns
```

```
# 木系モデルの欠損値処理(-1埋め)
# エリア1~5についてループを回す
dtc_pp_gi_test_df = output_df.copy()
for col in area_time_duration_cols:
    dtc_pp_gi_test_df[col] = dtc_pp_gi_test_df[col].fillna(-1)

# ロジスティック回帰モデルの欠損値処理(0埋め)
# エリア1~5についてループを回す
lgr_pp_gi_test_df = output_df.copy()
for col in area_time_duration_cols:
    lgr_pp_gi_test_df[col] = lgr_pp_gi_test_df[col].fillna(0)
```

```
dtc_pp_gi_test_df
```

```
          customer_id  ...  area1_max_time_duration  area2_max_time_duration  ...
0     20201026-010002  ...                      7.8                     -1.0  ...
1     20201026-010012  ...                      3.8                     -1.0  ...
2     20201026-010016  ...                     -1.0                     -1.0  ...
3     20201026-010018  ...                     11.2                     -1.0  ...
4     20201026-010022  ...                     -1.0                     -1.0  ...
...               ...  ...                      ...                      ...  ...
2204  20201101-120051  ...                     -1.0                     -1.0  ...
2205  20201101-120053  ...                     29.0                     -1.0  ...
2206  20201101-120054  ...                     11.2                     -1.0  ...
2207  20201101-120055  ...                     -1.0                     -1.0  ...
2208  20201101-120056  ...                     15.2                     -1.0  ...
2209 rows × 24 columns
```

```
lgr_pp_gi_test_df
```

```
          customer_id  ...  area1_max_time_duration  area2_max_time_duration  ...
0     20201026-010002  ...                      7.8                      0.0  ...
1     20201026-010012  ...                      3.8                      0.0  ...
2     20201026-010016  ...                      0.0                      0.0  ...
3     20201026-010018  ...                     11.2                      0.0  ...
4     20201026-010022  ...                      0.0                      0.0  ...
...               ...  ...                      ...                      ...  ...
2204  20201101-120051  ...                      0.0                      0.0  ...
2205  20201101-120053  ...                     29.0                      0.0  ...
2206  20201101-120054  ...                     11.2                      0.0  ...
2207  20201101-120055  ...                      0.0                      0.0  ...
2208  20201101-120056  ...                     15.2                      0.0  ...
2209 rows × 24 columns
```

8.6　準備結果の出力

8.6.1　csv と pickle

ここまでで，以下の4つが完成した．

- 訓練データの木系モデル用の DataFrame
- 訓練データのロジスティック回帰用の DataFrame
- テストデータの木系モデル用の DataFrame
- テストデータのロジスティック回帰用の DataFrame

この結果を中間ファイルとして残しておくと，次回はこのファイルを読みだすだけですぐにモデル構築に入ることができる．このとき，大きく分けて以下の2つの方法がある．

- csv ファイル形式に出力する
- pickle ファイル形式に出力する

csv ファイルに出力するメリットとして，プログラムを実行しなくてもファイルを Excel などで開けばすぐに中身が確認できることがある．一方でデメリットとして，各カラムの型が必ずしも保証されない．例えば `buy_flag` は int 型に変換をしたが，これを呼び出したときにもしかしたら float 型になってしまう可能性があったりする．そのため，改めて型変換処理を行わないといけない可能性がある．pickle ファイルに出力するメリットとしては，この型が保証された DataFrame 形式の状態で復活させることができる．そのまますぐに使うことができるためお手軽だ．一方で，中身がどうなっているかはプログラムを実行して呼び出さないといけないというデメリットがある．それぞれ必要に応じて使い分けてほしい (表 8.2)．または両方出力しておくというのも手だろう．

表 8.2　csv と pickle の対比

	メリット	デメリット
csv ファイル形式	中身が確認可能	型が保証されない
pickle ファイル形式	型が保証される	中身が確認不可

8.6.2　csv ファイル形式の出力

csv ファイルは，DataFrame の `to_csv` 関数を使えばすぐに出力可能だ．

```
# 出力するファイルパスを設定
dtc_pp_gi_train_df_csv = "../intermediate/dtc_pp_gi_train_df_csv.csv"
dtc_pp_gi_test_df_csv = "../intermediate/dtc_pp_gi_test_df_csv.csv"
lgr_pp_gi_train_df_csv = "../intermediate/lgr_pp_gi_train_df_csv.csv"
lgr_pp_gi_test_df_csv = "../intermediate/lgr_pp_gi_test_df_csv.csv"

# csv出力
dtc_pp_gi_train_df.to_csv(dtc_pp_gi_train_df_csv, encoding="shift_jis")
dtc_pp_gi_test_df.to_csv(dtc_pp_gi_test_df_csv, encoding="shift_jis")
lgr_pp_gi_train_df.to_csv(lgr_pp_gi_train_df_csv, encoding="shift_jis")
lgr_pp_gi_test_df.to_csv(lgr_pp_gi_test_df_csv, encoding="shift_jis")
```

8.6.3 pickle ファイル形式の出力

pickle ファイルに出力する前に，辞書型の変数に DataFrame をまとめておこう．辞書型はキーと値で成り立っており，入れ子構造も可能となっている．キー名をわかりやすくしておくと後から読みだすときにも便利だ．今回は図 8.6 のような構造にしてみよう．

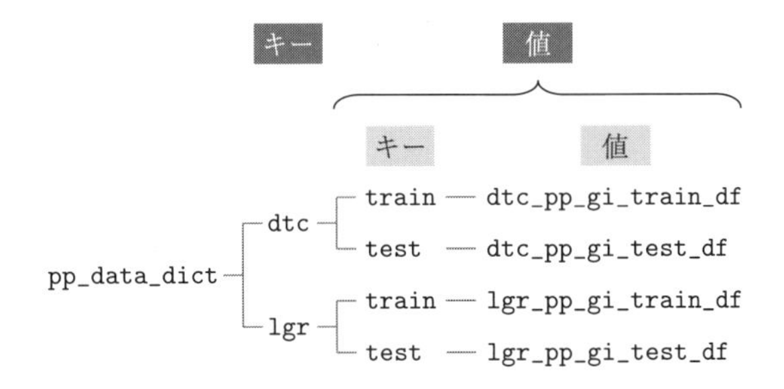

図 8.6 辞書型の変数への格納

```
1 # dict型変数に前処理済みデータをまとめて格納する.
2 pp_data_dict = ¥
3     {"dtc": {"train": dtc_pp_gi_train_df, "test": dtc_pp_gi_test_df}, ¥
4      "lgr": {"train": lgr_pp_gi_train_df, "test": lgr_pp_gi_test_df}}
```

この pp_data_dict をそのまま pickle 形式にして出力してみよう．ここで **joblib** という新しいライブラリをインポートしている．joblib は並列処理などの便利な機能を集めたライブラリであり，pickle 形式のファイルを入出力する際に使用する．なお，pickle は圧縮率が設定可能となっており，それによって拡張子も異なる．通常は圧縮率 =3 程度で問題ないだろう．

```
1 # 出力する pickleのファイルパスを設定
2 pp_data_dict_pkl_fpath = "../intermediate/pp_data_dict_pkl.pkl3"
3 # joblibを使用して，pickleファイルを出力する
4 import joblib
5 joblib.dump(pp_data_dict, pp_data_dict_pkl_fpath, compress=3)
```

```
['../intermediate/pp_data_dict_pkl.pkl3']
```

以上で，intermediate フォルダに csv ファイルが 4 つ，pickle ファイルが 1 つ，計 5 つのファイルが出力されているはずだ (図 8.7)．第 10 章以降でこのファイルを使用して機械学習モデルを構築していく．

これですべての前処理は終了となる．いかがだろうか．特徴量の抽出から DataFrame の作成と中間ファイルの出力まで行った．このような手順を覚えておくと，別の特徴量について考えるときにも戸惑わずに処理を行うことができるだろう．

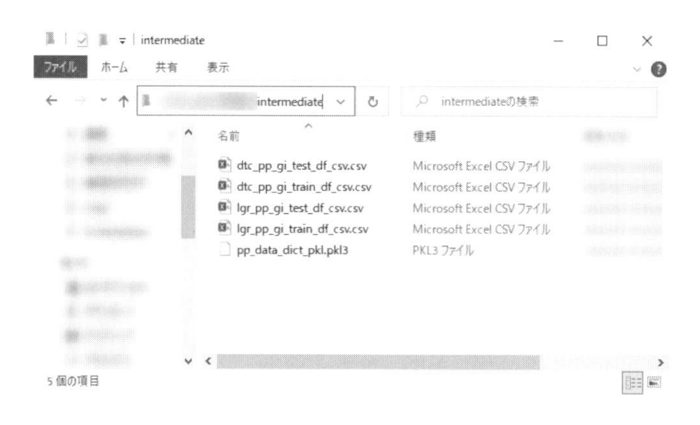

図 8.7　中間ファイルの確認

8.7　DEFP2021 発表資料からの学び

最後に，チームの発表資料から特徴量に関係しそうなところをピックアップしてみよう．

C.C.Lemon チームは CVR に着目をして，様々な特徴量を考案し，それぞれ採用・不採用を決めた (図 8.8)．例えば商品 CVR と商品接触回数の組み合わせについては採用し，メーカー CVR と商品接触回数の組み合わせは不採用であった．面白いのが確率的購買率である．ショッパーがある商品に接触したときに，いずれかの商品が購入される確率を割り出して，予測値を特徴量としている．結果的に不採用となったようだが，たしかに「この商品を手に取ったら最終的に購入する確率は高い」といえるような商品はあるかもしれない．

特徴量作成の工夫

分類	特徴量	説明	採用結果
Conversion Rate (CVR)	商品CVR × 商品接触回数	● 商品接触が購買に結び付いた割合を商品CVRとして各商品ごとに算出。 ● 単純な商品接触回数ではなく、この商品CVRを"重み"として商品接触回数に掛け合わせた変量を特徴量とした。	○
	エリアCVR × エリア滞在回数 ※エリア毎	● 各エリアに立ち寄った後に商品購入した割合をエリアCVRとして算出。 ● このエリアCVRを"重み"としてエリア滞在回数に掛け合わせた変量を特徴量とした。	○
	メーカーCVR ×商品接触回数	● 購買に結び付いた商品のメーカーの割合をメーカーCVRとして各商品ごとに算出。 ● このカンパニーCVRを"重み"として商品接触回数に掛け合わせた変量を特徴量とした。	×
	ジャンルCVR × 商品接触回数 ※ジャンル毎	● まず、商品のジャンル推定を行った(別紙、参照)。ジャンルは、性別、年代の特徴量と合わせて活用すると有効な特徴量になると考えた。 ● ジャンル毎の商品購入率をジャンルCVRとして算出。 ● このジャンルCVRを"重み"として接触した商品(ジャンル情報)に掛け合わせた変量を特徴量とした。	×
	確率的購買率	● 商品CVRをその商品 i が購入される"確率p_i"と見なし、買い物客がその商品をn_i回接触したとき、いずれかの商品が購入される確率p_{buy}は下記で表される。 $p_{buy} = 1 - \prod_{i=1}^{136} (1 - p_i)^{n_i}$ この考え方で算出した予測値を特徴量とした。 ● なお、この予測値をそのままKaggle投稿したAUCスコアは以下であった。 接触人数ベース 商品CVR ： 0.97060 接触回数ベース 商品CVR ： 0.97135	×

図 8.8　C.C.Lemon チームの発表資料

ペンギンチームは商品情報，顧客情報，行動情報の 3 つの観点での組み合わせで，カテゴリごとに特徴量を検討したようだ (図 8.9)．商品情報として商品の容量を特徴量に入れたり，顧客情報として来店時間や休日フラグなどを特徴量に入れているところがユニークである．

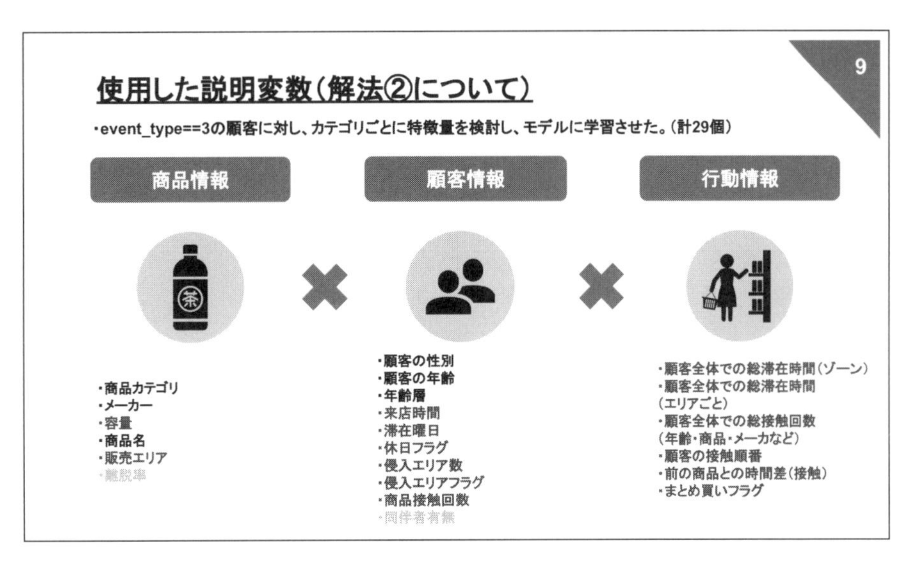

図 8.9　ペンギンチームの発表資料

DDbrothers チームは離脱客の属性分析を行動の観点から考えて，ほとんどのショッパーが 1 つのエリアで迷っていることを突き止めた (図 8.10)．つまり，ほとんどの離脱客は購入したいジャンルは決まっているものの，同ジャンルの商品内で迷っている傾向があるというのだ．これは特徴量という意味でも売場に関する示唆という意味でも興味深い．お茶とコーヒーで迷うことは少ないし，果汁飲料と炭酸飲料で迷うことも少なく，お茶はお茶で，コーヒーはコーヒーで，それぞれ迷っているということだ．

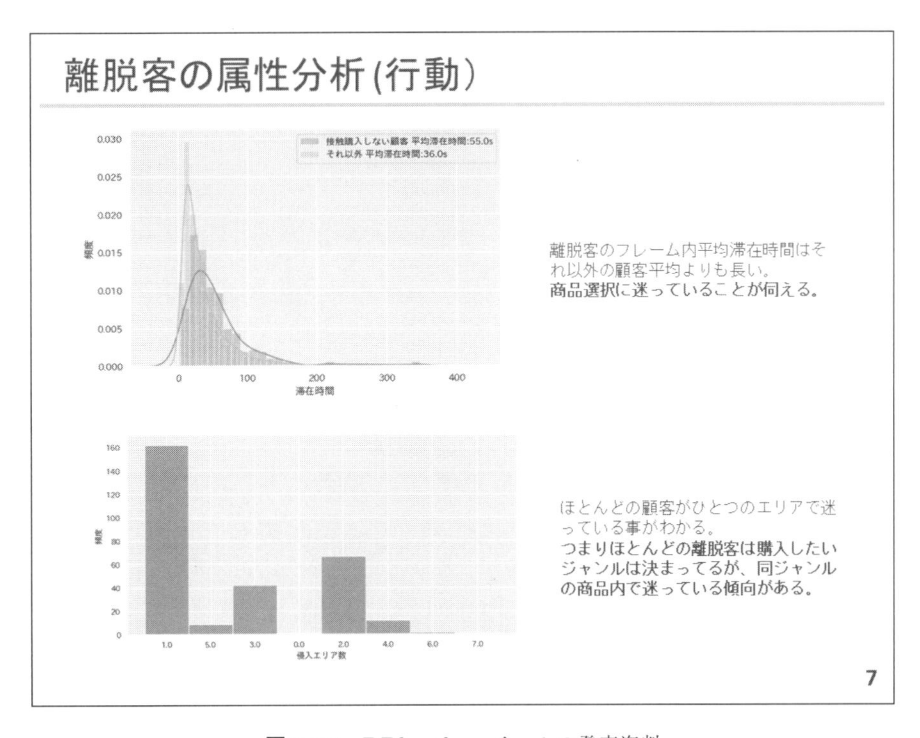

図 8.10　DDbrothers チームの発表資料

コラム　特徴量はたくさん作ったほうがいい？

DEFP2021を行った際に「特徴量は多いほうがいいのですか？」「特徴量を作るコツはありますか？」という質問があった．特徴量は理論的にはいくらでも増産することができる．方法として，

- カテゴリ変数をすべてダミー変数化する
- 変数どうしを掛けたり割ったりする
- 各変数の要約統計量を取る
- 他のデータを組み合わせる

などだ．

一方で，とにかく量産をすればよいかというとそうではない．例えば，変数どうしを掛けたり割ったりする一例として商品接触回数と商品購入回数の比率を出したCVR (コンバージョン率) などがあるが，C.C.Lemonチームの発表にもあったように，場合によっては効果的でないものもあるだろう．また，他のデータを組み合わせる例として，ショッパーが最終的にレジで支払った金額なども特徴量として入れることができるかもしれないが，棚前での購買行動を行っている時点では知りようがない情報であるため，これによって構築されたモデルの使い道が限定されてしまう．さらに，特徴量を量産するにはその分時間がかかるし，モデル構築をする際の計算量も多くなり計算機のリソースを余計に使ったりすることもある．説明性の問題もある．仮にそのように作成した特徴量がよく効いたとしても，その特徴量がそもそもなんなのかが説明できないような特異なものだと，ビジネスでは使い物にならないかもしれない．

特徴量は理論的には量産できる．ただ量産すべきかどうかはまた別の問題なのだ．

章末問題

8.1　他にどのような特徴量が作れるだろうか？　考えてチームで議論してみよう．

8.2　実際に特徴量を実装して DataFrame に追加してみよう．また，ダミー変数化する際に `pd.get_dummies` の引数として `drop_first=True` を設定してみよう．

解答例は ▶サポートページ参照

第 9 章

精度評価の手法

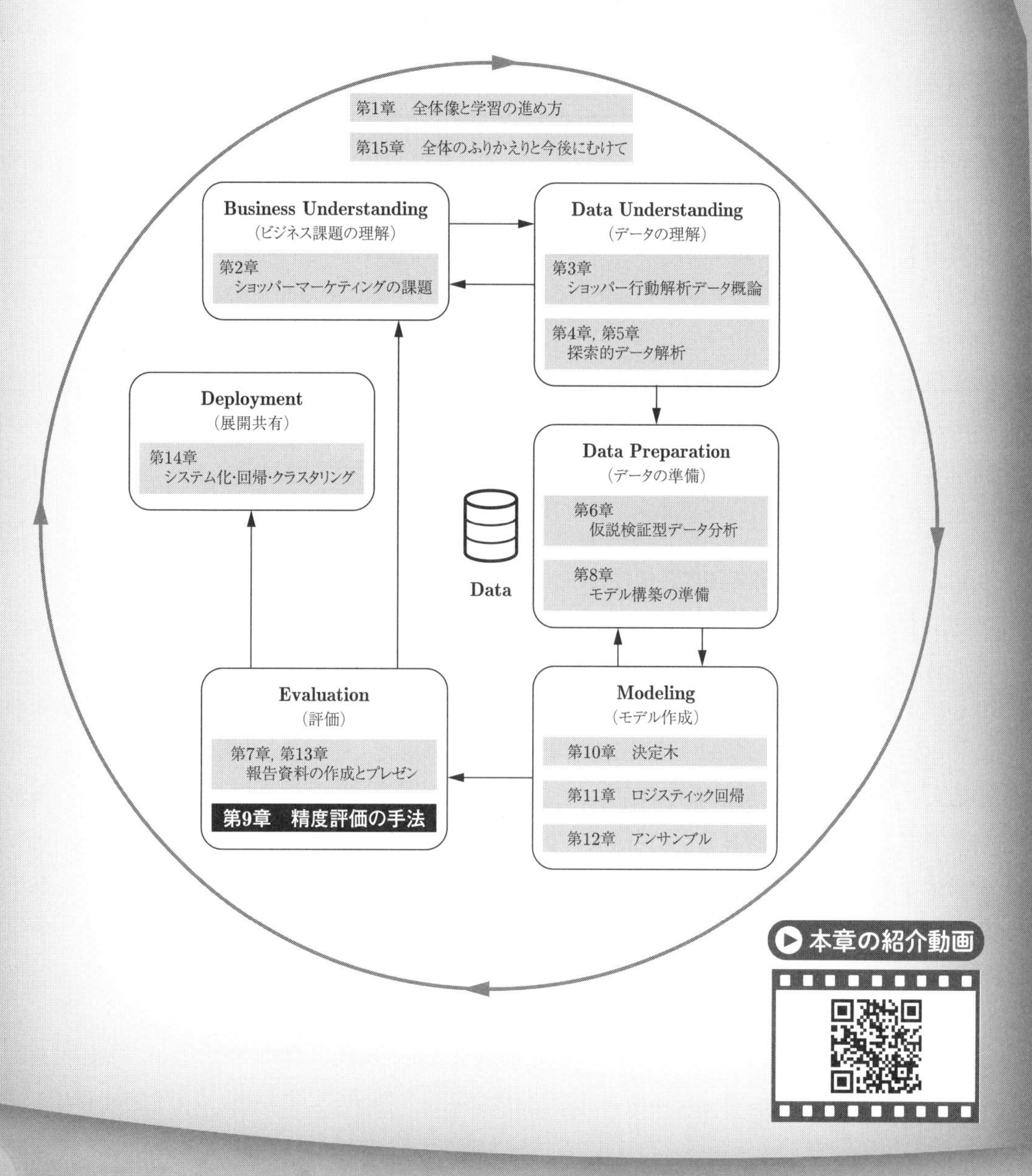

▶ 本章の紹介動画

機械学習モデルを構築する前に，そのモデルの評価の方法について学んでおこう．見た目は魔法のような機械学習モデルだが，もちろん科学的な技法にもとづいており定量的に検証できる仕組みがある．評価の指標値にはそれぞれ特徴があるため，その特徴をよく理解しておき適切な状況で適切な指標値を使うことが大切だ．また，本章では過学習といった概念も学んだ上で，検証を行う際のデータの分割の方法などについても紹介する．

なお，順番的にこの章を第9章に持ってきたが，本章は数学的・理論的に込み入った話が多くなるため，やや難解に感じるかもしれない．もし理解が及ばない場合は飛ばして第10章に進んでいただき，実践した上で戻ってきても構わない．

9.1　精度評価の概論

9.1.1　モデルの精度とは

前章で機械学習は魔法のようなものだと紹介した．この文脈でいえば，機械学習モデルの精度とは魔法攻撃の再現性や汎用性に例えられるかもしれない．どんなに強力な魔法を繰り出すことができても，それを敵に当ててダメージを与えることができなくてはそもそも意味がない．さらに，特定のケースには効くが別のケースにはまったく効かないということがあると使いどころが限定されてしまう．冒険を続けていくと未知の敵に出会うことも多いだろうが，広くあまねく敵に対して「全般的にだいたいよく効く」という魔法を習得することができれば，冒険を有利に進めることができるだろう．モデルの精度を評価するというのは，いわば「魔法がどんなケースでもだいたいよく効くかどうかを確認すること」とイメージすればよい．

9.1.2　ビジネスにおける精度評価の扱い

ビジネスにおいて機械学習モデルを構築する際，そのモデルを使用するユーザー側としてはモデルの精度が高いのか低いのか，それをどのように評価すればよいのかは，理解がなかなか追いつかない場合が多い．ユーザー側が機械学習の専門家であるとは限らないし，むしろまったく機械学習についてリテラシーがない場合のほうが圧倒的に多いからだ．そのような場合は，本章で解説しているような仕組みをできるだけわかりやすく簡単に説明することが大切だ．また，ビジネスの特性に応じて求められる精度は異なってくる．例えば，金銭の授受が発生するシステムで使用するような場合はほぼ100％の精度が必要となるし，防犯用途の場合は誤って犯人だと判別するようなことがないように安全側に倒れた精度が必要となる．本書で扱っているショッパーマーケティングの分野ではもちろん高いに超したことはないが100％の精度は必要ないと考えてよい．

『施策デザインのための機械学習入門』※1では，「機械学習を駆使しているにもかかわらず，ビジネス上有益な変化をもたらすことができないという現実」があると述べられており，その理由(落とし穴)として，「機械学習に解かせる問題の誤設定や実環境と観測データの乖離などが考えられる」と述べられている．今手元にあるデータ(ここではGIデータ)がどのように観測されたのか(第2章)，そして解くべき問題の設定が間違ってないか(第8章)を改めてふりかえってみてもよいだろう．

※1　齋藤優太・安井翔太(ホクソエム監修)『施策デザインのための機械学習入門　データ分析技術のビジネス活用における正しい考え方』(技術評論社，2021)

コラム 「精度はどのぐらい？」という質問

機械学習モデルを構築してクライアントにその結果を報告すると，必ずといっていいほど「精度はどのぐらい？」と聞かれる．本章で紹介するとおり精度といってもその指標は様々あり，一言で表現することが難しく，答えに窮することもある．クライアントの心理として，システムを納入する際の品質評価の一環のような文脈で精度を尋ねてきているのかもしれない．ソリューションベンダーがシステムを開発してクライアントに納入する際に，受け入れテストというものを実施する．システムに不具合はないのか，要求の実装漏れはないのか，機能改修の際の保守性は良いか，などの観点で品質評価を行うのが一般的だが，おそらくそれと同じような心理で精度によりその分析結果を品質評価しようと考えているように思われる．データサイエンティストとして精度評価を行いクライアントにしかるべき説明を行うことは最低限必要である．加えて，その精度評価の手法の概要や，精度改善の施策やそれを行うための作業量の見積もり，これ以上精度を向上させることは難しいという臨界点の見積もりなどを行っておき，クライアントに報告できるようになるとよいだろう．「精度はどのぐらい？」という質問は，単純なようで実は奥が深い．その質問をあらかじめ想定した上で，できる限りの対策は打っておこう．

9.2 精度評価指標

9.2.1 混同行列

改めて今回のお題は「接触者を購入者と接触非購入者に分類する問題」であった．今回の場合，構築した機械学習モデルの精度を評価するとしたら，どのような値を比べるとよいだろうか？ 少し考えてみよう．

演習 9.1 今回のお題について，どのような値を比べると精度が評価できそうだろうか？(3 分)

受講生からは以下のような意見が出された．

- 購入者と接触非購入者がちょうど半分ずつに分けられたらよいのではないか？
- 「購入者」と予測した人のうち，本当に「購入者」だった割合を算出すればよいのではないか？

あるショッパーについて着目したときに，機械学習モデルによって購入者であると予測した場合は「購入する」に，接触非購入者であると予測した場合は「購入しない」に，それぞれ振り分けられる．さらにそれぞれについて，実際に「購入する」と「購入しない」に分かれるだろう．機械学習モデルで「購入する」ショッパーだと予測して実際に「購入する」ショッパーだったら正解だし，機械学習モデルで「購入しない」ショッパーだと予測して実際に「購入しない」ショッパーだったとしても正解だ．逆に，機械学習モデルで「購入する」と予測して実際に「購入しない」，または機械学習モデルで「購入しない」と予測して実際に「購入する」となった場合は不正解ということになる (図 9.1).

それぞれの該当者数を表にまとめたものを**混同行列** (confusion matrix) という (図 9.2)．機械学習モデルの予測が「購入する」(Positive)，実際が「購入する」(Positive) のときは，**真陽性** (True Positive：TP) と呼ぶ．予測は「購入する」実際は「購入しない」を**偽陽性** (False Positive：FP)，予測は「購入しない」実際は「購入する」を**偽陰性** (False Negative：FN)，予測は「購入しない」

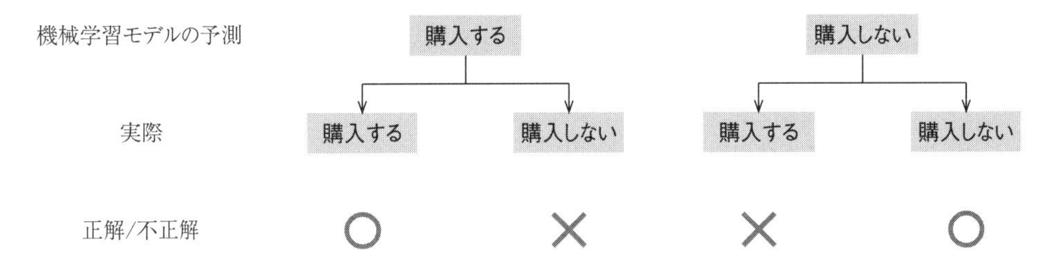

図 9.1　機械学習モデルの予測と実際

		機械学習モデルの予測	
		購入する Positive	購入しない Negative
実際	購入する Positive	真陽性 TP (True Positive)	偽陰性 FN (False Negative)
	購入しない Negative	偽陽性 FP (False Positive)	真陰性 TN (True Negative)

図 9.2　混同行列[※2]

実際は「購入しない」を**真陰性** (True Negative：TN) と呼ぶ.

この混同行列をもとにしてモデルの精度に対する様々な指標値が定義されている.

9.2.2　正解率 (Accuracy)

正解率 (Accuracy) は予測結果全体がどれくらい真の値と一致しているかを表す指標であり，一般的に精度評価ではよく用いられる (図 9.3).「真の値と一致している」というのは,「購入する」と予測して実際に「購入する」ケース (TP) と,「購入しない」と予測して実際に「購入しない」ケース (TN) の両方を指す. 0〜1 の値を取り，値が大きい (1 に近い) ほど精度が良いとされる.

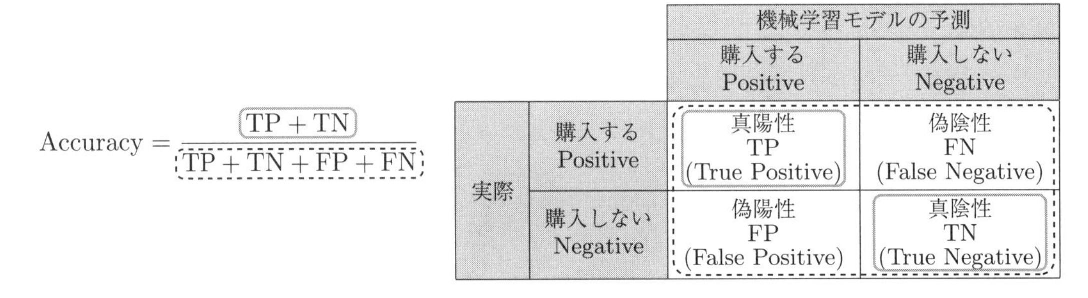

図 9.3　混同行列における Accuracy

9.2.3　偽陽性率 (FPR)

偽陽性率 (False Positive Rate) は，誤って陽性と判断してしまう割合だ (図 9.4). 今回の場合,「購入する」と予測して実際には「購入しない」ケース (FP) が，実際に「購入しない」ショッパー (TN + FP) のうちどれぐらいいるのか，という割合を表すものになる. 0〜1 の値を取り，値が小さ

※2 TP, FN, TP, TN はそれぞれの該当者数を表すものとする.

$$\mathrm{FPR} = \frac{\mathrm{FP}}{\mathrm{TN} + \mathrm{FP}}$$

		機械学習モデルの予測	
		購入する Positive	購入しない Negative
実際	購入する Positive	真陽性 TP (True Positive)	偽陰性 FN (False Negative)
	購入しない Negative	偽陽性 FP (False Positive)	真陰性 TN (True Negative)

図 9.4 混同行列における FPR

い (0 に近い) ほど精度が良いとされる．例えば，新型コロナウイルスの検査を考えてみよう．陽性者となった場合は心理的・肉体的にも負担が増えるため，実際には陰性なのに誤って陽性であると誤判断することはなるべく避けたい．このような場合にこの偽陽性率をみて評価する．

9.2.4 真陽性率 (TPR)

真陽性率 (True Positive Rate) は偽陽性率の逆で，正しく陽性と判断する割合だ (図 9.5)．今回の場合，「購入する」と予測して実際に「購入する」ケース (TP) が，実際に「購入する」ショッパー (TP + FN) のうちどれぐらいいるのか，という割合を表すものになる．**再現率** (Recall) ともいう．0〜1 の値を取り，値が大きい (1 に近い) ほど精度が良いとされる．しかし，真陽性率を高めようとすると偽陽性率も高まってしまうことがある．例えば，がん検診を考えてみよう．がん検診の場合は，多少誤って陽性と判断してしまったとしても，真の陽性をなるべく拾いたいため，真陽性率を優先的に評価する．

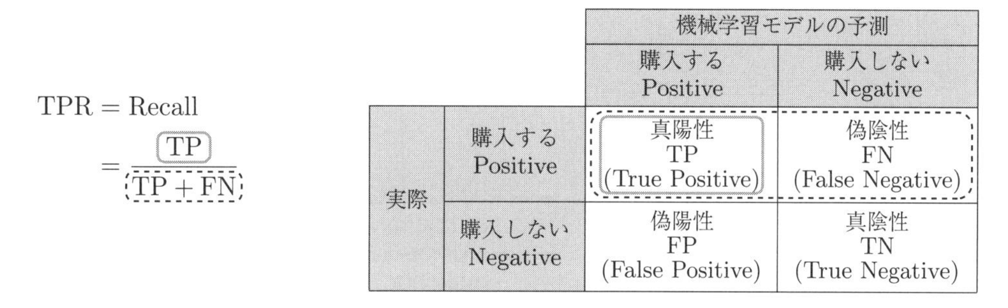

図 9.5 混同行列における TPR

9.2.5 適合率 (Precision)

適合率 (precision) は，陽性と予測したものの中で実際に陽性であるものの割合だ (図 9.6)．今回の場合，「購入する」と予測したもの (TP + FP) のうち，実際に「購入する」もの (TP) の割合がどれぐらいかを表すものになる．0〜1 の値を取り，値が大きい (1 に近い) ほど精度が良いとされる．例えば，警備会社の警報を考えてみよう．実際にはなにも起こっていないのに警報が鳴りすぎてしまうと，本当になにか起こっているときに警報が鳴っても「本当なのだろうか？」と疑うことになってしまう．いわゆる「オオカミ少年」という状況だ．そのためには，可能な限り誤警報が鳴らないようにしたい．このような場合にこの適合率をみて評価する．適合率と真陽性率はトレードオフの

$$\text{Precision} = \frac{\text{TP}}{\text{TP} + \text{FP}}$$

		機械学習モデルの予測	
		購入する Positive	購入しない Negative
実際	購入する Positive	真陽性 TP (True Positive)	偽陰性 FN (False Negative)
	購入しない Negative	偽陽性 FP (False Positive)	真陰性 TN (True Negative)

図 9.6　混同行列における Precision

関係にあり，どちらも向上させることはできないため，機械学習モデルを構築する際のテーマの特性からどちらを重視するかを判断するとよいだろう．

9.2.6　ROC 曲線

ROC 曲線 (Receiver Operationg Characteristic curve) は，横軸に偽陽性率 (FPR)，縦軸に真陽性率 (TPR) をプロットしたものである (図 9.7).

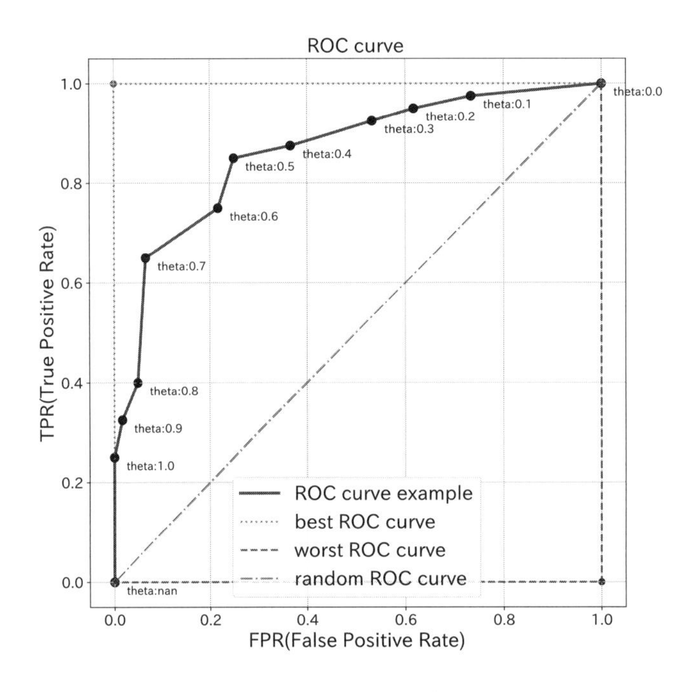

図 9.7　ROC 曲線

例えばショッパーのうち商品接触者が 5 人いたとしよう．この 5 人は機械学習モデルの予測によって「購入する」か「購入しない」かの 2 択がいきなり決まる“わけではない”．それぞれのショッパーについて購入する確率が算出され，「もし閾値を○％とした場合に，購入確率が○％以上の人を『購入する』，購入確率が○％未満の人を『購入しない』とする」といった形で分類する． このときの閾値○％にあたるのが，図 9.7 の thete (シータ：θ) の値である．閾値を変更することで「購入する」と予測されるショッパーと「購入しない」と予測されるショッパーの人数が変わり，FPR

表 9.1 FPR と TPR の変動

人物 ID	実際の結果	機械学習モデルの予測結果				
		購入する確率	閾値 0.00 の場合	閾値 0.25 の場合	閾値 0.50 の場合	閾値 0.75 の場合
20201026-010004	購入する	0.12345	購入する	購入しない	購入しない	購入しない
20201026-010007	購入しない	0.23456	購入する	購入しない	購入しない	購入しない
20201026-010010	購入する	0.34567	購入する	購入する	購入しない	購入しない
20201026-010018	購入しない	0.45678	購入する	購入する	購入しない	購入しない
20201026-010025	購入する	0.56789	購入する	購入する	購入する	購入しない
		FPR	1.00	0.67	0.33	0.00
		TPR	1.00	0.50	0.00	0.00

と TPR の値も変わる．5 人を例にした場合を表 9.1 に示す (なお，この予測の結果はわかりやすく例にしたものであり実際の GI データの値とは異なる)．その FPR と TPR の値をプロットしていくことで ROC 曲線ができる．先に述べたとおり，FPR は小さいほうが，TPR は大きいほうが精度が良いことを踏まえると，曲線がグラフの左上に引きあがっているモデルが良いモデルであるといえるだろう．

9.2.7 AUC

AUC (Area Under the Curve) は，ROC 曲線を作成した際に，グラフの曲線より下の部分の面積のことをいう (図 9.8)．0～1 の値を取り，値が大きい (1 に近い) ほど精度が良いとされる．先ほど ROC 曲線が左上に引きあがっているモデルが良いモデルと述べたが，このように膨らんでいるものほど AUC が大きい (面積が広い) ということもわかるだろう．AUC は二値分類モデルにおけ

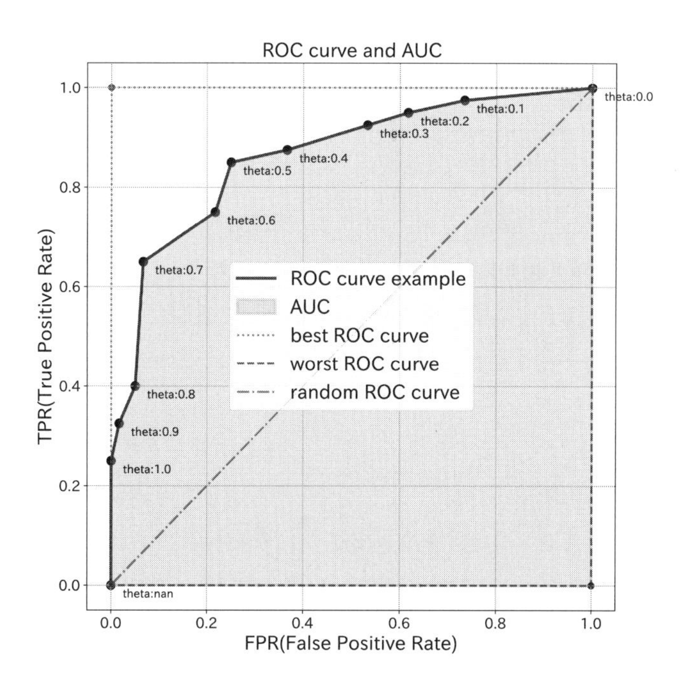

図 9.8 AUC

る重要な精度評価指標であり，今回のお題もこのAUCを使って評価を行う．

AUCはランダムにモデルを作成したとしても0.5以上の値を取る．もし0.5を下回る場合は，0と1の判定を逆にする新しいモデルを作成すればよい．今回の場合では，「購入する」と「購入しない」を逆にしたモデルを作ればよいということになる．

9.2.8　各指標値の使いどころ

正解率 (Accuracy) の説明の際に，一般的に精度評価ではよく用いられる指標であると述べた．しかし，正解率を使用するだけでは問題となるケースがある．そのケースの1つが不均衡データの場合だ．例えば，先ほどと同様にショッパーのうち商品接触者が100人いたとしよう．このうち実際には，3人が「購入する」，97人が「購入しない」としよう．そしてこのとき，機械学習モデルが常に「購入しない」と予測するモデルを考えてみよう．

		機械学習モデルの予測	
		購入する	購入しない
実際	購入する	0	3
	購入しない	0	97

Accuracy = 0.970

図9.9　不均衡データのAccuracyの例

このモデルのAccuracyは0.970，つまり97％の正解率となる．では，この機械学習モデルは本当に高い精度を持っているといえるのだろうか．そうではないことは明らかだろう．実際に「購入する」人についてはこのモデルでは1人も正しい予測ができていないのだ．こうした問題に対応するためにも，先に紹介した適合率 (Precision) やAUCなど他の指標値を使用するのがよいとされる．

9.3　過学習と検証法

9.3.1　過学習とは

ある学習済みモデルに関して，訓練データ (モデル構築時に使用したデータ) に対する精度が良い一方で，未知のデータ (モデル構築時に使用していないデータ) に対する精度が悪く，互いの精度に乖離がみられるとき，そのモデルは**過学習** (over fitting) しているという．また，未知のデータに対する予測性能を**汎化性能**という．機械学習モデル構築時には，この汎化性能をどこまで向上できるかがカギとなる．

GIデータで簡単な例を挙げて考えてみよう．例えば既知のデータであるAさんとBさんの購買行動から購入する人と購入しない人を分けるモデルを作ることを考えよう．両者はともに「購入する」人であるから，両者に共通する項目を抜き出して，滞在時間35秒以上，商品αに接触，エリア4に立寄，という3つの条件をすべて満たした人は「購入する」，この条件を1つでも満たさない人は「購入しない」と分類するモデルを構築したとする．いまのところは当てはまっている．

ところがここで，未知のデータであるCさんが出てきたとしよう．Cさんも「購入する」人であるが，先ほど考えたモデルには残念ながら当てはまらない．このようなとき，過学習の状態にある

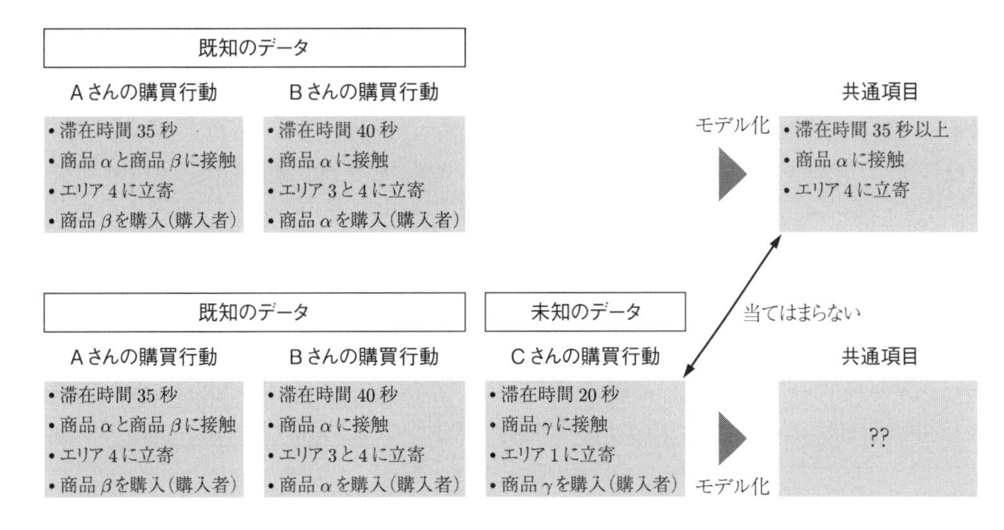

図 9.10 モデル構築と過学習

といえる (図 9.10).

演習 9.2 もしCさんも訓練データとして与えたとしたら，どのような条件になるだろうか？

例えば，接触した商品や立ち寄ったエリアには関係がないものとして，思い切って滞在時間だけに着目し，滞在時間20秒以上，というのを「購入する」条件とする手もあるだろう．ただ，今度は逆に滞在時間35秒で商品を購入しないDさんが出てくるかもしれない．そういう場合は...と考えていくと，いくら時間があっても足りなくなってくるだろう[※3].

また，第8章で訓練データ全体をさらに訓練データと検証データに分けるというような話をしたが，実は訓練データで学習し検証データで評価をするという考え方が過学習を防ぐ対策となっている．訓練データと検証データの作り方にはいくつかの手法がある．主なものとして，ここではホールドアウト法と交差検証法を紹介する．

9.3.2 ホールドアウト法

ホールドアウト法 (hold out method) とは，目的変数の真の値がわかっているデータを一定の割合で2個に分割し，訓練データ，検証データとする方法だ．分割の割合は予測対象やモデルにより異なるが，訓練データ：検証データを6:4や7:3とする場合が多い．

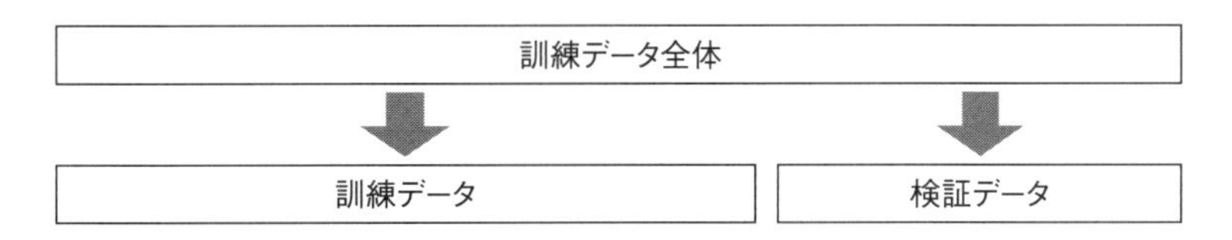

図 9.11 ホールドアウト法

※3 このように，人が頭を使って考えられなくもないが膨大な時間と手間がかかりそうなことを，コンピューター (機械) にまかせてしまおう，そのほうが速いしラクだろう，という発想が機械学習の本質である．

9.3.3　交差検証法

交差検証法 (cross validation method) とは，目的変数の真の値がわかっているデータを一定の割合で k 個に分割し (k は2以上)，そのうち1個を検証データ，残りをすべて学習データとする検証を k 回繰り返す方法である．k 個に分割することから，特に **k-分割交差検証法**とも呼ばれる．ホールドアウト法と異なり，すべてのデータが少なくとも一度ずつ検証データとして使用される．

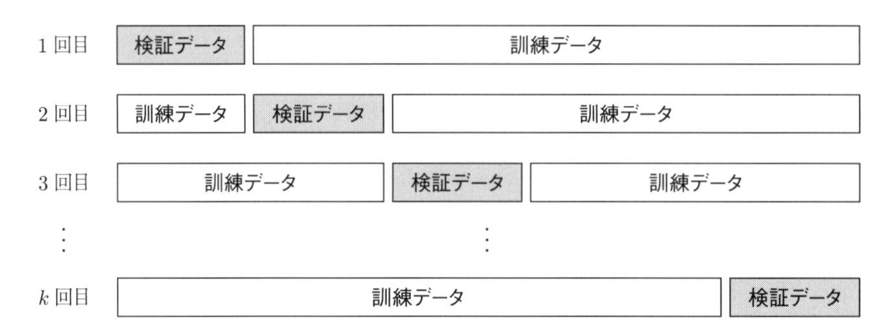

図 9.12　交差検証法

コラム　精度向上がビジネスの目標？

機械学習モデルの構築を始めると，別のモデルを使ってみたり，新しい特徴量を作ってみたりして，少しでも精度を向上させようと様々な取り組みをしたくなってくる．だが，一度立ち戻って考えてほしい．クライアントの目標は本当に機械学習モデルの精度向上だっただろうか？

たしかに精度は高ければ高いほうがよいだろう．だが一般的には，精度が高くなれば高くなるほど，かけたリソース (人員，時間など) ほどの向上が見込めなくなることが多い．

図9.13は，かけたリソースと精度の関係を模式的に表したものである．

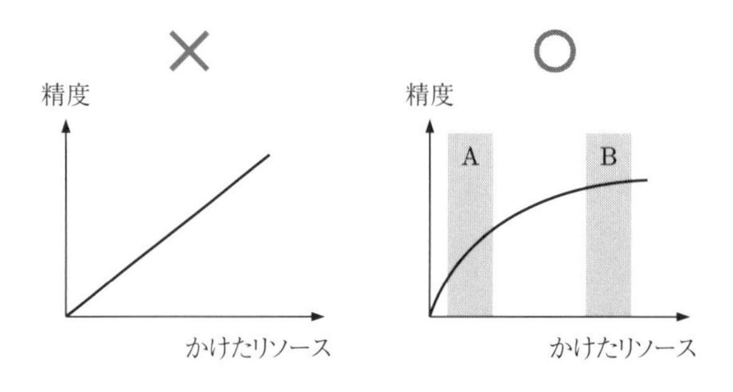

図 9.13　かけたリソースと精度

左側のグラフのようにかけたリソースの分だけどんどん精度が向上するということはほとんどなく，だいたい右側のグラフのようになる．Aのフェーズでは，少し試行錯誤すればどんどん精度が向上する．とても楽しい．だが徐々にかけたリソースほどの効果がみられなくなってくる．Bのフェーズでは，どれほど頑張っても精度が向上せずに苦しい思いをすることもある．たった0.1％の精度を向上するために，1か月以上も試行錯誤することが出てきたりするのだ．

今回は特にショッパーマーケティングにおけるリサーチ用途であるため，その0.1％の差が大きなビジネス上の便益をもたらすわけでもない．ある程度「だいたい精度の良いものができた」という段階でいったん見切りをつけることも考慮に入れておくとよいだろう．

一方で，この0.1％の精度がビジネスの成否を分ける場合もある．その場合はリソースを投入して苦しい思いをしてでも精度向上に全力を注ぐ必要が出てくるだろう．

章末問題

9.1 各指標値についてどのような「お題」のときに使えるだろうか？ 書き出してみよう．

9.2 今回使用する精度評価指標はAUCであると紹介したとき，鳥居さんから「それってどんなもの？」と聞かれた．その際にどのような資料を使ってどのように説明すると理解してもらえるだろうか？ 考えてみよう．

解答例は ▶サポートページ参照

第 10 章

決定木

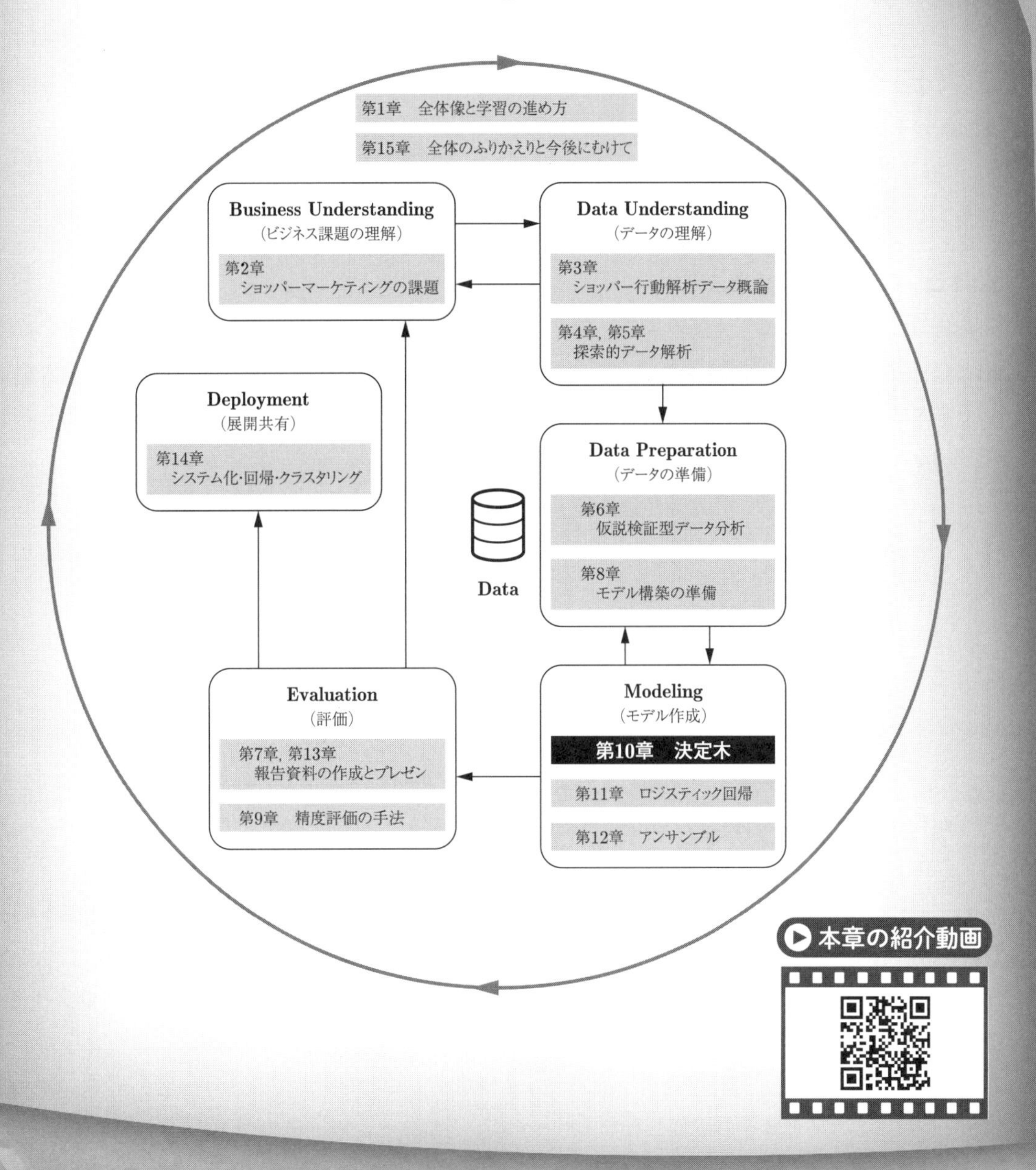

本章の紹介動画

いよいよ機械学習モデルの構築に入ろう．まず最初に紹介するのは決定木というモデルである．決定木は機械学習モデルの中でも比較的理解がしやすく説明性も高い．「二値分類モデル構築の初手は決定木」といわれることもあるほど基本的かつ重要なモデルなので，しっかり理解しておこう．

10.1 決定木とは

10.1.1 決定木の概要

決定木 (decision tree) とは，木のような形式でデータを分析する手法であり，教師あり機械学習アルゴリズムの一種である．まるで木のように幹から枝が生え，その枝がさらに小さな枝に分かれ，というように分岐をしていくことからこの名前が付いた．実際には木を天地逆さまにしたような形をしている．

分類モデルに使われる決定木を特に**分類木**，回帰モデルに使われる決定木を特に**回帰木**といったりもする．今回は二値分類に使用するため，分類木ということになる．

10.1.2 GI データによる決定木

具体的に GI データで考えてみよう．第 8 章で特徴量を考えたときに，フレーム滞在時間を特徴量として考えた．例えば接触者が 160 人いて，なにかしらの商品を購入する人と購入しない人がそれぞれ 80 人ずつだったとする．ここで，フレーム滞在時間が 30 秒以下の人と，30 秒を超える人とで分けると，それぞれ 80 人ずつだったとしよう (図 10.1).

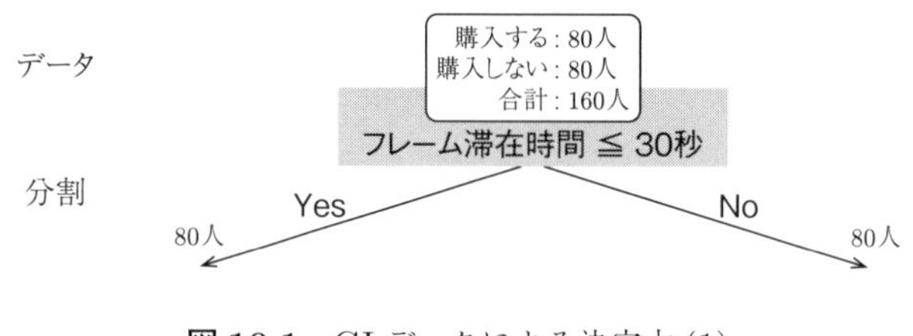

図 10.1 GI データによる決定木 (1)

次に，その他の説明変数でも分割してみよう．例えば左側は「エリア 1 の滞在時間が 10 秒以下かどうか」で，右側は「トラディショナル緑茶に 1 回以上接触したかどうか」で，それぞれ分けてみよう (図 10.2).

以下同様にして分割をしていき，最終的に一番末端の枝葉の部分が 20 人ずつに分かれたとする (図 10.3). それぞれ「購入する」(購入者) と「購入しない」(接触非購入者) の割合はまちまちである．ここで,「購入確率」というものを考えてみよう．例えば一番左側の枝葉であれば,「購入する」が 5 人,「購入しない」が 15 人であるから，購入確率は 25％というようになる．

この結果を利用して，機械学習の予測モデルを構築することを考えてみよう．例として，購入確率が 50％ 以上の場合はその枝葉として「購入する」と判定し，購入確率が 50％ 未満の場合はその枝葉として「購入しない」と判定するものとする．これにより,「購入する」と「購入しない」の 2 パターンに分類することができる． なお，木構造の各要素を節 (node) という．一番上の「160 人」の節を特に根 (root) といい，一番下の「20 人」の節を特に葉 (leaf) という．根を 0 とした場合に根

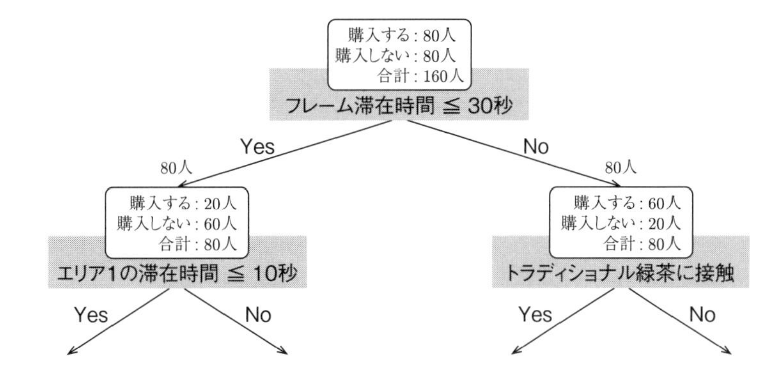

図 10.2 GI データによる決定木 (2)

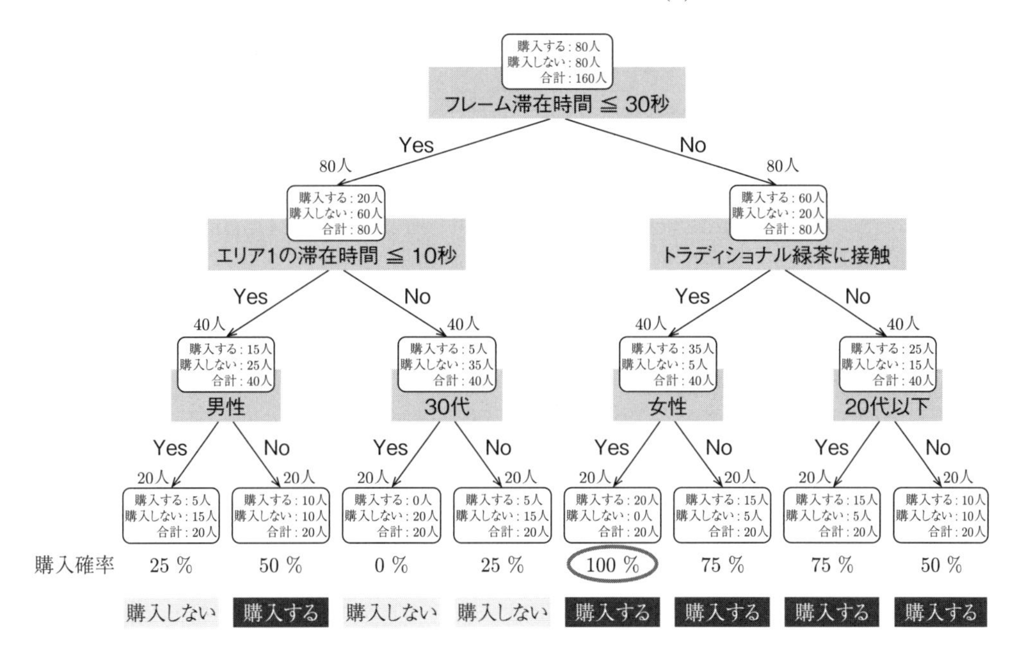

図 10.3 GI データによる決定木 (3)

から葉までの階層数を深さ (depth) といい，この場合の深さは 3 となる．

例えば右から 4 番目の枝葉は，購入確率が 100 %の「購入する」枝葉となっている．この枝葉は，

- フレーム滞在時間が 30 秒より長く
- トラディショナル緑茶に接触していて
- 女性である

という条件になっている．この条件を満たせば，「購入する」と予測するというわけだ．

10.2　決定木モデルの実装

10.2.1　モジュールなどの宣言

では実際に決定木モデルを構築してみよう．まずはモジュールなどの宣言を行う．

```
import numpy as np
import pandas as pd
import matplotlib.pyplot as plt
import joblib
from sklearn.model_selection import train_test_split # ホールドアウト用モジュール
from sklearn.tree import DecisionTreeClassifier as dtc # 決定木用モジュール
from sklearn.tree import plot_tree # 決定木の可視化モジュール
from sklearn.metrics import accuracy_score, roc_auc_score # 評価指標用モジュール
```

新しいモジュールがたくさん出てきたのでここでまとめて紹介をしておこう．**sklearn** は **Scikit-learn** (サイキット・ラーン) というオープンソースの機械学習ライブラリである．ホールドアウトを行うためのモジュールが **train_test_split**，決定木用のモジュールが **DecisionTreeClassifier**，決定木の可視化用のモジュールが **plot_tree**，評価指標用のモジュールが **accuracy_score**，**roc_auc_score** となっている．それぞれ使いどころがきたら詳しく紹介していく．

10.2.2　pickle ファイルの読み込み

それでは，第8章で作成した pickle ファイル形式の中間ファイルを読み込むところから始める．辞書型変数の値に格納していた決定木用の DataFrame を読み込んでいこう．

```
# 前処理済み中間データのdictを読み込む
pp_data_dict = joblib.load("../intermediate/pp_data_dict_pkl.pkl3")

# 辞書型変数の値に格納された決定木向け中間データを読み込む
dtc_train_df = pp_data_dict["dtc"]["train"]
dtc_test_df = pp_data_dict["dtc"]["test"]
```

`dtc` というキー名を付けた決定木用のものと `lgr` というキー名を付けたロジスティック回帰用のものとがあったので，ここでは `dtc` というキー名でさらに訓練データである `train` とテストデータである `test` を取り出している．

10.2.3　訓練データの分割

次に，第9章で紹介したホールドアウト法により，訓練データをさらに訓練データと検証データに分割する．少しややこしくなるので，訓練データをさらに分割したという意味で前者を `train_train`，後者を `train_valid` と表現することにしよう．ここでは 6:4 で分けてみよう．

```
# 6:4の割合でホールドアウト法を行う
dtc_train_train_df, dtc_train_valid_df = ¥
    train_test_split(dtc_train_df, test_size=0.4, random_state=57, shuffle=True)
```

ここでScikit-learnのtrain_test_split関数を使用した．1つ目のパラメタとしてdtc_train_dfを設定している．2つ目のパラメタであるtest_sizeは検証データの割合であり，ここでは0.4を設定することで6:4での分割を実現している．3つ目のパラメタであるrandom_stateとはなんだろうか．**random_state**というのはシャッフルに用いる乱数の種(seed)の値であり，この値を固定値に設定(今回の場合は57)しておくことで，いつも同じ値を出力することができる．もしこの値を固定値に設定しておかないと，毎回実行するたびに異なる値が出力されることになるため，正しくモデルの精度を評価できないのだ．4つ目のパラメタのshuffleは時系列データをシャッフルするかどうかである．これをFalseにすると，時系列の前側0.6分がtrain_train，後側0.4分がtrain_validとなるため，偏りが発生する可能性がある．そのためTrueに設定することで，時系列的にもシャッフルされるようにした．

それぞれの行数と列数を確認しておこう．

```
1 dtc_train_df.shape, dtc_train_train_df.shape, ¥
2     dtc_train_valid_df.shape, dtc_test_df.shape
```

```
((3312, 25), (1987, 25), (1325, 25), (2209, 24))
```

レコード数を表す行数をみることでほどよく分割されていることが確認できる．ここまでで，trainをtrain_train(訓練データ)，train_valid(検証データ)に分割し，それとは別にtest(テストデータ)があるという状態になった．整理すると図10.4のようになるだろう．train_trainは参考書，train_validは問題集，testはテストだと思えばよい．まずはtrain_train(参考書)を使って学習を行い，train_valid(問題集)を使って実力を検証してみる．そしてtest(テスト)に臨む，といったイメージを持つとわかりやすいかもしれない．

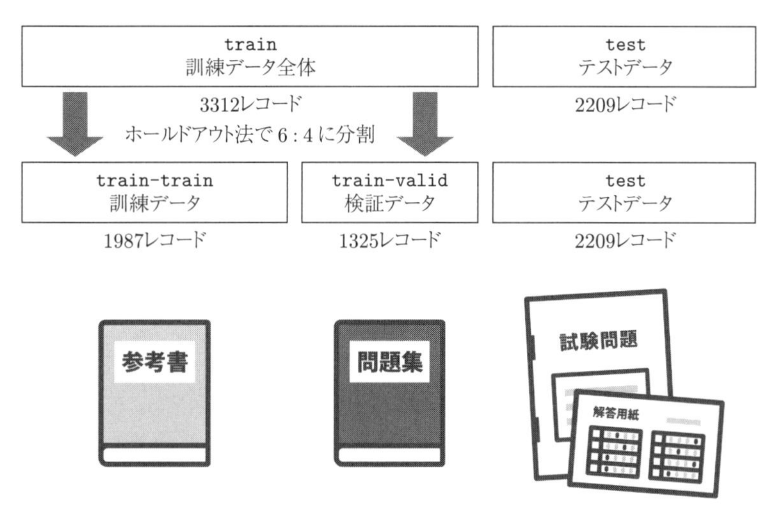

図10.4 訓練データとテストデータのイメージ

10.2.4 モデルの構築

それでは，いきなりだが機械学習モデルを作ってみよう．魔法も使ってみないことにはどんなものかがわからない．細かいことは後から考えることにして，まずはなにが出るか実践してみよう．

この後の処理を簡略化するために，目的変数と説明変数をそれぞれ変数に格納しておく．

```
# 目的変数を targetという変数に格納する
target = "buy_flag"

# 説明変数を featuresという変数に格納する
dtc_features = dtc_train_df.columns.tolist()

# customer_idと buy_flagは説明変数ではないため削除する
dtc_features.remove("customer_id")
dtc_features.remove("buy_flag")
```

機械学習モデルの構築は以下の4ステップで行うことができる．

1. 定義する
2. 学習する
3. 予測する
4. 検証する

まずは定義してみよう．

```
# 定義する
dtc_clf = dtc(max_depth=3, random_state=57)
```

ここでScikit-learnのDecisionTreeClassifierモジュールを使用してモデルの定義をした．このときパラメタとしてmax_depthとrandom_stateを設定している．max_depthは木の深さの最大値を表すものであり，ここではとりあえず3を設定しておいた．random_stateは先ほどと同様に57を設定しておいた．

次に学習である．

```
# 学習する
dtc_clf.fit(dtc_train_train_df[dtc_features], dtc_train_train_df[target])
```

```
DecisionTreeClassifier(max_depth=3, random_state=57)
```

fit関数で学習を行っている．このとき，パラメタとしてtrain_trainの説明変数とtrain_trainの目的変数を指定していることに着目しよう．参考書で勉強している状態だ．

さらに，この学習済みモデルで予測をしてみよう．

```
# 予測する (predict_proba)
train_valid_proba_y = ¥
    dtc_clf.predict_proba(dtc_train_valid_df[dtc_features]).T[1]
train_valid_proba_y
```

```
array([0.89482612, 0.89482612, 0.96413793, ..., 0.89482612, 0.89482612,
       0.96413793])
```

predict_proba 関数で予測確率を算出している．このとき，パラメタとして train_valid の説明変数を指定していることに着目しよう．これは参考書で学習した結果をもってして，問題集を解いている状態だと考えればよい．0.89, 0.96, ... といった数値が配列で出力されているのがわかるだろう．これがそれぞれの人物 ID に対する予測確率になる．

これらの値から今回使用する精度の指標値である AUC を算出することができる．

```
1 # 検証する
2 # AUCを出力する
3 train_valid_auc_val = ¥
4     roc_auc_score(dtc_train_valid_df[target], train_valid_proba_y)
5 train_valid_auc_val
```

```
0.5870754110809311
```

roc_auc_score 関数で AUC を計算した結果，約 0.59 という結果が出力された．第 9 章で紹介したとおり，AUC は 0.5 以上の値となるから，それほど高い値ではなさそうだ．なお，Accuracy も算出することができるので，合わせてやってみよう．

```
1 # 予測する(predict)
2 train_valid_pred_y = dtc_clf.predict(dtc_train_valid_df[dtc_features])
3
4 # Accuracyを出力する
5 train_valid_accuracy_val = ¥
6     accuracy_score(dtc_train_valid_df[target], train_valid_pred_y)
7 train_valid_accuracy_val
```

```
0.9147169811320754
```

predict 関数で自動的に 0 か 1 かの二値分類の結果を返している．なお，予測確率が 0.5 以上の場合は「購入する」と予測している．どうやら Accuracy は約 0.91 とかなり高い精度になったようだ．

いかがだろうか．わずか数行のプログラムで機械学習モデルを構築して，精度を出力することまでできた．意外と簡単で拍子抜けしたかもしれない．ただ単に構築するだけであれば，それほど難しくはないのだ．

10.2.5 決定木の可視化

とはいえ，いまいち実感が湧かないという方もいるかもしれない．ここで，決定木の魅力でもある可視化を行ってみよう．

```
1 # 決定木の可視化を行う
2 plt.figure(figsize=(20, 10), facecolor="white", dpi=150)
3 plot_tree(dtc_clf, feature_names=dtc_features, ¥
4     class_names=["not_buy", "buy"], fontsize=8, filled=True)
5 plt.show()
```

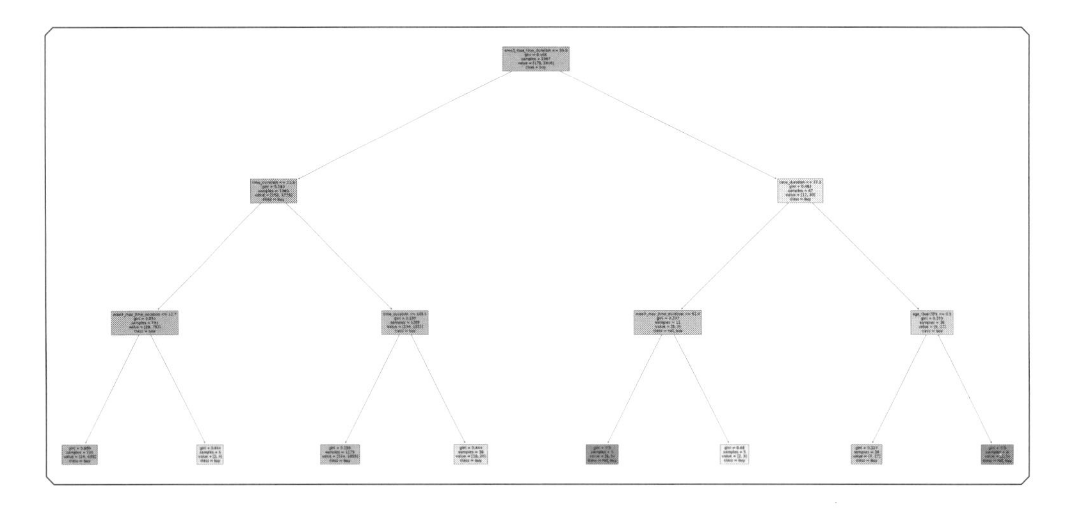

ようやく決定木っぽさが出てきた．これをみると，一番最初はエリア3の最大滞在時間が59秒以下がどうかで分岐しているようだ．右側にいって滞在時間が77.3秒以下かどうかで分岐している．その後はどうだろうか．`age_Over70's<=0.5`とあるが，`age_Over70's`のカラムは0か1しかないため，ここでは0であることを表している．つまり「70代以上ではない」という条件分岐になる．また，さきほど設定したとおり木の深さは3になっていることもわかるだろう．

10.3　ハイパーパラメータチューニング

10.3.1　ハイパーパラメータチューニングとは

なにも考えずにひとまず決定木モデルを構築してみたが，なんとなく「それっぽい」ものはできた．ここからはもう少し細かい設定を変更してみよう．RPGで繰り出す魔法も，場所や相手によってその効果が異なることが多く，条件によっては威力を向上させることができる．同様に機械学習モデルも「設定値」を変えることによって大きく精度を変えることができる(図10.5)．この「設定値」のことを**ハイパーパラメータ**(hyperparameter)という．この設定を変更することによってモデルの精度や挙動を大きく変えることができる．ハイパーパラメータをいろいろと変えながら精度や挙動を試行錯誤していくことを**ハイパーパラメータチューニング**という．

10.3.2　決定木のハイパーパラメータ

決定木のハイパーパラメータには表10.1のようなものがある．このパラメタを変更することで異なる結果を得ることができる．

実は先ほど設定した`max_depth`はハイパーパラメータのうちの1つであった．

10.3.3　グリッドサーチ

ここで，グリッドサーチという手法を用いる．**グリッドサーチ**(grid search)とは，ハイパーパラメータの候補を列挙し，その様々な組み合わせを試して，最適な組み合わせを見つけ出す探索手法のことだ．今回は`random_state`を57に固定し，`max_depth`を2〜11の範囲で可変にして，それぞれの結果を出してみよう．

図 10.5 ハイパーパラメータチューニングのイメージ

表 10.1 決定木のハイパーパラメータ

名称	意味	選択肢	デフォルト値
criterion	分割の基準	• gini • entropy	gini
max_depth	最大の木の深さ	-	それ以上分割できなくなるまで深い木が作成される
min_samples_split	分割に必要な各ノードの最小のサンプルサイズ	-	2
min_samples_leaf	各ノードに必要な最小のサンプルサイズ	-	1

```
# ハイパーパラメータチューニング
# グリッドサーチ
# 探索するハイパーパラメータの候補をリストに格納する.
dtc_params_list = ¥
    [{"max_depth": ii, "random_state": 57} for ii in np.arange(2, 12, 1)]
dtc_params_list
```

```
[{'max_depth': 2, 'random_state': 57},
 {'max_depth': 3, 'random_state': 57},
 {'max_depth': 4, 'random_state': 57},
 {'max_depth': 5, 'random_state': 57},
 {'max_depth': 6, 'random_state': 57},
 {'max_depth': 7, 'random_state': 57},
 {'max_depth': 8, 'random_state': 57},
 {'max_depth': 9, 'random_state': 57},
 {'max_depth': 10, 'random_state': 57},
 {'max_depth': 11, 'random_state': 57}]
```

これらのハイパーパラメータのリストの分だけモデルを構築して精度の検証を行うループを回していく．以下がそのプログラムとなる．少し長いが，手順としては先ほどと同様で，定義する，学習する，予測する，検証するの4ステップを繰り返し行っているに過ぎない．

```
# グリッドサーチの結果を格納するリスト
gs_result_list = []

# グリッドサーチの実施
for params_dict in dtc_params_list:
    # 定義する
    tmp_dtc_clf = dtc(**params_dict)
    # 学習する
    tmp_dtc_clf.fit(¥
        dtc_train_train_df[dtc_features], dtc_train_train_df[target])

    # train_trainを予測する (predict関数)
    train_pred_y = tmp_dtc_clf.predict(dtc_train_train_df[dtc_features])

    # train_trainを予測する (predict_proba関数)
    train_proba_y = ¥
        tmp_dtc_clf.predict_proba(dtc_train_train_df[dtc_features]).T[1]

    # train_validを予測する (predict関数)
    valid_pred_y = tmp_dtc_clf.predict(dtc_train_valid_df[dtc_features])

    # train_validを予測する (predict_proba関数)
    valid_proba_y = ¥
        tmp_dtc_clf.predict_proba(dtc_train_valid_df[dtc_features]).T[1]

    # train_trainを検証する
    train_accuracy_val = ¥
        accuracy_score(dtc_train_train_df[target], train_pred_y)
    train_auc_val = ¥
        roc_auc_score(dtc_train_train_df[target], train_proba_y)

    # train_validを検証する
    valid_accuracy_val = ¥
        accuracy_score(dtc_train_valid_df[target], valid_pred_y)
    valid_auc_val = ¥
        roc_auc_score(dtc_train_valid_df[target], valid_proba_y)

    # リストに格納する
    gs_result_list += [¥
        [params_dict, params_dict["max_depth"], train_accuracy_val, ¥
         train_auc_val, valid_accuracy_val, valid_auc_val]]
```

ここまでで gs_result_list に結果が格納されたので，それにカラム名を付けて DataFrame 形式にして一覧表で表示してみよう．

```
# 結果をDataFrameに格納する
gs_result_df = pd.DataFrame(gs_result_list, ¥
    columns=["params_dict", "max_depth", "train_accuracy", ¥
            "train_auc", "valid_accuracy", "valid_auc"])

# 結果を確認する
gs_result_df[["max_depth", "train_accuracy", ¥
    "train_auc", "valid_accuracy", "valid_auc"]] ¥
    .sort_values(by="valid_auc",  ascending=False).reset_index(drop=True)
```

	max_depth	train_accuracy	train_auc	valid_accuracy	valid_auc
0	5	0.919477	0.722493	0.910943	0.622152
1	4	0.916960	0.680478	0.913208	0.611079
2	3	0.913941	0.658583	0.914717	0.587075
3	2	0.912431	0.638517	0.915472	0.584626
4	9	0.940614	0.831671	0.897358	0.581176
5	6	0.922999	0.743503	0.909434	0.579146
6	7	0.927026	0.765326	0.900377	0.578730
7	8	0.934575	0.794391	0.898113	0.573735
8	10	0.949170	0.870028	0.883774	0.535851
9	11	0.955712	0.893448	0.873962	0.517622

この結果は train_valid の AUC (valid_auc 列) が高い順にソートをしている．さて，この結果をみてどのようなことがいえるだろうか？少し考えてみよう．

演習 10.1　グリッドサーチの結果からなにがいえるだろうか？ (3 分)

受講生からは以下のような意見が挙げられた．

- max_depth=5 のときが一番精度が高そうだ
- train_auc が高いからといって，必ずしも valid_auc も高いとは限らない
- train_accuracy が高いほど，valid_accuracy が低いようにみえる
- max_depth が大きいほうが精度が高いというわけでもない

この結果を可視化してみるとなにかわかってきそうである．グラフにしてみよう．

```
# Accuracyの可視化
plt.figure(figsize=(6, 5), facecolor="white", dpi=150)
# train Accuracy
plt.plot(gs_result_df["max_depth"], ¥
        gs_result_df["train_accuracy"], label="train_accuracy")
# valid Accuracy
plt.plot(gs_result_df["max_depth"], ¥
        gs_result_df["valid_accuracy"], label="valid_accuracy")
plt.title("Accuracy\nDTC max_depth tuning", fontsize=10)
plt.xlabel("max_depth", fontsize=10)
plt.ylabel("Accuracy", fontsize=10)
plt.legend()
```

```
13 plt.grid()
14 plt.show()
```

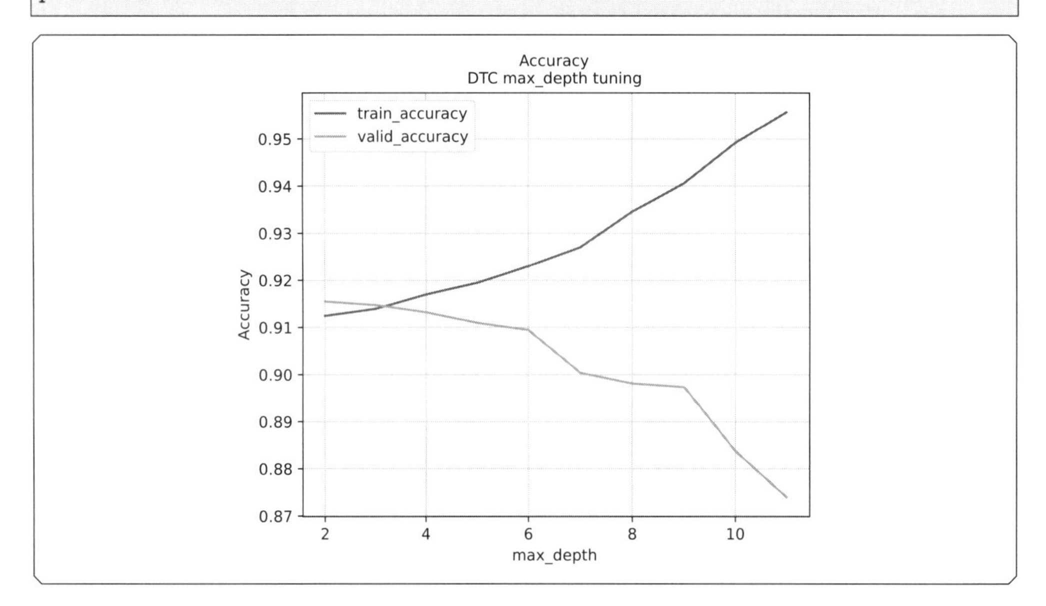

これをみると，Accuracyに関しては，max_depthが大きくなるほどtrain_accuracyは高くなるがvalid_accuracyは低くなることが一目瞭然だ．次にAUCについてもみてみよう．

```
1  # AUCの可視化
2  plt.figure(figsize=(6, 5), facecolor="white", dpi=150)
3  # train AUC
4  plt.plot(gs_result_df["max_depth"], ¥
5          gs_result_df["train_auc"], label="train_auc")
6  # valid AUC
7  plt.plot(gs_result_df["max_depth"], ¥
8          gs_result_df["valid_auc"], label="valid_auc")
9  plt.title("AUC\nDTC max_depth tuning", fontsize=10)
10 plt.xlabel("max_depth", fontsize=10)
11 plt.ylabel("AUC", fontsize=10)
12 plt.legend()
13 plt.grid()
14 plt.show()
```

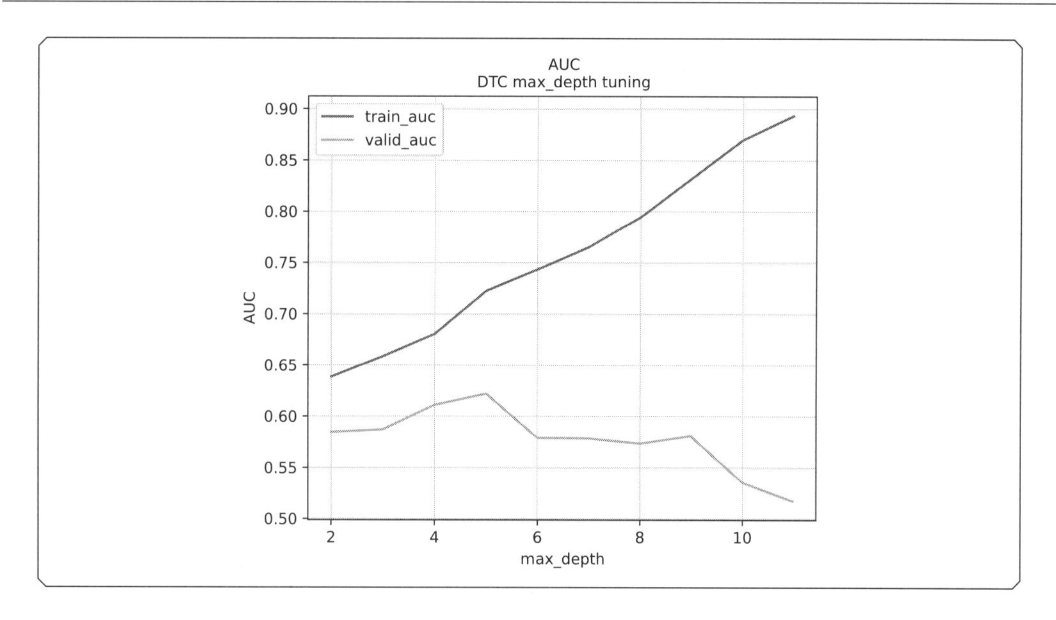

AUCに関しても，max_depthが大きくなるほどtrain_aucは高くなるがvalid_aucは低くなることがわかるだろう．

10.3.4 過学習に注意

前項のグラフでは，訓練データに対する精度はずっと上がり続けている一方で，検証データに対する精度は下がり続けている．これは第9章で紹介した過学習に陥っている状態だ．訓練データ(今回の場合はtrain_train)に対しては十分学習されているものの，未知のデータ(今回の場合はtrain_valid)に対しては適合できていない，汎化できていない状態である．木を深くすれば深くするほど細かい条件が設定されていくから，自然と訓練データの精度は向上する．しかし，訓練データに特化してしまうために，検証データの精度は逆に下がっていってしまうのだ．つまり汎化性能が落ちているといえる．これはAccuracyについてもAUCについても同様だ．

10.4 最適化した決定木モデルの実装

サポートページ参照

10.4.1 モデルの構築

今回は検証用データ(train_valid)のAUCが最も高いハイパーパラメータを使用することにしよう．

```
1 # train_validのAUCが最も高いハイパーパラメータの組み合わせを変数に格納する.
2 dtc_best_idx = np.argmax(gs_result_df["valid_auc"])
3 dtc_best_params = gs_result_df["params_dict"].values[dtc_best_idx]
4 dtc_best_score = gs_result_df["valid_auc"].values[dtc_best_idx]
5
6 # 内容を確認
7 print("dtc_best_params:", dtc_best_params)
8 print("dtc_best_score:", dtc_best_score)
```

```
dtc_best_params: {'max_depth': 5, 'random_state': 57}
dtc_best_score: 0.622152370104267
```

では，このハイパーパラメータを使用してモデル構築を行ってみる．手順はさきほどとまったく同じだ．

```
1 # 最適化したハイパーパラメータを使用してモデルを定義する
2 dtc_clf = dtc(**dtc_best_params)
3
4 # 学習する
5 dtc_clf.fit(dtc_train_df[dtc_features], dtc_train_df[target])
```

```
DecisionTreeClassifier(max_depth=5, random_state=57)
```

ここで，各変数が「どれぐらい効いているのか」を確認してみよう．今回特徴量として性別・年代・フレーム滞在時間などいろいろな値を入れてみたが，どれが一番モデルの精度に対する寄与率が高いのかを確認するためのものである．これを**特徴量重要度** (feature importance) または単にインポータンスという．

```
1 # 決定木のインポータンスを確認する
2 importance_df = pd.DataFrame(¥
3     {"feature": dtc_features, "importance": dtc_clf.feature_importances_})
4 importance_df = importance_df.sort_values(by="importance", ascending=False)¥
5     .reset_index(drop=True)
6 importance_df.head()
```

	feature	importance
0	time_duration	0.325143
1	age_0's	0.176606
2	area3_max_time_duration	0.114314
3	age_10's	0.113837
4	area5_max_time_duration	0.096908

これをみると，どうやら `time_duration` (フレーム滞在時間) が最も寄与していることがわかった．やはりフレーム滞在時間が長いと商品を購入する確率も上がるということなのだろう．

コラム　データサイエンティストの業界用語？

データサイエンティストは「効く」という言葉をよく使う．これは，機械学習モデルの特徴量として効果的であるという意味であり，インポータンスが高いということとほぼ同値だ．「これ，よく効いてますね〜」などと使ったりする．「なめる」という言葉も使う．これは例えば先ほど紹介したグリッドサーチのように総当たりで様々なパターンを検証してみることを指していて「全部なめておこう」などと使う．「おまじない」は，プログラミングのときに書かないといけないけど，細かい説明や理解が難しいことをいう．例えば `%matplotlib` のような表現は「おまじないだと思って書いておきましょう」などといったりする．「怒られる」というと，プログラムを実行したときにエラーが出力されてうまく動作しないことをいう．コンピューターを擬人化して誤りを指摘されている様子を表現していて，AI 時代としてはなかなか趣深い言葉だ．プログラムを書いてみると本当にうまく動作するのかわからないこともある．そのような場合に「えいや」でやってみようなどという.「えいや」というのは掛け声の一種で,思い切ってやることを表している.
このように,データサイエンティストはたまに不思議な言葉を使うことが多い.今に始まったことではなくて,システム業界でプログラマがよくいう言葉も色濃く残っていたりする.業界用語のようなものだと思っておけばよいだろう.

10.4.2 モデルの可視化

さて,最適化したハイパーパラメータで構築したモデルについて決定木の可視化を行っておこう.

```
# 決定木の可視化を行う
plt.figure(figsize=(20, 10), facecolor="white", dpi=150)
plot_tree(dtc_clf, feature_names=dtc_features, ¥
    class_names=["not_buy", "buy"], fontsize=8, filled=True)
plt.show()
```

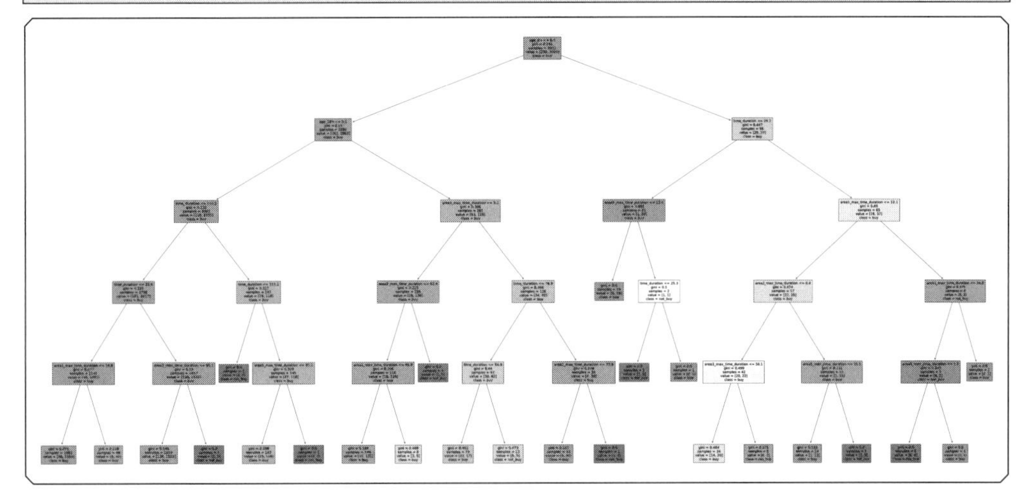

max_depth=5 になると,先ほどの max_depth=3 に比べて少しごちゃごちゃとしているが,5 階層にわたって細かく分岐している様子がみてとれるだろう.

10.4.3 予測と検証

このモデルで,train_train と train_valid に分割する前のデータセット全体である train について予測と精度検証を行っておこう.

```
# trainを予測する
train_pred_y = dtc_clf.predict(dtc_train_df[dtc_features])
train_proba_y = dtc_clf.predict_proba(dtc_train_df[dtc_features]).T[1]

# trainを検証する
train_accuracy_val = accuracy_score(dtc_train_df[target], train_pred_y)
train_auc_val = roc_auc_score(dtc_train_df[target], train_proba_y)
train_accuracy_val, train_auc_val
```

```
(0.9184782608695652, 0.6933882563730384)
```

10.4.4 テストデータの予測

ここまでで最適化した決定木モデルにおいてモデル構築が終わったので，このモデルを使ってテストデータの予測をしてみよう．参考書と問題集で学習した成果を，いよいよテストで発揮するのだ．

```
# testを予測する
test_pred_y = dtc_clf.predict(dtc_test_df[dtc_features])
test_proba_y = dtc_clf.predict_proba(dtc_test_df[dtc_features]).T[1]
```

ここで gi_sample_submit.csv ファイルを読み込む．これは，答案用紙のようなものだと思えばよい．この答案用紙に予測した結果 (予測確率) を書き込んでみよう．

```
# sample submitデータを読み込む
gi_sample_submit_df = pd.read_csv("../input/gi_sample_submit.csv")
```

答案用紙に書き込むために，算出した予測確率をまとめておこう．

```
# submit向けDataFrameを作成し，列に予測確率を格納する
submit_df = dtc_test_df.copy()[["customer_id"]]
submit_df["buy_proba"] = test_proba_y
submit_df.head()
```

```
          customer_id  buy_proba
0  20201026-010002   0.963403
1  20201026-010012   0.963403
2  20201026-010016   0.919082
3  20201026-010018   0.897260
4  20201026-010022   0.897260
```

```
gi_sample_submit_df.shape, submit_df.shape
```

```
((2209, 2), (2209, 2))
```

このまま submit_df を csv ファイルにして提出することも可能だが，念のため sample_submit からサンプルの解答を削除して，算出した解答を記載しておくほうがよいだろう．独自の答案用紙を提出するのではなく，与えられた答案用紙の空欄を埋めるイメージだ．

```
submit_df = pd.merge(gi_sample_submit_df.drop("buy_proba", axis=1), ¥
    submit_df, on="customer_id", how="left").reset_index(drop=True)
submit_df.head()
```

```
          customer_id  buy_proba
0  20201026-010002   0.963403
1  20201026-010012   0.963403
2  20201026-010016   0.919082
3  20201026-010018   0.897260
4  20201026-010022   0.897260
```

```
1 submit_df.shape
```

```
(2209, 2)
```

最後に答案用紙を出力して終わりにしよう．

```
1 # outputディレクトリにsubmit用ファイルを出力する
2 submit_df.to_csv(f"../output/submit_dtc.csv", ¥
3             encoding="utf-8", index=False)
```

output フォルダに submit_dtc.csv というファイルが出力されていたら成功だ (図 10.6).

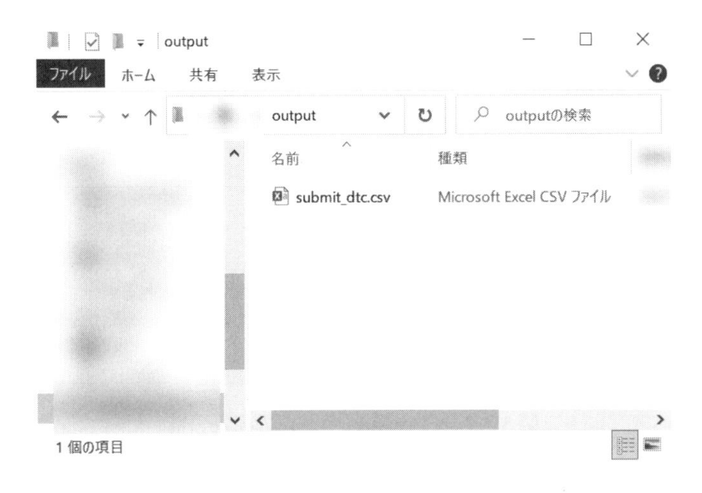

図 10.6 決定木モデルの予測結果ファイル

10.4.5 コンペ投稿

テスト結果のファイルについて，コンペサイトに投稿してみよう．コンペサイトは本書発行時点では Kaggle で準備している．誰でも無料で投稿できるので，各自でぜひ挑戦してみていただきたい．コンペの参加方法およびファイルの投稿方法についてはサポートページに記しておく．

コラム　決定木の気持ちになって考える

『Kaggle で勝つデータ分析の技術』[※1]では「決定木の気持ちになって考える」というフレーズが紹介されている．大変含蓄に富んだ味わい深い言葉だ．決定木や第 12 章で紹介する GBDT (決定木系のアルゴリズム) は，基本的に与えられたデータに従って健気に特徴量の有効性について考えてくれる．自然と特徴量の相互作用についてうまく反映したモデルを構築してくれ，パッと見たときにも理解がしやすい．一方で，当然といえば当然だが，与えられないデータについては読み取ってくれない．気を利かせて特徴量を自作するようなこともないし，余計なことは頭に取り込まない．ストレートな性格なのだ．冒頭に「初手は決定木」という考え方を紹介したが，このように理解しやすい性格であるがゆえに，決定木のふるまいをまずは知ることでデータの理解やモデル構築の道しるべに気付きを得ていくのがよいということかもしれない．

※1 門脇大輔・阪田隆司・保坂桂佑・平松雄司『Kaggle で勝つデータ分析の技術』(技術評論社，2019)

10.5　DEFP2021発表資料からの学び

Fujiyamaチームはモデルの考察にあたって決定木の可視化を行った（図10.7）．合わせて特徴量の重要度を確認していることから，まずは決定木でモデル構築のための様子をうかがっていることがみてとれる．そこから時間的要素が多いことを突き止めて，エリア滞在時間などを入れると良さそうだということに気付いた．まさに「決定木の気持ち」になって考えたといえるかもしれない．

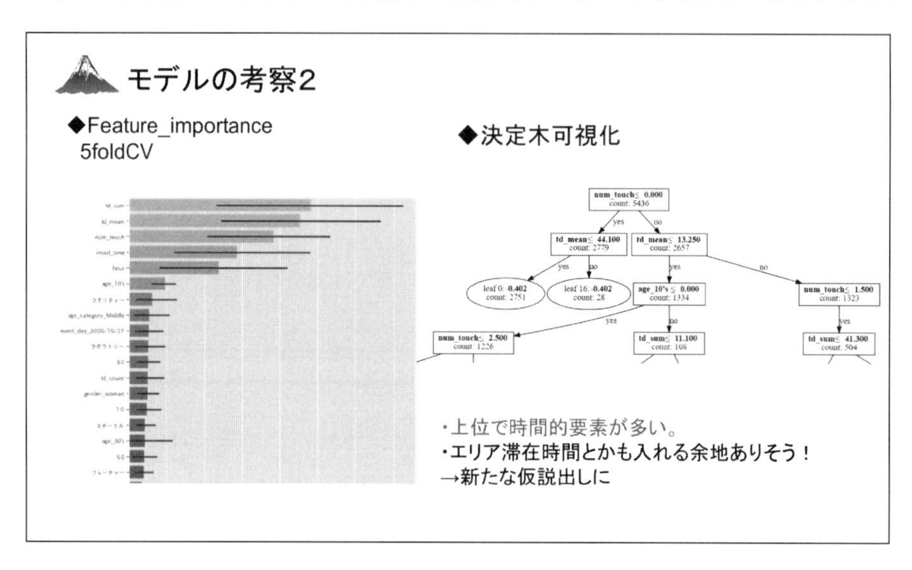

図10.7　Fujiyamaチームの発表資料

これで本章は終了となる．いかがだっただろうか．決定木モデルを構築して，ハイパーパラメータチューニングを行い，コンペ投稿用のファイル出力まで行った．今回はプロセスの説明を重視したため，詳細についてはあまり触れておらず，ハイパーパラメータについて `max_depth` しか扱わなかったが，他のハイパーパラメータを変更して精度がどう変わるのかを検証してみても面白いだろう．ぜひ章末問題で取り組んでみてほしい．

章末問題

10.1 決定木のハイパーパラメータを変更して AUC を向上できないか試してみよう.

10.2 第 8 章の章末問題で自作した特徴量を使って決定木モデルを作って精度を検証してみよう.

解答例は ▶サポートページ参照

第 11 章

ロジスティック回帰

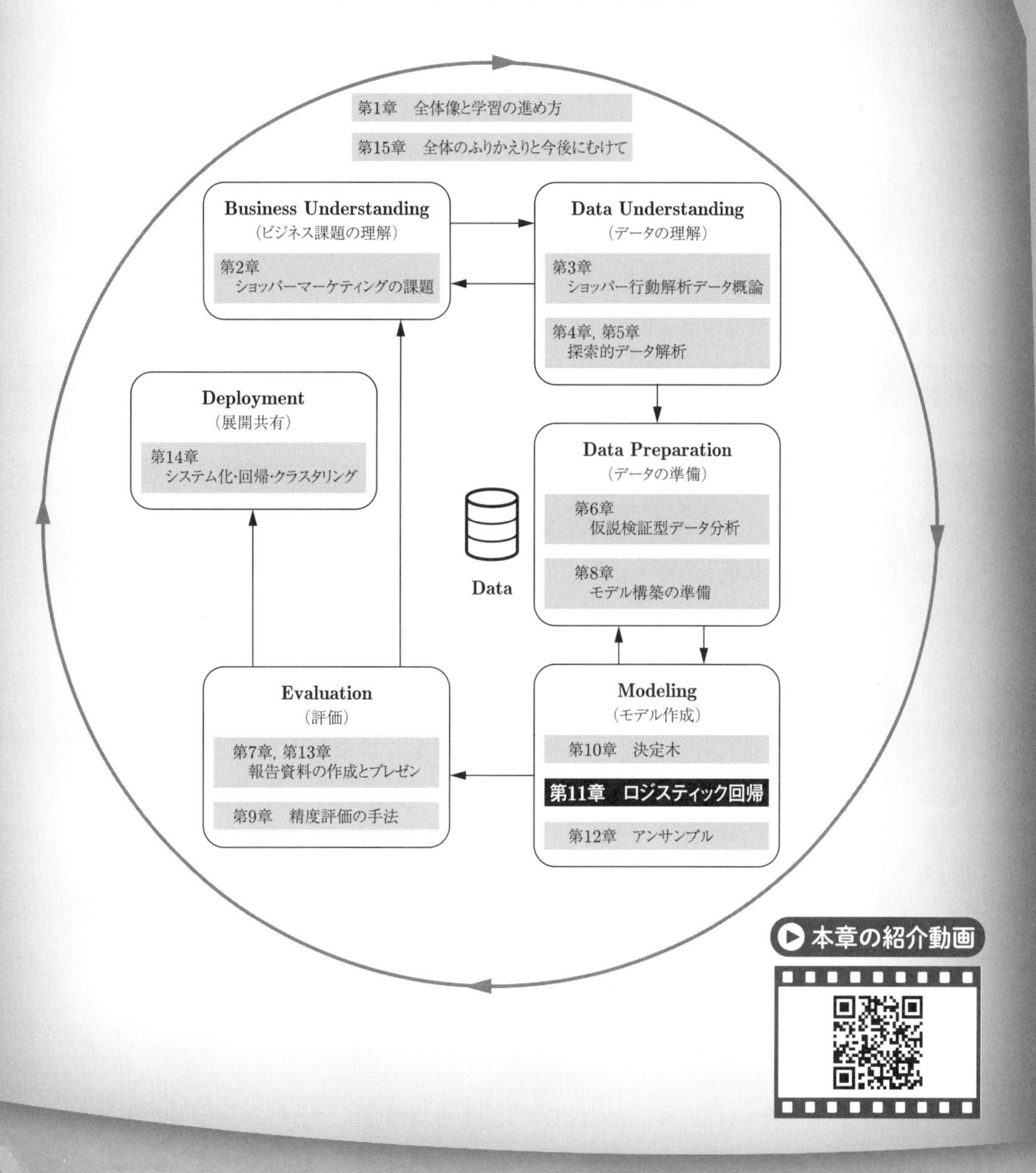

本章の紹介動画

次に紹介するのはロジスティック回帰というモデルである．「回帰」という名前がついているが今回のように分類の問題でも使えるモデルである．

11.1 ロジスティック回帰とは

11.1.1 線形回帰

ロジスティック回帰の説明に入る前に，線形回帰の説明をしておこう．機械学習には 3 つあるという話をした．

- 回帰
- 分類
- クラスタリング

このうち本書ではおもに分類 (二値分類) について扱っているのだが，なぜかロジスティック "回帰" という機械学習モデルを紹介することとなった．どういうことなのだろうか．

具体的に GI データを例にして考えてみよう．売場に立ち寄った人を考えてみたときに，横軸を商品の接触回数，縦軸を商品の購入回数としたときに，どのようなグラフが描けるだろうか？

演習 11.1 横軸を商品の接触人数，縦軸を商品の購入人数としたグラフを描いてみよう (10 分)

おそらく図 11.1 のようなグラフが描けたはずである．実は第 5 章で同じようなグラフを散布図として作成している．プログラムは第 5 章を参照されたい．接触人数と購入人数とは比例の関係にあり，接触人数がわかれば購入人数も予測できる，ということになる．言い方を変えると，目的変数である購入人数は，説明変数である接触人数で説明ができる，ということになる．

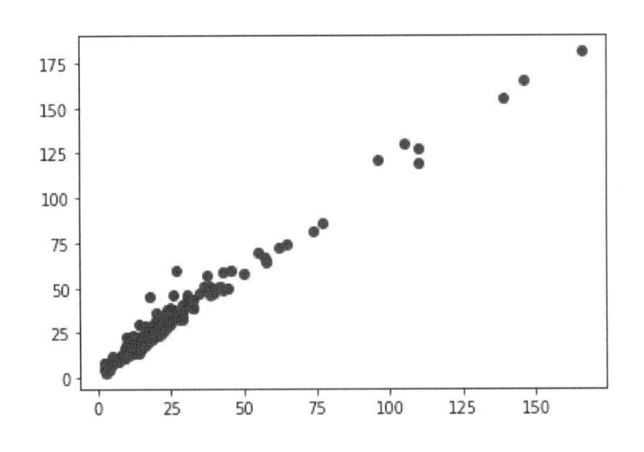

図 11.1 接触人数と購入人数の散布図 (再掲)

このように，ある値から別のある値を説明することを**回帰分析**※1という．特に図 11.1 のグラフのように，説明変数と目的変数が比例関係にある場合，**線形回帰**を使うとおさまりがよい．本書では

※1 「回帰」という言葉は普段聞き慣れないため奇妙に思うかもしれない．辞書を引くと「ひとまわりしてもとにもどること．巡りかえること．繰りかえすこと．」という説明がある．特徴量の値が変わっても，ある法則性 (数式) によって同じような傾向で目的変数が導き出せる，つまり繰り返されるという意味で，回帰という言葉を使っている．

回帰分析については詳しく触れないが，ここでは特徴量 (説明変数) によって目的変数を説明することができるのだということが理解できればよい．

11.1.2 GI データによるロジスティック回帰

第 8 章でフレーム滞在時間が特徴量になりそうだとあたりをつけた．フレーム滞在時間が短いほど接触非購入者 (購入しない) となり，フレーム滞在時間が長いほど購入者 (購入する) となりそうだ，という予測だ．ここで，横軸 (特徴量) をフレーム滞在時間に，縦軸 (目的変数) を購入者フラグ (「購入しない」を 0,「購入する」を 1) に取ったとき，グラフで表すと図 11.2 のようになったとしよう．

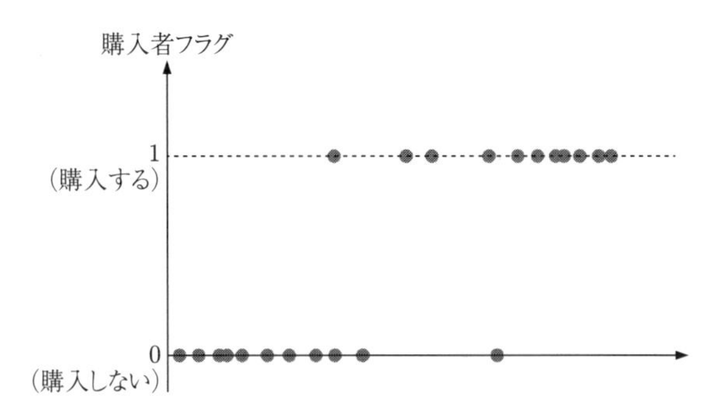

図 11.2 フレーム滞在時間と購入者フラグのグラフ

ここに線を引いて「購入する」と「購入しない」を予測するとしたら，どのような線が引けるだろうか？ なぞなぞのようなものだと思って挑戦してみてほしい．

> **演習 11.2** 図 11.2 のグラフに線を引いて,「購入する」「購入しない」を予測してみよう (1 分)

ためしに線形回帰のように線を引いてみよう．どうなるだろうか．

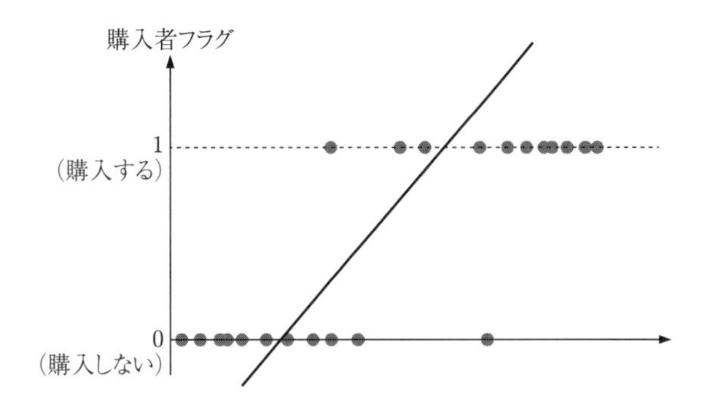

図 11.3 直線で予測すると...

これはなんだかおかしいということがわかるだろう．点は 0 か 1 かどちらかに偏っているから，うまく収まる直線を引こうと思ってもどうしても無理が出てしまう．

このとき，0 から始まって S 字を描き 1 に至るようなグラフを書けば，当てはまりが良さそうだ (図 11.4)．アルファベットの S に対応するギリシア文字のシグマ (ς) に由来して，この曲線をシグ

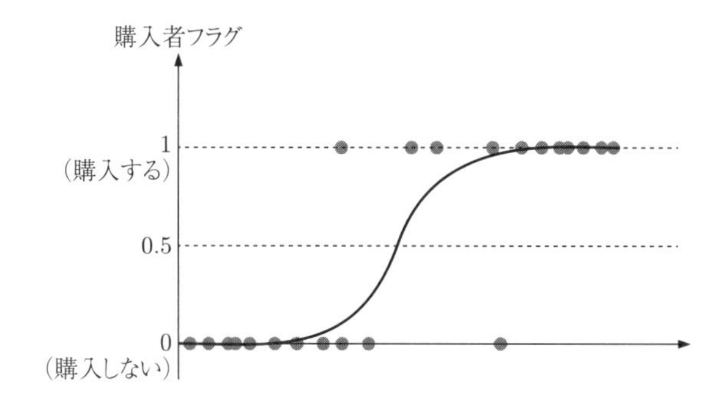

図 11.4　シグモイド曲線で予測すると...

モイド曲線という．ここで例えば 0.5 を閾値としてそれ以上を「購入する」，それ未満を「購入しない」と判別すれば二値分類ができることになる．

今回はフレーム滞在時間という 1 つの特徴量だけを用いて説明したが，複数の特徴量の場合でも同様の考え方ができる．このようなアルゴリズムで行う二値分類の手法がロジスティック回帰である．

11.2　ロジスティック回帰の実装

11.2.1　モジュールなどの宣言

それでは実際に実装してみよう．モジュール宣言については決定木とほぼ同じであるが，異なる点として標準化モジュールである **StandardScaler** をインポートしている．標準化については，11.4.2 項で説明する．

```
1 import numpy as np
2 import pandas as pd
3 import matplotlib.pyplot as plt
4 import joblib
5 from sklearn.preprocessing import StandardScaler # 標準化用モジュール
6 from sklearn.model_selection import train_test_split # ホールドアウト用モジュール
7 from sklearn.linear_model import LogisticRegression as logr #
      ロジスティック回帰用モジュール
8 from sklearn.metrics import accuracy_score, roc_auc_score # 評価指標用モジュール
```

11.2.2　pickle ファイルの読み込みと訓練データの分割

さらに，pickle ファイルの読み込みを行い，ホールドアウト法により訓練データと検証データに分割する．ここも決定木とほぼ同じ手順となる．

```
1 # 前処理済み中間データの dictを読み込む
2 pp_data_dict = joblib.load("../intermediate/pp_data_dict_pkl.pkl3")
3
4 # dictの valueに格納されたロジスティック回帰向け中間データを読み込む
5 lgr_train_df = pp_data_dict["lgr"]["train"]
6 lgr_test_df = pp_data_dict["lgr"]["test"]
```

```
7
8  # 6:4の割合でホールドアウト法を行う
9  lgr_train_train_df, lgr_train_valid_df = ¥
10     train_test_split(lgr_train_df, test_size=0.4, random_state=57, shuffle=True)
11
12 lgr_train_df.shape, lgr_train_train_df.shape, ¥
13     lgr_train_valid_df.shape, lgr_test_df.shape
```

```
((3312, 25), (1987, 25), (1325, 25), (2209, 24))
```

ほどよく分割できていることが確認できた．目的変数と説明変数もそれぞれ`target`, `lgr_features`という変数に格納しておこう．

```
1 # 目的変数をtargetという変数に格納する
2 target = "buy_flag"
3
4 # 説明変数をfeaturesという変数に格納する
5 lgr_features = lgr_train_df.columns.tolist()
6
7 # customer_idとbuy_flagは説明変数ではないため削除する
8 lgr_features.remove("customer_id")
9 lgr_features.remove("buy_flag")
```

11.3　ハイパーパラメータチューニング

11.3.1　ロジスティック回帰のハイパーパラメータ

モデルを構築する前に，先にハイパーパラメータについて解説しておこう．ロジスティック回帰のハイパーパラメータには表 11.1 のようなものがある．

表 11.1　ロジスティック回帰のハイパーパラメータ

名称	意味	選択肢	デフォルト値
`penalty`	正則化の仕方 (罰則項)	• `l1` • `l2` • `elasticnet` • `none`	`l2`
`C`	正則化の強さ	-	`1.0`

正則化 (regularization) とは機械学習において過学習を防ぐための仕組みである．第 10 章で紹介したとおり，過学習とは汎用性能が落ちている状態であった．この正則化の仕組みをうまく活用することによって汎化性能も高めたモデルを構築できる．『やさしく学ぶ　機械学習を理解するための数学のきほん』[※2]では，正則化について数式と Python プログラムで詳しく紹介されている．タイト

[※2] 立石賢吾『やさしく学ぶ　機械学習を理解するための数学のきほん』(マイナビ出版，2017)

ルのとおり数学的な仕組みを紹介してPythonプログラムで実装するという流れが会話形式で紹介されており，すいすい読める上に理解が進むのでぜひ参照されたい．ここでは正則化については詳しく触れないが，ハイパーパラメータCの値を変更することによって正則化の強さを変更することができることは覚えておこう．これによって精度が大きく変わってくる．

11.3.2　グリッドサーチ

では，このCを0.005〜0.5までの間で，0.005刻みで動かしていったときにどのように精度が変化するのかをグリッドサーチで検証してみよう．penaltyはl2，random_stateは57に固定しておこう．

```
1 #ハイパーパラメータチューニング
2 #グリッドサーチ
3 # 探索するハイパーパラメータの候補をリストに格納する.
4 lgr_params_list = [{"penalty": "l2", "C": ii, "random_state": 57} ¥
5     for ii in np.arange(0.005, 0.5, 0.005)]
6 lgr_params_list
```

```
[{'C': 0.005, 'penalty': 'l2', 'random_state': 57},
 {'C': 0.01, 'penalty': 'l2', 'random_state': 57},
 {'C': 0.015, 'penalty': 'l2', 'random_state': 57},
 {'C': 0.02, 'penalty': 'l2', 'random_state': 57},
 {'C': 0.025, 'penalty': 'l2', 'random_state': 57},
 ・・・中略・・・
 {'C': 0.495, 'penalty': 'l2', 'random_state': 57}]
```

では，このハイパーパラメータのリストに従ってグリッドサーチを実施しよう．

```
1 # グリッドサーチの結果を格納するリスト
2 gs_result_list = []
3 
4 # グリッドサーチの実施
5 for params_dict in lgr_params_list:
6     # 定義する
7     tmp_lgr_clf = logr(**params_dict, max_iter=1000)
8     # 学習する
9     tmp_lgr_clf.fit( ¥
10         lgr_train_train_df[lgr_features], lgr_train_train_df[target])
11 
12     # train_trainを予測する（predict関数）
13     train_pred_y = tmp_lgr_clf.predict(lgr_train_train_df[lgr_features])
14 
15     # train_trainを予測する（predict_proba関数）
16     train_proba_y = ¥
17         tmp_lgr_clf.predict_proba(lgr_train_train_df[lgr_features]).T[1]
18 
19     # train_validを予測する（predict関数）
20     valid_pred_y = tmp_lgr_clf.predict(lgr_train_valid_df[lgr_features])
21 
```

```
22      # train_validを予測する (predict_proba関数)
23      valid_proba_y = ¥
24          tmp_lgr_clf.predict_proba(lgr_train_valid_df[lgr_features]).T[1]
25
26      # train_trainを検証する
27      train_accuracy_val = ¥
28          accuracy_score(lgr_train_train_df[target], train_pred_y)
29      train_auc_val = roc_auc_score(lgr_train_train_df[target], train_proba_y)
30
31      # train_validを検証する
32      valid_accuracy_val = ¥
33          accuracy_score(lgr_train_valid_df[target], valid_pred_y)
34      valid_auc_val = roc_auc_score(lgr_train_valid_df[target], valid_proba_y)
35
36      # リストに格納する
37      gs_result_list += [[params_dict, params_dict["C"], train_accuracy_val, ¥
38                          train_auc_val, valid_accuracy_val, valid_auc_val]]
```

処理の流れは決定木とまったく同じで，定義する，学習する，予測する，検証するの4ステップである．logr が **LogisticRegression** モジュールを表しており，決定木と同じように predict および predict_proba 関数が実装されている．

結果を DataFrame に格納して上位10個を表示してみよう．なおここで，C は正規化の強さを表すパラメタであったことから L2_regularization_strength という名称にしている．

```
1 # 結果を DataFrameに格納する
2 gs_result_df = pd.DataFrame(gs_result_list, ¥
3     columns=["params_dict", "L2_regularization_strength", ¥
4              "train_accuracy", "train_auc", "valid_accuracy", "valid_auc"])
5 # 各パラメタ値ごとの validの AUCを確認する
6 gs_result_df[["L2_regularization_strength", "train_accuracy", ¥
7     "train_auc", "valid_accuracy", "valid_auc"]].sort_values( ¥
8     by="valid_auc", ascending=False).reset_index(drop=True).head(10)
```

	L2_regularization_strength	train_accuracy	train_auc	valid_accuracy	valid_auc
0	0.165	0.909914	0.699164	0.913962	0.663571
1	0.135	0.909914	0.698309	0.914717	0.663512
2	0.170	0.909914	0.699251	0.913962	0.663512
3	0.150	0.909914	0.698729	0.913962	0.663498
4	0.145	0.909914	0.698577	0.913962	0.663483
5	0.140	0.909914	0.698488	0.913962	0.663483
6	0.125	0.909914	0.698349	0.914717	0.663454
7	0.155	0.909914	0.698763	0.913962	0.663439
8	0.160	0.909914	0.698995	0.913962	0.663359
9	0.175	0.909914	0.699130	0.913962	0.663264

では，決定木のときと同様にここで「気付き」を挙げてみよう．

演習 11.3　グリッドサーチの結果からなにがいえるだろうか？ (3 分)

受講生からは以下のような意見が挙げられた.

- C が 0.165 のときが最も精度が高そうだ
- C が高ければよいというわけでも低ければよいというわけでもなさそうだ
- 決定木に比べて, train_accuarcy と train_auc の値が近いようにみえる

11.3.3　ロジスティック回帰の可視化

この結果も可視化してみるとなにかわかってきそうである. グラフにしてみよう.

```
# Accuracyの可視化
plt.figure(figsize=(6, 5), facecolor="white", dpi=150)
# train Accuracy
plt.plot(gs_result_df["L2_regularization_strength"], ¥
         gs_result_df["train_accuracy"], label="train_accuracy")
# valid Accuracy
plt.plot(gs_result_df["L2_regularization_strength"], ¥
         gs_result_df["valid_accuracy"], label="valid_accuracy")
plt.title("Accuracy\nlgr L2_regularization_strength tuning", fontsize=10)
plt.xlabel("L2_regularization_strength", fontsize=10)
plt.ylabel("Accuracy", fontsize=10)
plt.legend()
plt.grid()
plt.show()
```

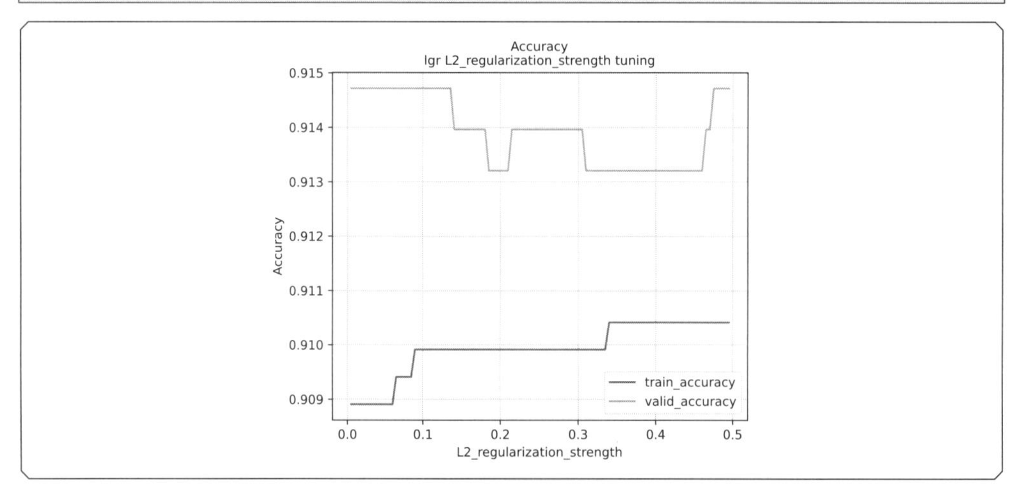


```
# AUCの可視化
plt.figure(figsize=(6, 5), facecolor="white", dpi=150)
# train AUC
plt.plot(gs_result_df["L2_regularization_strength"], ¥
         gs_result_df["train_auc"], label="train_auc")
# valid AUC
plt.plot(gs_result_df["L2_regularization_strength"], ¥
         gs_result_df["valid_auc"], label="valid_auc")
plt.title("AUC\nlgr L2_regularization_strength tuning", fontsize=10)
```

```
10 plt.xlabel("L2_regularization_strength", fontsize=10)
11 plt.ylabel("AUC", fontsize=10)
12 plt.legend()
13 plt.grid()
14 plt.show()
```

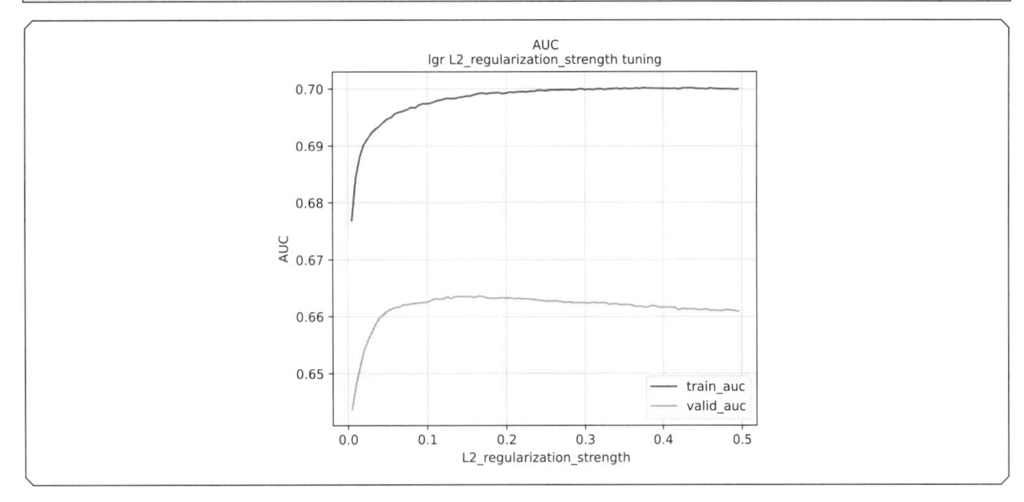

決定木に比べると明確な傾向はあまりみえないかもしれないが，AUCについては，正則化の強さが0.0〜0.05あたりは上昇傾向にあり，0.1あたりを境にその後は平行線を辿るようなことがわかるだろう．ではここでも最も精度が高いハイパーパラメータの組み合わせ(C = 0.165)を採用しよう．

```
1 # train_validのAUCが最も高いハイパーパラメータの組み合わせを変数に格納する.
2 lgr_best_idx = np.argmax(gs_result_df["valid_auc"])
3 lgr_best_params = gs_result_df["params_dict"].values[lgr_best_idx]
4 lgr_best_score = gs_result_df["valid_auc"].values[lgr_best_idx]
5
6 # 内容を確認
7 print("lgr_best_params:", lgr_best_params)
8 print("lgr_best_score:", lgr_best_score)
```

```
lgr_best_params: {'penalty': 'l2', 'C': 0.165, 'random_state': 57}
lgr_best_score: 0.6635707818569467
```

11.4　最適化したロジスティック回帰モデルの実装

11.4.1　モデルの構築

このハイパーパラメータの組み合わせでモデルを構築しよう．

```
1 # 最適化したハイパーパラメータを使用してモデルを定義する
2 lgr_clf = logr(**lgr_best_params, max_iter=1000)
3
4 # 学習する
```

```
5 lgr_clf.fit(lgr_train_df[lgr_features], lgr_train_df[target])
```

```
LogisticRegression(C=0.165, max_iter=1000, random_state=57)
```

LogisticRegression の fit 関数で学習を行った．

11.4.2 標準化の実施

さて，ここで標準化について考えてみよう．**標準化**とは，データの平均値が 0，分散と標準偏差が 1 になるようにデータを変換することである．ここまであまり気にしていなかったが，よく考えたらフレーム滞在時間とエリア最大滞在時間というのはその数値自体に乖離があることがわかるだろう．フレーム滞在時間というのは売場における滞在時間だから，各エリアにおける滞在時間よりももっと長くなるはずである．また，カテゴリ変数についてはダミー変数化をしているが，それらの値は 1 が最大値である．対してフレーム滞在時間は 30 とか 100 とか大きな数値となっている．こういった変数によって数値の幅に大きな違いがあることによってデータどうしの比較がうまくできなかったり，モデルが正しく構築されない場合がある．このようなときに標準化するとよい．

まずは，各説明変数が標準化されていないことを確認するために，要約統計量をみてみよう．

```
1 # 標準化されていないことを確認する
2 lgr_train_df[lgr_features].describe()
```

	time_duration	event_day_2020/10/26	⋯	gender_man	⋯	area1_max_time_duration	⋯
count	3312.000000	3312.000000	⋯	3312.000000	⋯	3312.000000	⋯
mean	40.535386	0.124698	⋯	0.481582	⋯	9.976147	⋯
std	38.217552	0.330426	⋯	0.499736	⋯	18.719041	⋯
min	1.800000	0.000000	⋯	0.000000	⋯	0.000000	⋯
25%	16.600000	0.000000	⋯	0.000000	⋯	0.000000	⋯
50%	28.800000	0.000000	⋯	0.000000	⋯	0.000000	⋯
75%	51.400000	0.000000	⋯	1.000000	⋯	13.000000	⋯
max	421.600000	1.000000	⋯	1.000000	⋯	237.200000	⋯

8 rows × 23 columns

平均値 (mean)，標準偏差 (std) ともにばらばらの値になっていることがわかる．

では，**StandardScaler** モジュールを活用して標準化を実施してみよう．

```
1 # 説明変数の標準化を行う
2 scaler = StandardScaler()
3 lgr_train_df[lgr_features] = scaler.fit_transform(lgr_train_df[lgr_features])
4 
5 # 標準化されたことを確認する
6 lgr_train_df[lgr_features].describe()
```

	time_duration	event_day_2020/10/26	⋯	gender_man	⋯	area1_max_time_duration	⋯
count	3.312000e+03	3.312000e+03	⋯	3.312000e+03	⋯	3.312000e+03	⋯
mean	-6.228244e-17	-1.211269e-14	⋯	-9.499916e-16	⋯	5.744197e-16	⋯
std	1.000151e+00	1.000151e+00	⋯	1.000151e+00	⋯	1.000151e+00	⋯
min	-1.013703e+00	-3.774426e-01	⋯	-9.638184e-01	⋯	-5.330216e-01	⋯
25%	-6.263876e-01	-3.774426e-01	⋯	-9.638184e-01	⋯	-5.330216e-01	⋯

```
   50% -3.071143e-01        -3.774426e-01 … -9.638184e-01 …          -5.330216e-01 …
   75%  2.843263e-01        -3.774426e-01 …  1.037540e+00 …           1.615633e-01 …
   max  9.972438e+00         2.649409e+00 …  1.037540e+00 …           1.214048e+01 …
8 rows × 23 columns
```

どの説明変数についても，平均値 (mean) がおよそ 0 に，標準偏差 (std) がおよそ 1 になっていることが確認できるだろう．これで標準化された状態になった．

再度モデルを定義して学習しておこう．

```
1 # 最適化したハイパーパラメータを使用してモデルを定義する
2 lgr_clf = logr(**lgr_best_params, max_iter=1000)
3
4 # 学習する
5 lgr_clf.fit(lgr_train_df[lgr_features], lgr_train_df[target])
```

```
LogisticRegression(C=0.165, max_iter=1000, random_state=57)
```

11.4.3 偏回帰係数の確認

ここで，決定木にはなかった概念である偏回帰係数について簡単に紹介をしておく．**偏回帰係数** (partial regression coefficient) とは，回帰式の中に現れる傾きを表す係数のことである．特に標準化された値から算出される偏回帰係数を**標準偏回帰係数** (standard partial regression coefficient) という．学習済みのロジスティック回帰モデルにおいて，この標準偏回帰係数を確認することで各説明変数の寄与を確認することができる．第 10 章で決定木モデルのインポータンスを確認したが，それと似たようなものだと捉えてもらえばよいだろう．

それでは，この偏回帰係数を確認してみよう．

```
1 # 偏回帰係数を確認する
2 lgr_coef_df = ¥
3     pd.DataFrame({"feature": lgr_features, "coefficient": lgr_clf.coef_[0]})
4 lgr_coef_df = lgr_coef_df.append(¥
5     pd.DataFrame({"feature": "constant", "coefficient": lgr_clf.intercept_}))
6 lgr_coef_df["abs_coefficient"] = lgr_coef_df["coefficient"].abs()
7 lgr_coef_df = lgr_coef_df.sort_values(by="abs_coefficient", ascending=False)¥
8     .reset_index(drop=True)
9 lgr_coef_df.head(15)
```

	feature	coefficient	abs_coefficient
0	constant	2.514041	2.514041
1	age_10's	-0.267375	0.267375
2	age_0's	-0.256363	0.256363
3	area3_max_time_duration	-0.211948	0.211948
4	age_20's	0.201942	0.201942
5	area2_max_time_duration	-0.182779	0.182779
6	area1_max_time_duration	-0.154201	0.154201
7	age_50's	0.124950	0.124950

```
 8      event_day_2020/10/27    -0.083790    0.083790
 9                  age_30's     0.079355    0.079355
10  area5_max_time_duration    -0.079015    0.079015
11       event_day_2020/11/1    -0.076763    0.076763
12  area4_max_time_duration    -0.072392    0.072392
13      event_day_2020/10/30     0.067494    0.067494
14      event_day_2020/10/28     0.056396    0.056396
```

これをみると，年齢が10代 (age_10's) かどうかや，10歳未満 (age_0's) かどうかといった変数が効いているようにみえる．一方で，先述のような多重共線性の影響を受けている可能性もあるため，解釈には注意が必要となる．

コラム　多重共線性に注意　その2

ロジスティック回帰は**一般化線形モデル** (Generalized Linear Model：GLM) であり，基本的には多重共線性の考慮が必要となる．「コラム 多重共線性に注意　その1」で記した drop_First=True の処理はその対策の一例である．本来的には機械学習モデル作成前に説明変数の行列の相関 (偏相関) や**分散拡大係数** (Variance Inflation Factor：VIF) を確認するなどが必要となる．しかるべき処置を行わないと，偏回帰係数が不安定になるなどの影響がみられることもある．本書籍では紙面の都合もあり対策を十分行えていないため，各自で調べながら試してみてほしい．

今回使用した Scikit-learn モジュールのロジスティック回帰では，多重共線性を考慮してよしなに計算してくれているが，別の線形回帰モデルを使用するとそもそも計算エラーが起きたり計算に時間がかかったりすることがある．

一方で，多重共線性を完璧にケアしようとするとかなり大変な作業となる．どのような対応をどこまですべきかは，よく考えるとよいだろう．

11.4.4　予測と検証

それではこのモデルで，train_train と train_valid に分割する前のデータセット全体である train について予測と精度検証を行っておこう．

```
1 # trainを予測する
2 train_pred_y = lgr_clf.predict(lgr_train_df[lgr_features])
3 train_proba_y = lgr_clf.predict_proba(lgr_train_df[lgr_features]).T[1]
4
5 # trainを検証する
6 train_accuracy_val = accuracy_score(lgr_train_df[target], train_pred_y)
7 train_auc_val = roc_auc_score(lgr_train_df[target], train_proba_y)
8 train_accuracy_val, train_auc_val
```

```
(0.9130434782608695, 0.6923058604735552)
```

11.4.5　テストデータの予測

それでは，テストを受けてみよう．ここの流れも決定木とまったく同様である．

```
# testを予測する
test_pred_y = lgr_clf.predict(lgr_test_df[lgr_features])
test_proba_y = lgr_clf.predict_proba(lgr_test_df[lgr_features]).T[1]
```

ここで gi_sample_submit.csv ファイルを読み込む.

```
# sample submitデータを読み込む
gi_sample_submit_df = pd.read_csv("../input/gi_sample_submit.csv")
```

答案用紙に書き込むために，算出した予測確率をまとめておこう.

```
# submit向け DataFrameを作成し，列に予測確率を格納する
submit_df = lgr_test_df.copy()[["customer_id"]]
submit_df["buy_proba"] = test_proba_y
submit_df.head()
```

```
        customer_id  buy_proba
0   20201026-010002   0.804629
1   20201026-010012   0.883841
2   20201026-010016   0.337625
3   20201026-010018   0.613333
4   20201026-010022   0.877378
```

```
gi_sample_submit_df.shape, submit_df.shape
```

```
((2209, 2), (2209, 2))
```

与えられた解答用紙の空欄を埋めていこう.

```
submit_df = pd.merge(gi_sample_submit_df.drop("buy_proba", axis=1), ¥
    submit_df, on="customer_id", how="left").reset_index(drop=True)
submit_df.head()
```

```
        customer_id  buy_proba
0   20201026-010002   0.804629
1   20201026-010012   0.883841
2   20201026-010016   0.337625
3   20201026-010018   0.613333
4   20201026-010022   0.877378
```

```
submit_df.shape
```

```
(2209, 2)
```

最後に答案用紙を出力する.

```
1 # outputディレクトリにsubmit用ファイルを出力する
2 submit_df.to_csv(f"../output/submit_lgr.csv", ¥
3                  encoding="utf-8", index=False)
```

output フォルダに submit_lgr.csv というファイルが出力されていたら成功だ (図 11.5).

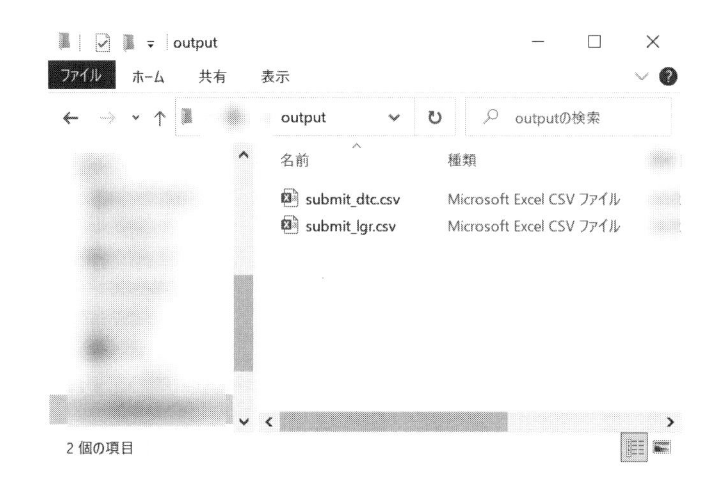

図 11.5　ロジスティック回帰の予測結果ファイル

11.4.6　コンペ投稿

ロジスティック回帰のテスト結果のファイルについても，コンペサイトに投稿してみよう．決定木の精度と比べてどうだったろうか．

これで本章は終了となる．いかがだっただろうか．多少異なる箇所があったものの，決定木とほとんど同様の手順でモデル構築ができたと思う．また，決定木に比べて精度も異なり特徴量の寄与度も異なるということが理解できたと思う．このようにいくつかのモデルを実装してみることが大切だ．

11.5　DEFP2021 発表資料からの学び

ここでチームの発表資料を1つ紹介したい．C.C.Lemon チームは最終的にロジスティック回帰で非常に高いスコアを出した (図 11.6)[※3]．決定木や第 12 章で紹介する LightGBM なども実施したが，結果的にロジスティック回帰が最も高いスコアだったというところが興味深い．利用した変数 (特徴量) として，各種 CVR を利用した重み付け変量や，日付，時間，性別，年代などを特徴量化しているということだ．データを丁寧に理解していったことが高スコアのポイントともいえる．

※3　ここで記載の 0.98384 は AUC の値である．問題設定が異なるためこれは参考値であるが高いスコアであることは間違いない．

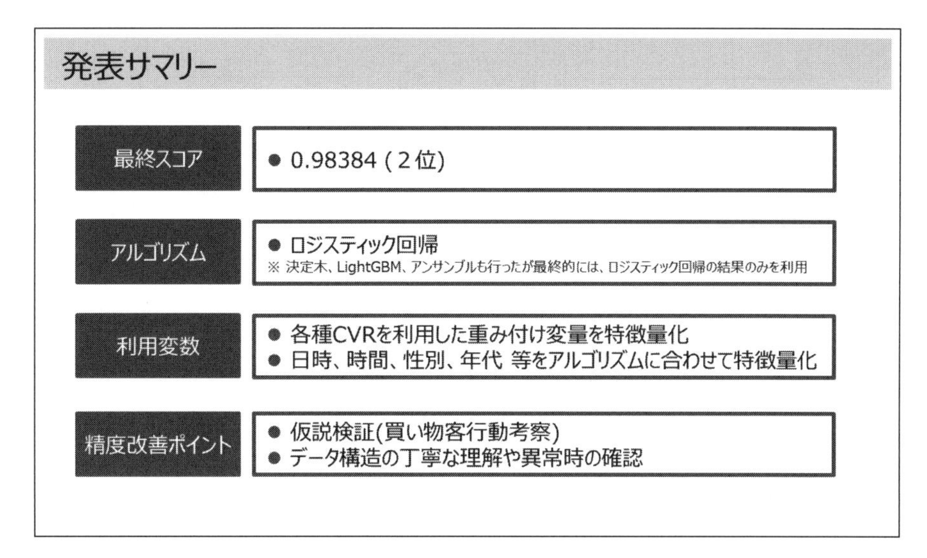

図 11.6 C.C.Lemon チームの発表資料

章末問題

11.1 ロジスティック回帰のハイパーパラメータを変更して AUC を向上できないか試してみよう.

11.2 第 8 章の章末問題で自作した特徴量を使ってロジスティック回帰モデルを作って精度を検証してみよう.

解答例は ▶サポートページ参照

第12章

アンサンブル

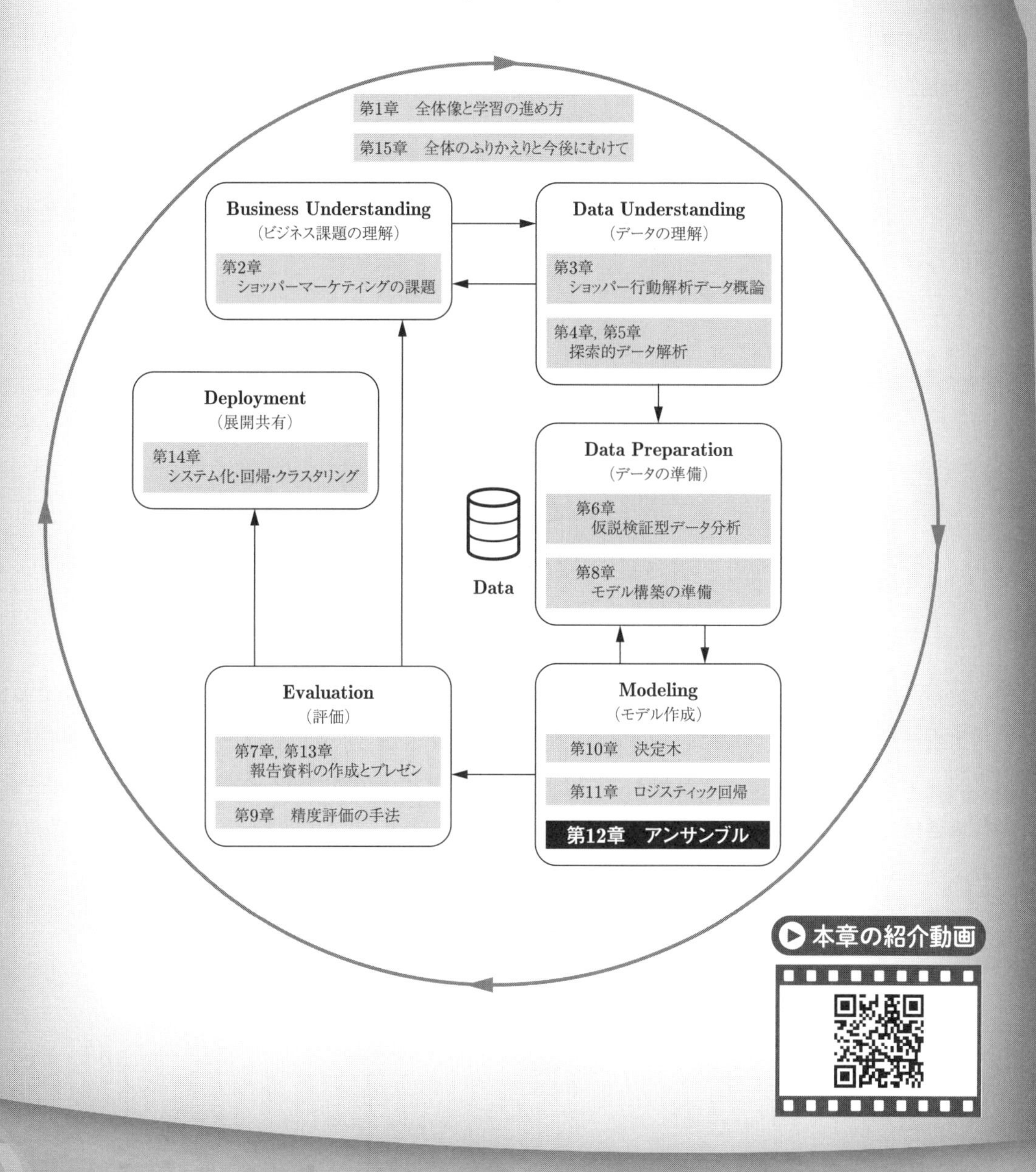

▶ 本章の紹介動画

本書で最後に紹介する機械学習モデルはアンサンブルである．Kaggleなどのコンペでもよく使用されるLightGBMというモデルも合わせてここで紹介する．少し理屈が難しいところがあるかもしれないが，説明が難しい場合はまずはプログラムを動かして流れを確認してみよう．詳しい理屈は関連書籍も合わせて読みながら学習を進めていただければよいだろう．

12.1　アンサンブルとは

12.1.1　集団学習

集団学習 (ensemble learning) とは，複数のモデル (学習器) の予測結果を組み合わせることで，より精度の高い回帰モデルや分類モデルを作成する手法の総称である．単に**アンサンブル**ということも多い[※1]．RPGで例えれば，1人で魔法を放つよりも，パーティーで協力して様々なスキルやアイデアを駆使して魔法を放ったほうがより強くて相手によく効く，と考えてもらえるとよいだろう．組み合わせの元となるモデルを**弱学習器**，組み合わせによって作成される精度の高いモデルを**強学習器**という．

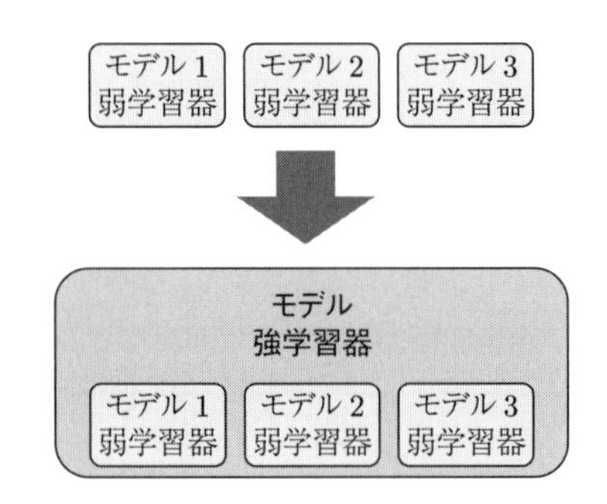

図12.1　アンサンブルの仕組み

第10章で決定木を，第11章でロジスティック回帰の実装を行い，人物IDごとに予測確率が算出された．例えばシンプルにその結果の平均値を算出することも「決定木とロジスティック回帰のアンサンブル」といえる．このとき，決定木とロジスティック回帰がそれぞれ弱学習器に，新たに作成されたアンサンブルのモデルが強学習器にあたる．これについてはのちほど具体的に実装してみよう．RPGのパーティーとの協力の仕方にもいろいろあるように，アンサンブルの手法にもいくつかある．ここでは代表的な次の3つを紹介する．

- バギング
- ブースティング
- スタッキング

※1　「アンサンブル」は音楽用語で2人以上が同時に演奏することで，合奏・合唱のことを表す．音楽に親しみのある方にとってはこちらのほうがなじみがあるかもしれない．アンサンブルでは，まさに複数の人が協力して様々な楽器の音色を組み合わせて，1つの音楽を作り上げるのだ．

12.1.2 バギング

バギング (bagging) とは，bootstrap aggregating の略である．**ブートストラップ** (bootstrap) 法とは元のデータから復元抽出※2により新たなデータセットの作成を行い，種々の計算を行う方法である．**ブートストラップサンプリング**ということもある．aggregating とは集約という意味の英単語である．バギングは複数の弱学習器を作って，それぞれ学習を行った結果を集約させて予測結果を出すもの，と考えればよい．RPG で例えると，パーティーみんなに意見を聞いて，どのような魔法が一番よいか決める，というイメージになろう (図 12.2).

図 12.2　バギングのイメージ

具体的に処理の流れをみながら解説をしていこう．まずはデータから復元抽出によって複数のデータセット (ここでは 3 つ) を生成する (図 12.3①)．そのデータセットを使って学習を行い，弱学習器をそれぞれ作る (図 12.3②)．その 3 つの多数決または平均を取ることで，予測結果を導き出す (図 12.3③)．この 3 ステップとなる．

バギングの具体的な例として**ランダムフォレスト** (random forest) がある．並列に学習した複数の決定木に予測を行わせ，最終的な出力を多数決や平均で決定する手法である．決定 “木”(tree) が集まって森 (forest) となっているわけだ．

※2 同じサンプルが複数回選ばれる可能性のある抽出方法である．高校の数学で習った確率の授業を思い出してほしい．赤球 4 個と白球 2 個が入った袋から球を 1 つ取り出すとき，それが赤球である確率は約 67 % である．その後その赤球を元に戻してから次の球を取り出すのが復元抽出，元に戻さないのが非復元抽出だ．復元抽出と非復元抽出では 2 回目に赤球を取り出す確率は異なっており，復元抽出だと同じ約 67 %，非復元抽出だと 60 % (赤球 3 個と白球 2 個の中から選ぶため) となる．

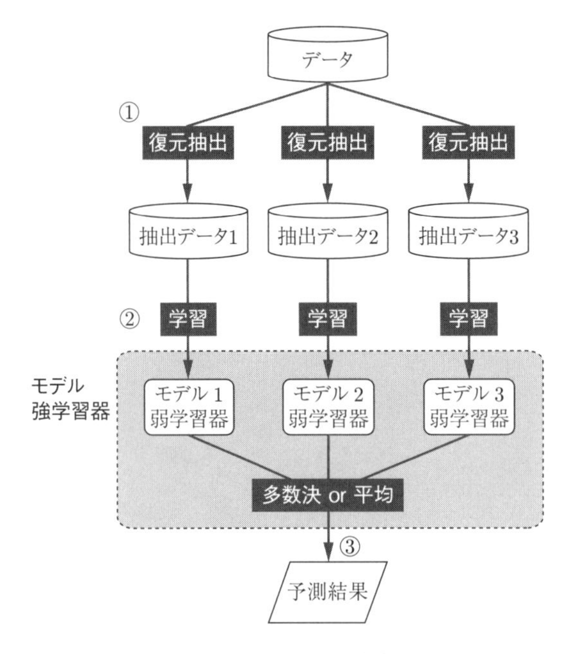

図 12.3　バギングの仕組み

12.1.3　ブースティング

バギングではそれぞれ独立に弱学習器を作った．一方で，**ブースティング** (boosting) では 1 つずつ順番に弱学習器を作っていく．その際に，前に作った弱学習器の弱点を補うようにして作っていくことが特長だ．RPG で例えれば，A さんが編み出した魔法を B さんが改良し，B さんが編み出したその魔法をさらに C さんが改良する，というようなイメージになる (図 12.4).

図 12.4　ブースティングのイメージ

こちらも具体的に処理の流れをみながら解説をしていこう．まずは全データを使用して弱学習器 1 を作成する (図 12.5①)．そのモデルの予測結果をもとにしたデータを使用して，弱学習器 1 の弱点を補うように弱学習器 2 を作成する (図 12.5②)．以降，弱学習器 k の弱点を補うように弱学習器

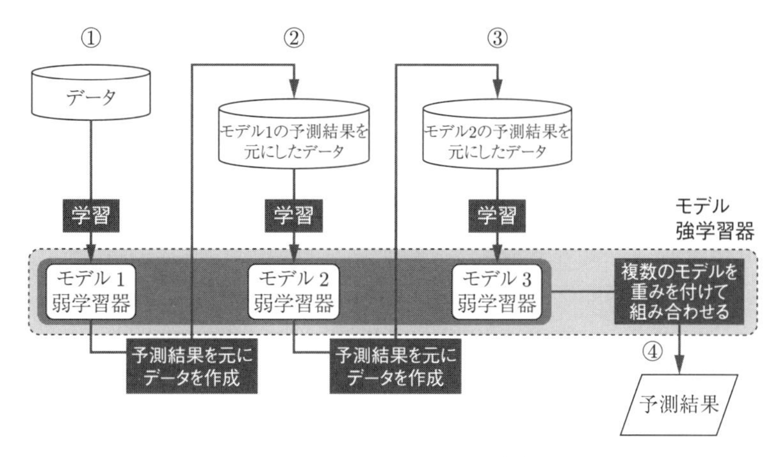

図 12.5　ブースティングの仕組み

$k+1$ を作成する (図 12.5③)．最後に全弱学習器を重みを付けて組み合わせ，強学習器として予測結果を導き出す (図 12.5④)．なお，最初のほうに作ったモデルがあくまでベースであり，後半のモデルは最初に作ったモデルのフォローをする役割なので，最後だけでなくすべての弱学習器を組み合わせることが必要となる．

バギングは並列に，ブースティングは直列に，それぞれ弱学習器を並べて使用するというイメージで捉えるとよいだろう．バギングのほうが処理速度は速く，ブースティングのほうが精度の高いモデルが得られることが多い．

ブースティングの具体的な例として LightGBM がある．LightGBM についてはのちほど具体的な実装方法を紹介する．

12.1.4　スタッキング

スタッキング (stacking) とは，複数の弱学習器の予測値を新たな説明変数として使用して強学習器を作っていく手法である．stacking とは「積み重ねる」という意味だ．同様に，具体的に処理の流れをみながら解説をしていこう．まずは複数の弱学習器 (ここでは 2 つ) とメタモデルに使用する手法をあらかじめ決めておく．メタモデルとはモデルの上位概念で最終的に作り出したい強学習器のことを指していると思えばよい．次に，データをホールドアウト法や k-分割交差検証法により，メタモデル用の学習データと検証データに分割する (図 12.6①)．メタモデル用の学習データを k-分割交差検証法 (ここでは $k=3$) によりさらに分割し，それぞれの弱学習器の学習と予測を行う (図 12.6②)．この時点でメタモデル用学習データに対する各学習器の予測値が出揃っている状態となる．さらに，メタモデル用学習データを使用して，弱学習器の予測値を説明変数としてメタモデルの学習を行う (図 12.6③)．最後に学習済みメタモデルを使用して予測し，メタモデル用検証データを使用して精度評価を行う (図 12.6④)．

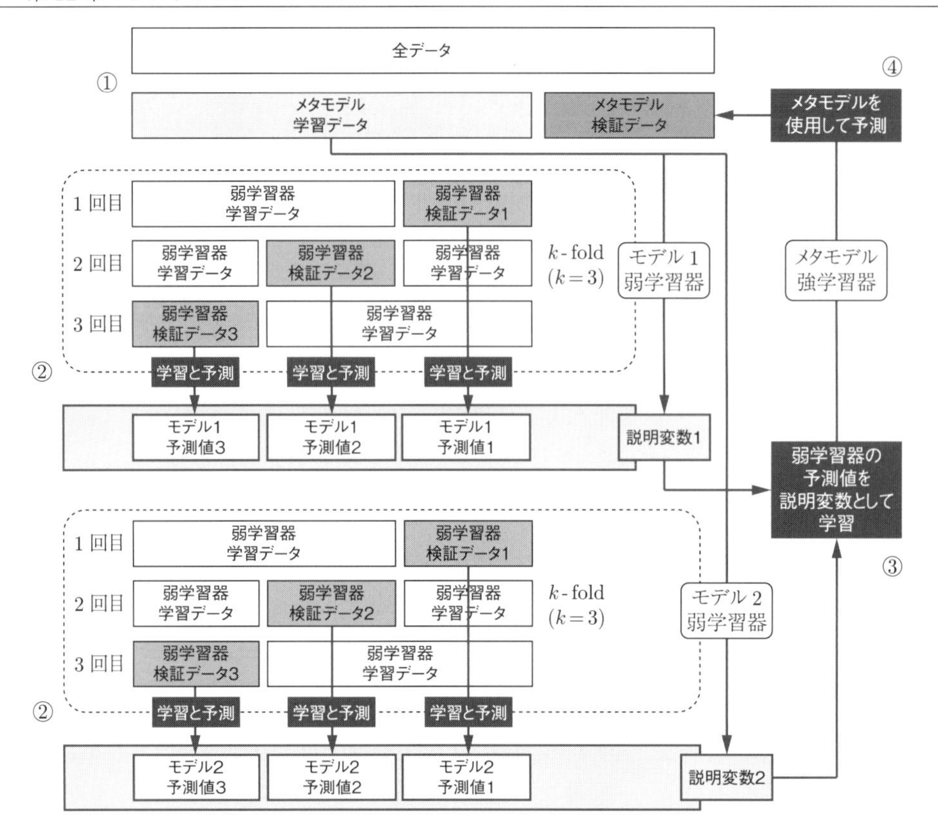

図 12.6　スタッキングの仕組み

12.2　決定木とロジスティック回帰のアンサンブル

12.2.1　考え方

少し難しい理屈の話になってしまったので，実際に手を動かしてアンサンブルを体験してみよう．ここでは，第10章で作った決定木モデルと，第11章で作ったロジスティック回帰のモデルのアンサンブルを行ってみよう．といっても，難しいことはなにもない．それぞれの予測結果のcsvファイルには人物IDごとに予測確率が出力されている．それらの予測確率の平均値を取るというだけである※3．バギング，ブースティング，スタッキングはある意味機械学習モデルが自動的にそのロジックで学習を行ってくれるが，こちらはいわば手動でアンサンブルを行うというイメージだ．これも立派なアンサンブルである．さっそくやってみよう．

12.2.2　モジュールなどの宣言

まずはいつもどおり必要なモジュールを import する．

```
1 import numpy as np
2 import pandas as pd
3 import joblib
```

※3 なお，ここではあくまでイメージをつかむために予測確率の平均値を取るという手法を取るが，実際の機械学習モデルの構築の際に平均値をとることはあまりないかもしれない．ただ，加重平均を取ることはあり，例えば決定木とロジスティック回帰を 8:2 で組み合わせる (アンサンブルする) などということを行うことはある．

```
4 from sklearn.model_selection import train_test_split # ホールドアウト用モジュール
5 from sklearn.metrics import accuracy_score, roc_auc_score # 評価指標用モジュール
```

12.2.3 csv ファイルの読み込み

次に第 10 章で出力した決定木の submit 用ファイルと，第 11 章で出力したロジスティック回帰の submit 用ファイルを，それぞれ読み込む．このとき，customer_id は文字列型 (str) で，buy_proba は数値型 (float) で読み込んでいる．このように csv ファイルを読み込む際にカラムの型を指定して読むことも可能だ．

```
1 # 決定木の submit用ファイルを読み込む
2 submit_dtc_df = pd.read_csv("../output/submit_dtc.csv", ¥
3     encoding="utf-8", dtype={"customer_id": str, "buy_proba": float})
4
5 # ロジスティック回帰の submit用ファイルを読み込む
6 submit_lgr_df = pd.read_csv("../output/submit_lgr.csv", ¥
7     encoding="utf-8", dtype={"customer_id": str, "buy_proba": float})
```

12.2.4 予測結果のマージ

この 2 つのファイルを customer_id をキーとしてマージさせる．その際に決定木用の DataFrame が持っている「buy_proba」カラムには末尾に「_dtc」を，ロジスティック回帰用の DataFrame が持っている「buy_proba」カラムには末尾に「_lgr」を，それぞれ付与しておこう．

```
1 # 決定木とロジスティック回帰の予測結果をマージする
2 submit_dtc_lgr_df = pd.merge(submit_dtc_df, submit_lgr_df, ¥
3     on="customer_id", suffixes=["_dtc", "_lgr"])
4
5 # 行数・列数を確認する
6 print(f"submit_dtc_lgr_df.shape: {submit_dtc_lgr_df.shape}")
7
8 # DataFrameの中身を確認する
9 submit_dtc_lgr_df.head()
```

```
submit_dtc_lgr_df.shape: (2209, 3)
```

	customer_id	buy_proba_dtc	buy_proba_lgr
0	20201026-010002	0.963403	0.804629
1	20201026-010012	0.963403	0.883841
2	20201026-010016	0.919082	0.337625
3	20201026-010018	0.897260	0.613333
4	20201026-010022	0.897260	0.877378

12.2.5 平均値の取得と分類

ここで，「buy_proba_dtc」と「buy_proba_lgr」の平均値をとって，新たに作成するカラム「buy_proba」に格納しておこう．

```
1 # 平均を取得する
2 submit_dtc_lgr_df["buy_proba"] = ¥
3     submit_dtc_lgr_df[["buy_proba_dtc", "buy_proba_lgr"]].mean(axis=1)
```

さらに新しいカラム「pred_buy_flag」を作成し，0.5 を閾値として，「buy_proba」が 0.5 以上であれば購入者と判断したとして 1 を，0.5 未満であれば接触非購入者と判断したとして 0 を，それぞれ格納してみよう．

```
1 # 0.5を閾値に分類を行う
2 submit_dtc_lgr_df["pred_buy_flag"] = ¥
3     np.where(submit_dtc_lgr_df["buy_proba"] >= 0.5, 1, 0)
4 print(submit_dtc_lgr_df.shape)
5 submit_dtc_lgr_df.head()
```

```
(2209, 5)
```

	customer_id	buy_proba_dtc	buy_proba_lgr	buy_proba	pred_buy_flag
0	20201026-010002	0.963403	0.804629	0.884016	1
1	20201026-010012	0.963403	0.883841	0.923622	1
2	20201026-010016	0.919082	0.337625	0.628354	1
3	20201026-010018	0.897260	0.613333	0.755297	1
4	20201026-010022	0.897260	0.877378	0.887319	1

0 と 1 の割合はどれぐらいだろうか．

```
1 submit_dtc_lgr_df["pred_buy_flag"].value_counts()
```

```
1    1496
0     713
Name: pred_buy_flag, dtype: int64
```

ざっくりと，3 分の 2 は 1 (購入者)，3 分の 1 は 0 (接触非購入者) になっていることがわかるだろう．では，submit 用のファイルを出力しておこう．

```
1 submit_dtc_lgr_mean_df = submit_dtc_lgr_df[["customer_id", "buy_proba"]]
2 print(submit_dtc_lgr_mean_df.shape)
3 submit_dtc_lgr_mean_df.head()
```

```
(2209, 2)
```

	customer_id	buy_proba
0	20201026-010002	0.884016
1	20201026-010012	0.923622
2	20201026-010016	0.628354
3	20201026-010018	0.755297
4	20201026-010022	0.887319

```
1 # outputディレクトリにsubmit用ファイルを出力する.
2 submit_dtc_lgr_mean_df.to_csv("../output/submit_dtc_lgr_mean.csv", ¥
3                               encoding="utf-8", index=False)
```

output フォルダに submit_dtc_lgr_mean.csv というファイルが出力されていたら成功だ (図 12.7).

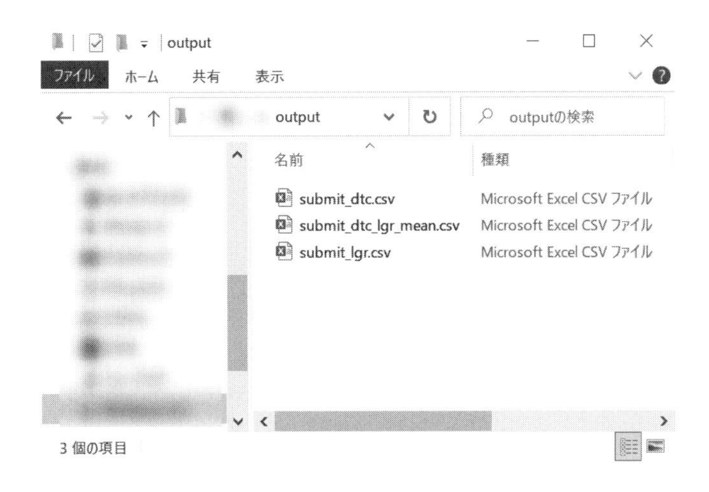

図 12.7 決定木とロジスティック回帰のアンサンブルの予測結果ファイル

決定木単体のときやロジスティック回帰単体のときと比べて精度がどうだったかは，ぜひコンペサイトに投稿して自分自身で確かめてみてほしい.

12.3 LightGBM

12.3.1 LightGBM とは

ここからはもう少し高度な機械学習モデルを構築してみよう．先ほどブースティングについて紹介したが，その発展形として**勾配ブースティング決定木**というものがある．**勾配降下法** (Gradient) とブースティング (Boosting) と決定木 (Decision Tree) を組み合わせたもので，それぞれのアルファベットをとって **GBDT** と呼ばれることが多い．この GBDT の中でも特によく使われているのが **LightGBM** である．内部的に自動で決定木モデルを複数作って良いものを採用しているため，そういった意味で複数の学習器の組み合わせであることからアンサンブルの一種である．以下のような特長がある.

- 学習の時間が類似のモデルに対して比較的短い (文字どおり "Light" である)
- 比較的メモリ効率が良い
- 比較的精度が高い
- 大規模なデータセットにも対応

短時間でより精度の高いモデルが構築できる，つまりコスパが良いのである．そのため，Kaggle

の上位ランカーの多くが採用している.

12.3.2 pickle ファイルの読み込みと訓練データの分割

まずは決定木とロジスティック回帰と同様に中間処理用のファイルを読み込むところから始めよう. LightGBM は決定木系のモデルとなるため, 決定木向け中間データを読み込み, 6:4 の割合でホールドアウト法を行おう.

```
1  # 前処理済み中間データのdictを読み込む
2  pp_data_dict = joblib.load("../intermediate/pp_data_dict_pkl.pkl3")
3  # 辞書型変数の値に格納された決定木向け中間データを読み込む
4  dtc_train_df = pp_data_dict["dtc"]["train"]
5  dtc_test_df = pp_data_dict["dtc"]["test"]
6  # 6:4の割合でホールドアウト法を行う
7  dtc_train_train_df, dtc_train_valid_df = train_test_split( ¥
8      dtc_train_df, test_size=0.4, random_state=57, shuffle=True)
9  dtc_train_df.shape, dtc_train_train_df.shape, ¥
10     dtc_train_valid_df.shape, dtc_test_df.shape
```

```
((3312, 25), (1987, 25), (1325, 25), (2209, 24))
```

ほどよく分割できていることが確認できた. 目的変数と説明変数もそれぞれ target, lgbc_features[※4] という変数に格納しておこう.

```
1  # 目的変数をtargetという変数に格納する
2  target = "buy_flag"
3  # 説明変数をfeaturesという変数に格納する
4  lgbc_features = dtc_train_df.columns.tolist()
5  # customer_idとbuy_flagは説明変数ではないため削除する
6  lgbc_features.remove("customer_id")
7  lgbc_features.remove("buy_flag")
```

12.3.3 データセットの生成とモデルの構築

ここで, LightGBM のモジュールである **lightgbm** を import する. LightGBM のモジュールは複数あるが, ここでは俗に「本家」と呼ばれるものを活用する. Scikit-learn にも LightGBM のモジュールが用意されているが, ここでは使用しない.

```
1  import lightgbm as lgb # LightGBM
```

Dataset オブジェクトは特徴量とそれに対する正解ラベルをセットで保持することのできるオブジェクトである. Dataset の生成時に説明変数と目的変数を設定する. なお, train_valid のデータセットを生成する際には, reference として対となる train_train を, test のデータセットを生成する際には, reference として対となる train を, それぞれ設定する.

※4 lgbc の lgb は LightGBM のことを指している. LightGBM では回帰にも分類にも使えるモデルだが, 今回は分類 (Classification) に使用しているため, c を付与している.

```
# LightGBM用データセットを生成する
lgb_train_train_dataset = ¥
    lgb.Dataset(dtc_train_train_df[lgbc_features], dtc_train_train_df[target])
lgb_train_valid_dataset = ¥
    lgb.Dataset(dtc_train_valid_df[lgbc_features], ¥
                dtc_train_valid_df[target], reference=lgb_train_train_dataset)

lgb_train_dataset = ¥
    lgb.Dataset(dtc_train_df[lgbc_features], dtc_train_df[target])
lgb_test_dataset = ¥
    lgb.Dataset(dtc_test_df[lgbc_features], reference=lgb_train_dataset)
```

まずは，最低限のハイパーパラメータだけを設定して実行してみよう．「本家」のLightGBMでは，Scikit-learnの決定木やロジスティック回帰とは少し違い，辞書型でハイパーパラメータを設定する．決定木やロジスティック回帰と少し違う設定方法に最初は戸惑うかもしれないが，慣れるとわかりやすい．今回は二値分類モデル，評価指標はAUCであるから，それを設定しておく[※5]．

```
# あらかじめ設定しておくハイパーパラメータ
lgbc_params = {
    "objective": "binary", # 問題設定: 二値分類
    "metric": "auc", # 評価関数: AUC
    "verbosity": -1 # 出力なし
}
```

では，このハイパーパラメータを使ってモデルの学習を行ってみよう．Scikit-learnの決定木とロジスティック回帰では学習の際に`fit`関数を使ったが，本家のLightGBMでは**`train`**関数が用意されている．`train_train`のデータセットを使って学習させてみよう．

```
# 学習する
lgbc_clf = lgb.train(
    lgbc_params, # ハイパーパラメータ
    train_set=lgb_train_train_dataset, # 学習データ
    num_boost_round=100, # ブースティングを行う回数
    verbose_eval=20 # ブースティング20回につき1回結果を出力
)
```

第3引数として設定した`num_boost_round`はブースティングを行う回数を表す．この回数が多ければ多いほど多くの探索がされていくため精度が向上する可能性が高いが，その分計算量が増えるため時間がかかることになる．

[※5] `verbosity`は実行時にどれぐらいその処理結果を出力するかを決定する引数である．verboseという英単語は「おしゃべり」という意味があり，一般的にプログラム言語やUNIXコマンドではよく使われ，「どれぐらい機械が喋るか」ということを設定するという意味合いがある．

12.3.4　予測と検証

では，構築したモデルを使って **predict** 関数[※6]で train_valid の予測を行ってみよう．

```
1 # train_validを予測する
2 lgbc_train_valid_proba_y = lgbc_clf.predict(dtc_train_valid_df[lgbc_features])
3 lgbc_train_valid_proba_y
```

```
array([0.98909348, 0.99313147, 0.97988926, ..., 0.99018003, 0.99645801,
       0.98153423])
```

AUC を算出してみよう．

```
1 # train_validを検証する
2 lgbc_train_valid_auc_val = ¥
3     roc_auc_score(dtc_train_valid_df[target], lgbc_train_valid_proba_y)
4 lgbc_train_valid_auc_val
```

```
0.6196917258097492
```

まずはほぼデフォルトのハイパーパラメータで LightGBM のモデルを構築して予測を行うことができた．

12.4　ハイパーパラメータチューニング

12.4.1　Optuna とは

LightGBM にも様々なハイパーパラメータがある．決定木やロジスティック回帰ではグリッドサーチを使ってハイパーパラメータの組み合わせの中から最適な組み合わせを見つけ出したが，同様のことを LightGBM でもやってみよう．ここでは Preferred Networks 社が無償公開しているハイパーパラメータの自動最適化ソフトウェアフレームワークである **Optuna** (オプチュナ)[※7]を活用してみよう．

12.4.2　Optuna のインストールと import

まずは以下のコマンドでライブラリをインストールし，import しておこう．

```
1 !pip install --quiet optuna
```

次に Optuna のうち LightGBM 用のモジュールを import しておく．

```
1 import optuna.integration.lightgbm as optuna_lgb # OptunaによるLightGBM
2 import warnings
3 warnings.filterwarnings("ignore")
```

[※6] 決定木やロジスティック回帰だと predict という名前の関数が 0, 1 を返し，predict_proba が確率を返していた．だが「本家」の LightGBM だと predict という名前の関数が確率を返すようになっているため注意したい．
[※7] Optuna 公式ページ　https://optuna.org/

ここで，warnings というライブラリを使って警告が表示されないような設定にしている．あくまで警告が表示されなくなるだけでなくなったわけではないので，使いどころには注意したい．

データセットを再生成して LightGBM のモデルを再定義しておこう．

```
# LightGBM用データセットを生成する
lgb_train_train_dataset = ¥
    lgb.Dataset(dtc_train_train_df[lgbc_features], dtc_train_train_df[target])
lgb_train_valid_dataset = ¥
    lgb.Dataset(dtc_train_valid_df[lgbc_features], ¥
                dtc_train_valid_df[target], reference=lgb_train_train_dataset)

lgb_train_dataset = ¥
    lgb.Dataset(dtc_train_df[lgbc_features], dtc_train_df[target])
lgb_test_dataset = ¥
    lgb.Dataset(dtc_test_df[lgbc_features], reference=lgb_train_dataset)
```

12.4.3 Optuna による探索

では，Optuna によるハイパーパラメータの探索を実行してみよう．optuna.integration.lightgbm の train 関数を使用する．第 1 引数に先ほど設定したパラメタの辞書を設定している．これが固定のハイパーパラメータであり，これ以外のハイパーパラメータを探索していくことになる．第 2 引数の train_set は学習データ (ここでは train_train)，第 3 引数の valid_sets は検証データ (ここでは train_valid) をそれぞれ設定している．

```
# OptunaによるLightGBMのハイパーパラメータチューニング
optuna_lgbc_clf = optuna_lgb.train(
    lgbc_params, # 固定のハイパーパラメータ
    train_set=lgb_train_train_dataset, # 学習データ
    valid_sets=lgb_train_valid_dataset, # 検証データ
    num_boost_round=100, # boostingを行う回数
    verbose_eval=20, # ブースティング20回につき1回結果を出力
    optuna_seed=57 # 再現性確保のため seed値を指定
)
```

いかがだろうか．本書では紙面の都合で出力結果を省略しているが，少し時間がかかって処理を行っている様子が逐次表示されたことだろう．それでは出来上がった最適なパラメタを確認しよう．

```
# 最適なパラメタの確認
best_lgbc_params = optuna_lgbc_clf.params
best_lgbc_params
```

```
{'objective': 'binary',
 'metric': 'auc',
 'verbosity': -1,
 'feature_pre_filter': False,
 'lambda_l1': 4.428285276136153e-08,
 'lambda_l2': 1.2211236756740358,
```

```
'num_leaves': 2,
'feature_fraction': 0.6799999999999999,
'bagging_fraction': 0.6807182826316669,
'bagging_freq': 1,
'min_child_samples': 5,
'num_iterations': 100,
'early_stopping_round': None}
```

これらのパラメタがなにを表しているかは，公式ページ※8を参照されたい．

12.5　最適化した LightGBM モデルの実装

12.5.1　モデルの構築

では，このハイパーパラメータを使用してモデルの学習を行ってみよう．

```
# 学習する
lgbc_clf = lgb.train(
    best_lgbc_params, # 最適なハイパーパラメータ
    train_set=lgb_train_train_dataset, # 学習データ
    num_boost_round=100, # boostingを行う回数
    verbose_eval=20 # ブースティング 20回につき 1回結果を出力
)
```

構築したモデルを使って予測を行ってみよう．まずは train_valid の予測をしてみよう．

```
# train_validを予測する
lgbc_train_valid_proba_y = lgbc_clf.predict(dtc_train_valid_df[lgbc_features])
lgbc_train_valid_proba_y
```

```
array([0.89999257, 0.92839139, 0.9761079 , ..., 0.88078576, 0.92971182,
       0.95338884])
```

AUC を算出してみよう．

```
# train_validを検証する（AUCを算出する）
lgbc_train_valid_auc_val = ¥
    roc_auc_score(dtc_train_valid_df[target], lgbc_train_valid_proba_y)
lgbc_train_valid_auc_val
```

```
0.6672398434533718
```

先ほどハイパーパラメータを特に設定せずに構築したときよりも精度が向上していることがわかるだろう．ところで，Accuracy はどうだろうか？　LightGBM のモジュールでは predict 関数が確率を返すため，Accuracy を算出するためにはここから別に算出する必要がある．閾値を 0.5 とし

※8 Parameters LightGBM 3.3.2.99 documentation
https://lightgbm.readthedocs.io/en/latest/Parameters.html

て，0, 1 のフラグをつけた上で Accuracy を算出しよう．

```
# train_validを予測する
# 確率が 0.5以上のとき 1と判定する
lgbc_train_valid_pred_y = np.where(lgbc_train_valid_proba_y >= 0.5, 1, 0)

# train_validを検証する（Accuracyを算出する）
lgbc_train_train_accuracy_val = ¥
    accuracy_score(dtc_train_valid_df[target], lgbc_train_valid_pred_y)
lgbc_train_train_accuracy_val
```

```
0.9132075471698113
```

これで train_valid の AUC と Accuracy が算出された．

12.5.2 予測と検証

ではこのモデルで，train_train と train_valid に分割する前のデータセット全体である train について予測と精度検証を行なっておこう．

```
# trainを予測する
lgbc_train_proba_y = lgbc_clf.predict(dtc_train_df[lgbc_features])
lgbc_train_pred_y = np.where(lgbc_train_proba_y >= 0.5, 1, 0)
# trainを検証する
lgbc_train_accuracy_val = ¥
    accuracy_score(dtc_train_df[target], lgbc_train_pred_y)
lgbc_train_auc_val = roc_auc_score(dtc_train_df[target], lgbc_train_proba_y)
lgbc_train_accuracy_val, lgbc_train_auc_val
```

```
(0.9115338164251208, 0.7038011430645015)
```

train 全体としても精度が高いことが示された．

12.5.3 テストデータの予測

それでは，テストを受けてみよう．ここの流れも決定木・ロジスティック回帰とまったく同様である．

```
# testを予測する
lgbc_test_proba_y = lgbc_clf.predict(dtc_test_df[lgbc_features])
```

ここで gi_sample_submit.csv ファイルを読み込む．

```
# sample submitデータを読み込む
gi_sample_submit_df = pd.read_csv("../input/gi_sample_submit.csv")
```

答案用紙に書き込むために，算出した予測確率をまとめておこう．

```
# submit向けDataFrameを作成し，列に予測確率を格納する
submit_df = dtc_test_df.copy()[["customer_id"]]
submit_df["buy_proba"] = lgbc_test_proba_y
submit_df.head()
```

	customer_id	buy_proba
0	20201026-010002	0.970267
1	20201026-010012	0.977159
2	20201026-010016	0.903303
3	20201026-010018	0.873381
4	20201026-010022	0.927090

```
gi_sample_submit_df.shape, submit_df.shape
```

```
((2209, 2), (2209, 2))
```

与えられた解答用紙の空欄を埋めていこう．

```
submit_df = pd.merge(gi_sample_submit_df.drop("buy_proba", axis=1), ¥
    submit_df, on="customer_id", how="left").reset_index(drop=True)
submit_df.head()
```

	customer_id	buy_proba
0	20201026-010002	0.970267
1	20201026-010012	0.977159
2	20201026-010016	0.903303
3	20201026-010018	0.873381
4	20201026-010022	0.927090

```
submit_df.shape
```

```
(2209, 2)
```

最後に答案用紙を出力する．

```
# outputディレクトリに submit用ファイルを出力する
submit_df.to_csv(f"../output/submit_lgbc.csv", encoding="utf-8", index=False)
```

output フォルダに submit_lgbc.csv というファイルが出力されていたら成功だ (図 12.8).

12.5.4 コンペ投稿

出力した submit ファイルをコンペサイトに投稿して精度を確認してみてほしい．決定木やロジスティック回帰などと比べて精度はどうだろうか．

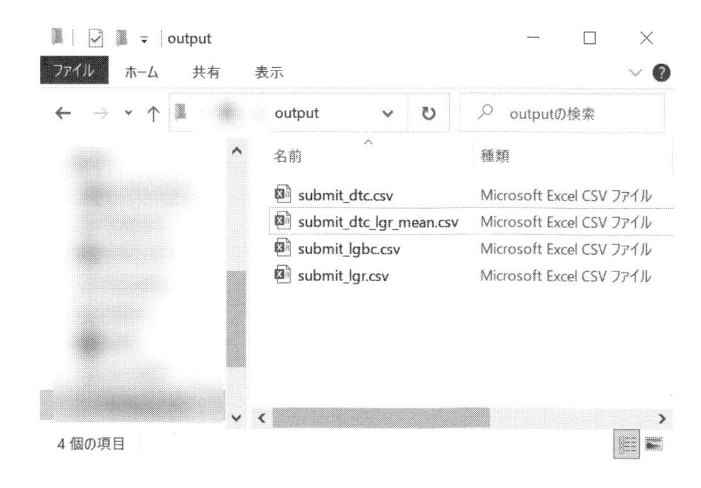

図 12.8 LightGBM の予測結果ファイル

12.6 DEFP2021 発表資料からの学び

ここでアンサンブルを使ったチームの発表資料を 1 つ紹介しよう．Angels チームは LightGBM, ロジスティック回帰，勾配ブースティングのアンサンブルを行った (図 12.9)．各自が作成したモデルごとに購入確率を算出し，9:1:1 の比率で組み合わせている．このように，チームで取り組む際には各自がモデルを構築して最後にアンサンブルするというのも面白いアプローチだろう．

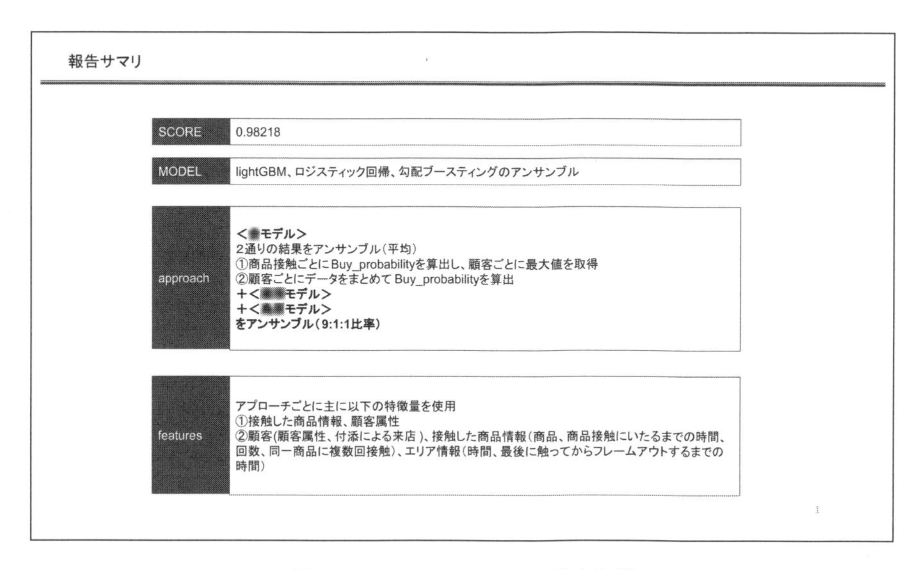

図 12.9 Angels チームの発表資料

章末問題

12.1　アンサンブルのメリットとデメリットを挙げてみよう.

12.2　第8章の章末問題で自作した特徴量を使って LightGBM モデルを作って精度を検証してみよう.

解答例は ▶サポートページ参照

第 13 章

報告資料の作成とプレゼン (II)

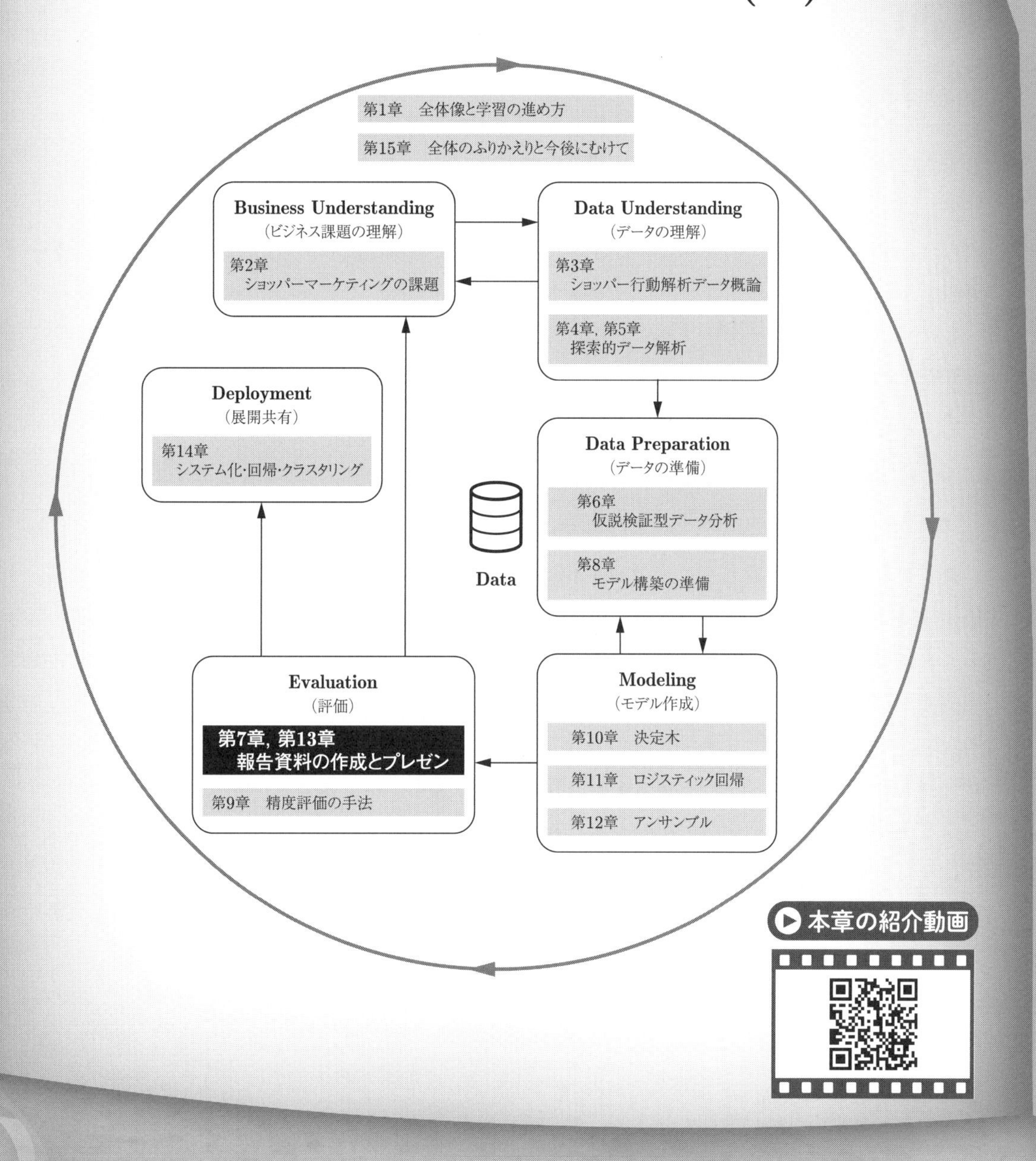

第8章〜第9章で機械学習モデル構築のための準備を行い，第10章〜第12章にかけて具体的な機械学習モデルを構築してきた．今回はそのモデル構築の結果を中心に鳥居さんに報告をしていくことを考えてみよう．RPGで例えれば，いよいよラスボスとの戦いになる．なお，本章もCRISP-DMにおけるEvaluation (評価) に該当するものとして位置付けている．第7章と同様に，分析の結果やモデル構築の結果を報告することで，その活動を評価するという意味合いを込めている．

13.1　機械学習モデルの説明性

機械学習モデルは一般的に口頭で説明するのは難しいことが多い．きちんと正しく説明をしようと思ったら相手のリテラシーを考慮に入れることが大切だ．

今回の想定クライアントである鳥居さんも，「最近データ分析に興味を持った」というコンテクストであるから，細かいモデルの種類や理論まで学習が及んでいないと考えるべきだろう．

一見魔法のようにみえる機械学習の仕組みについての説明責任がデータサイエンティストには求められる．最初は「よくわからないけどなんか強い」というところから，「こういう理由で強い」と説明できるようになろう．

もう少し説明の「わかりやすさ」について客観的に考えてみよう．データサイエンスにおいてわかりやすさとは以下のことだといえる．

- 言葉の意味を説明できること
- 適切な可視化の手法を用いること
- なにをやっているか説明できること

まずは言葉の意味をきちんと説明できることが重要だ．例えば『文系AI人材になる』[※1]では，評価指標であるAUCのことを「どれぐらいバランスよく予測を当てられているかを測る指標」であると紹介している．第8章でAUCについて図を用いながら紹介したが，AUCはその定義や理論を理解するのが難しい評価指標の1つでもある．『文系AI人材になる』では「バランスよく」というわかりやすい言葉を使って適切にその意味を表している．相手がどのような言葉を普段使っているかを観察し，その言葉に合わせるようにして説明できるように工夫してみよう．

また，適切な可視化の手法を用いることも大切だ．第10章の決定木では，決定木モデルの可視化を行った．これによって「分岐を繰り返すことで購買確率を当てにいくモデルなのだな」ということが直観的にわかるだろう．また，第4章〜第6章で紹介した手法を用いて様々なグラフ化を行うことも重要だ．

さらに大切なのが，いったい自分がなにをやっているのかを自分の言葉で説明できることである．教科書どおりにプログラムを書いた結果モデルが構築できました，というのでは相手は納得しない．意思決定をする際に自分が理解できないものを採用するというのは相手にとっても恐怖なのだ．だから知ろうとするために質問をするし，作り手にはそれに応える義務がある．

[※1] 野口竜司『文系AI人材になる　統計・プログラム知識は不要』(東洋経済新報社，2019)

コラム　知識の呪縛

自分が知っていることを相手も知っていると思い込んでしまうことを**知識の呪縛** (curse of knowledge) というらしい．自分にとっては既知のことを誰かに伝えようとするとき，自分が知っている言葉を何気なく使ってしまうことによって，相手にうまく意図が伝えられない現象のことだ．

幼稚園から小学生ぐらいの子供と対話をするとこういったことに気付かされることが多い．筆者の息子を例にとると，遊びたいのに父親 (私) が仕事で自宅にいないとわかると，「仕事ってなに？」と聞いてくる．「働くことだよ」と答えると「働くってなに？」と聞いてくる．「作業をしてお金を稼ぐことだよ」と答えると「作業ってなに？」「お金ってなに？」「稼ぐってなに？」といったように，延々「なに？」「なぜ？」が続いていく．筆者としては「働く」ということがなにかわかっている前提で話しているのだが，息子にとってはそれがなにかということがわからない．同じように「作業」とか「お金」といった概念も具体的にイメージができていないのだろう．そこで初めて「あ，この言葉はまだ知らないんだな」ということに気付かされるのである．

知識の呪縛にとらわれないようにするためには，相手がどこまでわかっていてどこまでわかっていないのかを想像するのが良さそうだ．「相手の言葉を使って説明する」というフレーズがある．相手と目線を合わせ，相手が普段使っているような言葉を使って，時には言葉の説明を入れながら伝えることで，相手の理解度も上がっていくだろう．

かのアルベルト・アインシュタインが言ったと伝えられている有名な言葉を紹介しておこう．

If you can't explain it to a six year old, you don't understand it yourself. (6 歳の子供に説明できなければ，理解したとはいえない．)

13.2 機械学習モデルの説明内容

Kaggle などのコンペではスコアを出力して Web サイトを通じて投稿すればよいが，ビジネスにおける機械学習ではそうはいかない．クライアントに対する説明が求められる．具体的には以下のようなことを説明するとよいだろう．

- スコア (指標値)
- 使用モデル
- 特徴量 (説明変数)
- 検討の経過
- 考察

まずは選定した指標値とスコアを示そう．今回は指標値を AUC と決めているが，実際のビジネスの現場においては指標値自体をなににするかデータサイエンティスト自身が決めるケースも多いため，「なぜその指標値を用いたのか」も合わせて説明できるとよい．そのうえで，そのスコアが高いのか低いのかも合わせて報告しよう．例えば AUC が 0.80 であるといったとき，それが高いのか低いのかは一般的にはよくわからない．お題にもよるだろうから，今回の課題に照らし合わせたときにこの指標値についてこのスコアを出せたのは高精度といえるのだ，ということを明確に説明できるようにしよう．

次に使用モデルだ．まずは端的に「このモデルを使用した結果このスコアが出た」ということを示そう．アンサンブルの場合は複数のモデルを使用することもあるため，それをすべて列挙し，使用比率も明記したほうがよいだろう．

さらに使用した特徴量 (説明変数) を記載する．筆者の経験上，どのような要因が影響しているのかを知りたいというニーズが高いため，クライアントの興味が最も集まるところでもある．特徴量が多すぎる場合は代表的なものや，寄与率が高いもののみを記載するのでも構わない．

検討の経過については賛否が分かれるところかもしれない．クライアントによっては「経過はいらない，結果だけあればよい」という向きもあるだろう．これは目的によって要否が分かれる．単に高いスコアを求めるだけであればたしかに結果だけがあればよいが，もしその後プログラムを納品して今後クライアント側で維持管理をするとしたら，検討の経過も大変有意義な情報になる．例えば，今後ラボラトリー社で鳥居さんの号令のもとでデータサイエンティストを内製化し，今回構築したモデルを引き継いでアップデートをしたり他のシステムや分析ツールなどに組み込んだりすることも十分考えられる．その際に試行錯誤の経過をきちんと伝えることで，効率よく引き継ぎができるのだ．別の考え方もある．検討の経過を伝えることで思わぬ発見があるかもしれない．検討は仮説検証の連続であり，その仮説や検証の方法自体から新たな気付きが得られるかもしれない．飲料や売場に関してはラボラトリー社の鳥居さんのほうが詳しいのだから，その知見から意見をもらうというのもよいだろう．

最後に考察を入れておきたい．今回の作業から得られたものや気付いたこと，やってみたかったがリソース (時間・人手・コスト) の関係でできなかったことなどを入れておくとよいだろう．研究論文でも future work という項を設けることがあるが，プロジェクトにおいても一過性のものとせずに継続的に次のプロジェクトに繋げるために，やりきれなかったことを次にぜひやりましょう，という内容を入れておくとよい．

コラム　ドドリアに学ぶ認知的不協和

突然だが，漫画『ドラゴンボール』に出てくるドドリアというキャラクターをご存知だろうか．彼は戦闘力を表示することができるスカウターという画期的な道具が指し示す数字をみて「あんな数値は間違いだ！スカウターの故障だ！」と発狂する．自分が思い描いているよりも相手 (ベジータ) の戦闘力がはるかに高かったため，不快な思いを抱いたのであろう．そして，“本当に” 戦闘力が高くて強かったベジータにあっけなく倒されることになる．

自分がイメージしているものと異なる結果が出てきたときに不快な思いに駆られることを**認知的不協和**という．イソップ童話の「すっぱいぶどう」の話で例えられることが多い．きつねが木の上に生えているぶどうを取ろうとしたが取れなかったため，「きっとすっぱくておいしくないにきまっている」と自己正当化してしまった物語は，このドドリアの最期に通じるものがある．

ドドリアほどではないにしても，ビジネスの世界でもデータを疑う人は多い．データサイエンスの分析結果の報告会では，自分の想像とは異なる結果であったと残念がる人もいる．認知的不協和に近い状況に陥っているのかもしれない．しかし思い出してほしい．仮説はあくまで仮説である．仮説を検証するとは「仮説どおりであること」を立証するものではないのだ．仮説と異なる結果であったというのは，むしろ新たな発見ができたと喜ぶべきことかもしれない．

認知的不協和に陥って判断を誤らないように注意しよう．

13.3 DEFP2021 発表資料からの学び

具体的に各チームの発表資料から，参考になるスライドを紹介しておこう．

第 12 章でスライドを紹介 (図 12.9 参照) した Angels チームは，SCORE (スコア)，MODEL (モデル)，approach (アプローチ)，features (特徴量) という 4 つの観点についてシンプルにまとめて報告サマリとして提示した．モデルとしては LightGBM・ロジスティック回帰・勾配ブースティングのアンサンブルであり，特徴量としては接触した商品情報や顧客属性，エリア情報などを使用しているのだな，ということがこの 1 枚で端的にわかるだろう．

Fujiyama チームは，仮説から得られた特徴量と Kaggle スコアの関係と題して，横軸に日付，縦軸にスコアを取って時系列で表現をした (図 13.1)．9/19 に決定木モデルで交差検証を行いある程度のスコアが出たものの，9/21 に接触した商品のメーカーの数を追加したところスコアが若干下がってしまい，その後フレームインから商品接触までの時間などを追加したところスコアが向上した…といった試行錯誤の歴史が一目でわかるだろう．

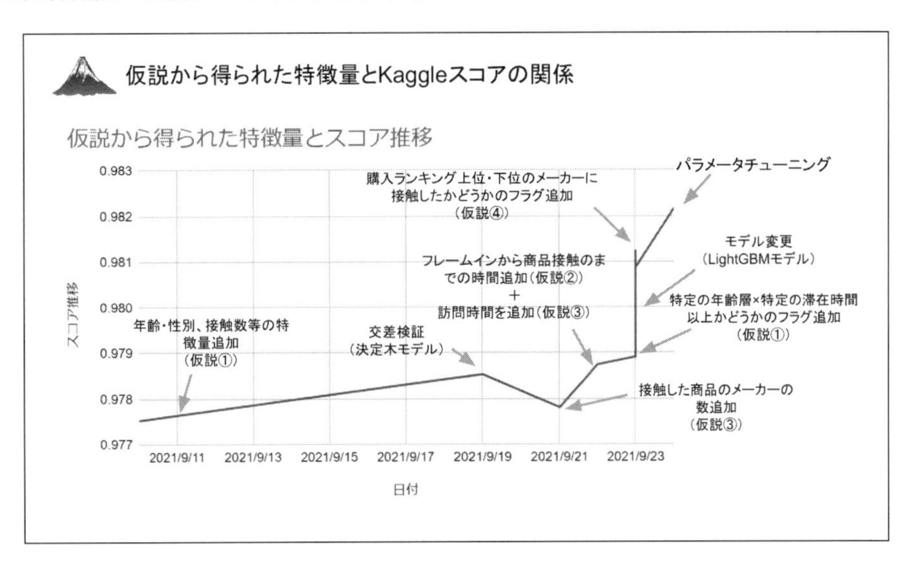

図 13.1 Fujiyama チームの発表資料

13.4 中間報告時のフィードバック対応

もし中間報告時にフィードバックをもらっていてなにか追加で分析が必要なものがあれば，その結果も資料にまとめておこう．このときの資料のまとめ方は第 7 章を参考にしてもらいたい．ここで優先順位について述べておく．

データサイエンスの案件では，様々なインサイトが得られることだろう．そしてそれをクライアントに報告すると，様々な質問や追加分析の依頼がくる．この追加分析依頼についてすべて対応していてはいくら時間があっても足りないだろう．このときに必要な作業が優先順位付けだ．

作業の優先順位を付ける際にその材料となるのが**投資対効果**の見積もりである．ここでいう投資とは，作業に要する時間や人員，費用などのリソースを指し，効果とはクライアントが得られるものの度合いである．

定量的に 10 人日とか 100 万円とか数字で算出できれば一番よいが，最初はそれぞれ大・中・小の 3 分類でざっくり切り分けるので構わない．そのうえで，投資ができるだけ小さく，効果ができるだけ大きいものから順に行うのが得策だろう (図 13.2)．もちろん見積もりをした後は，クライアントとオーソライズを取っておく必要がある．特に「効果」に関しては当方側の見積もりと先方側の見積もりが乖離するケースも多いため，すり合わせを十分行っておく必要がある．

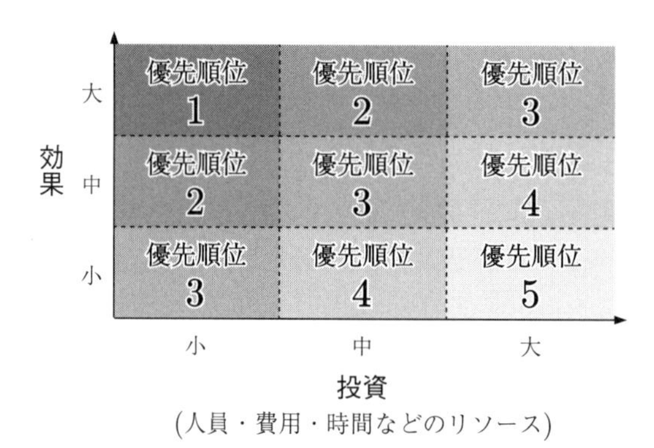

図 13.2　優先順位付け

通常は中間報告会で様々なフィードバックをもらったら，一度そこで持ち帰り，投資対効果の見積もりをし，1 週間後に返答するなどといったプロセスを踏むことが多い．

13.5　結果にコミットする

最後に，結果にコミットするということの重要性をお伝えしておこうと思う．ここまで本書で学習した皆さんは，かなりデータサイエンスについて理解を深められたと思う．プログラムを書き，グラフで可視化し，機械学習モデルを構築し，綺麗な資料を作成できるようになっているかもしれない．ただ，ここで当初の目的を思い出してほしい．クライアントには課題があったはずだ．そしてそれがラスボスであり，ラスボスを倒す (課題を解決する) ために冒険を続けてきたと思う．ぜひここで「結果を出す」ということにこだわってほしい．

データサイエンスを進めていると，なにかしらの面白い示唆が得られたり，思わぬ発見があったりすることがある．それを報告することは構わないし，クライアントも喜んでくれることだろう．ただ，それだけになってしまうと，後になって冷静に考えたときに「結局なんのためにデータを分析したのか？」と思って満足度が低くなるかもしれない．満足度が低いと，二度と依頼をいただけないかもしれない．データサイエンティストとしての自分の仕事を減らしてしまう結果になるのだ．

『コンサル一年目が学ぶこと』※2では，コンサルタントがよく使う「ヴァリューを出す」という言葉を紹介している．ヴァリューとは付加価値であり相手への貢献だと述べた上で「仕事の価値を決めるのは，自分ではなく，あくまでも相手」であると述べている．

※2 大石哲之『コンサル一年目が学ぶこと』(ディスカヴァー・トゥエンティワン，2014)

また『外資系コンサルのスライド作成術』※3では，「もしあなたの文書がわかりにくく，内容が先方に伝わらなければ，その内容がどんなに考察として優れていたとしても，仕事上の成果としてはゼロ」と指摘されている．厳しいようではあるが，どれだけの時間をかけてデータ分析を行ったか，どれだけ素晴らしい精度のモデルが構築できたかは，クライアントにはあまり関係がない．どれだけ頑張ったとしても，その内容が伝わらずに相手を動かすことができなければ，成果はゼロなのだ．データサイエンスの結果が相手に伝わり，課題を解決できたかどうかで仕事の成果が決まるのだということを改めて念頭に置いてほしい．

ビジネスとしてデータサイエンスを行う以上，なんとしてもクライアントの役に立つという気概をぜひ持ってほしい．そして「役に立つ」とは具体的にどういうことなのかを考え続け，自分たちの分析報告によってクライアントのビジネスに変革をもたらすのだ，という決意も持ってほしい．あなたにお金を払っているのは，クライアントやあなたが所属する会社であろう．データサイエンティストとはデータの立場で顧客の課題を解決するプロなのだ．一人のプロとして責任を持って会社に貢献するというマインドも持ってほしい．そういった思いが強ければ，わからないことも調べられるし，少しでも報告書をよいものにしようというモチベーションも高まるだろう．少しエモーショナルな話になってしまったが，こういった人間的な側面も大事なのだということをお伝えしておく．

13.6 鳥居さんの最終フィードバック

さて，鳥居さんへの報告を無事終えた結果，鳥居さんからは以下のコメントをいただけた．

> 機械学習モデルを構築していただきありがとうございます。これで予測ができるようになり、より店頭におけるマーケティングの幅も広がったと実感しています。また、統計的な分析についても感謝しています。もともとの課題であった「データで説得力を増して提案力を向上させる」ということがまさに実現できそうだと感じています。データの中身だけでなく、その伝え方や見せ方についても大変勉強になりました。
>
> 今回の件を受けて、データサイエンスの可能性をさらに実感しました。例えばECを手がける部門ではA/Bテストを実施していますが、そういったことが店頭マーケティングでもできるのではないかと感じています。
>
> また、ショッパーは思った以上に様々な購買行動をされていると感じましたが、ある程度類型化できるようにも感じています。狙ったターゲットに狙ったマーケティングを行うというのが戦略だと思うので、ぜひそういったことにもチャレンジしてみたいですね。今回の結果は上層部にも伝えた上で、更なる予算確保の上で次のステップに進みたいと考えています。

これをもって，ラスボス (課題の解決) を攻略できたと考え，ひとまずの冒険の旅は一区切り付いたと考えて良さそうだ．ただ，どうも新たな冒険の旅が始まりそうな気配でもある．第14章，第15章では今後に向けた展開を考えてみよう．

※3 山口周『外資系コンサルのスライド作成術』(東洋経済新報社，2012)

章末問題

13.1 プレゼン資料を作成し，一緒に学習を進めている仲間に対して1人10分で報告を行い，フィードバックをもらおう．

13.2 自分なりの「ふりかえり」をやってみよう．

解答例は ▶サポートページ参照

第 14 章

システム化・回帰・クラスタリング

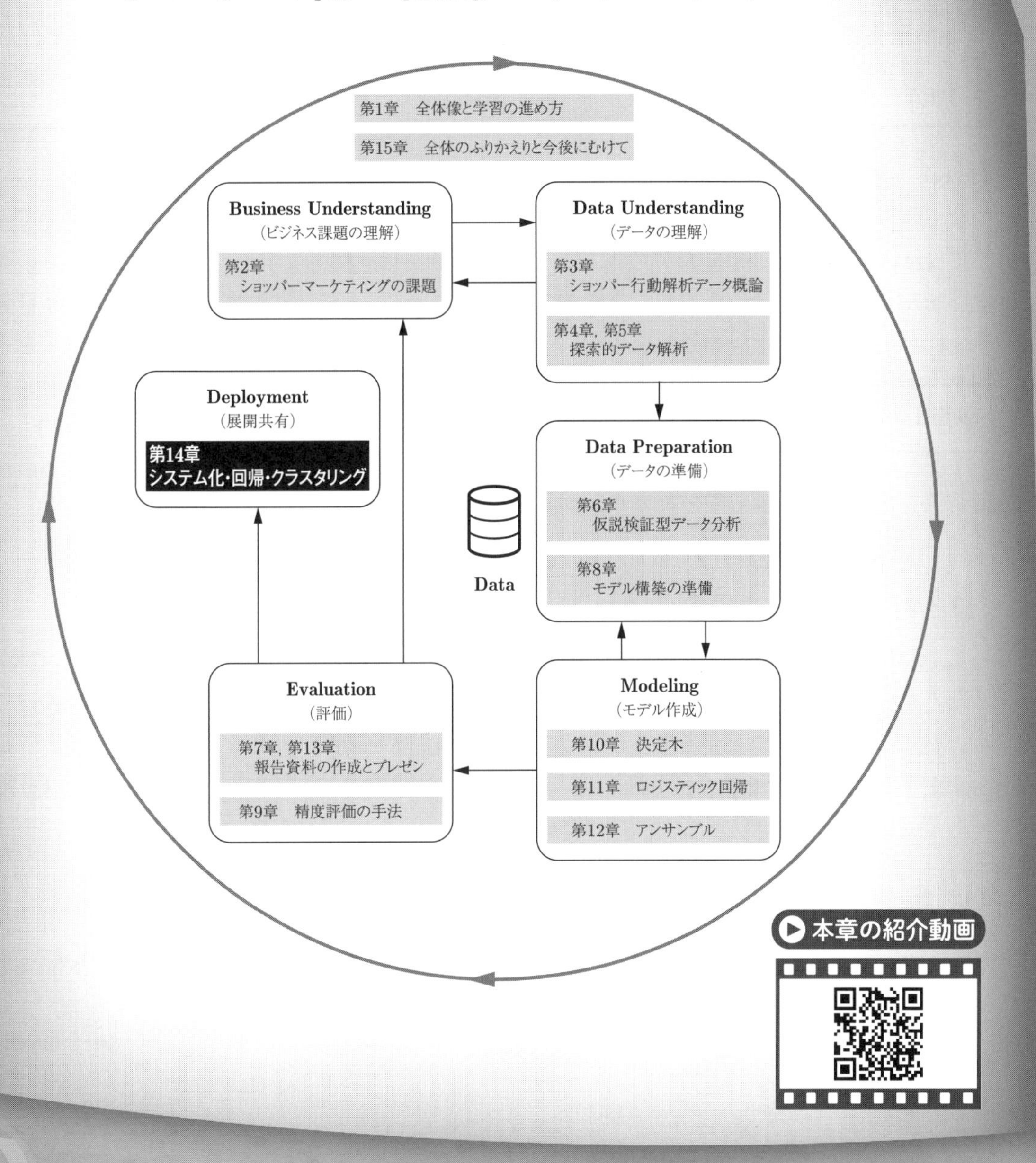

本章の紹介動画

ここまでで統計的な手法で「過去」を確認し，機械学習の手法で「未来」を予測してきた．ただ，この分析結果が実際のビジネスにおいて活用できる状態になって初めて「ビジネスに役に立った」といえるだろう．ここでは，そのようなアウトプットの方法について考えてみる．これはCRISP-DMでいうDeployment (展開/共有) にあたる．展開/共有という訳し方をしているが，社会実装ともシステム構築とも訳されることが多く，まさにデータサイエンスを役立てることを考える実践フェーズだと捉えるとよいだろう．また，回帰やクラスタリングといった別の機械学習についても考えてみよう．本書ではあくまで二値分類の機械学習モデル構築に特化して紹介してきたため回帰とクラスタリングに関しては概要の紹介程度にとどめるが，関心があればぜひ自分自身で実装してもらいたい．

14.1　システム化

14.1.1　システム化のアイデア

第10章～第12章で構築した機械学習モデルについて，改めてこのモデルの利用価値について考えてみたい．このモデルは，人が売場において購買行動を行った時点で，その人がなにかしらの商品を購入するか購入しないかをある程度の精度で当てられるというものであった．このモデルは具体的にどのように使うことができるだろうか？　少し考えてみよう．

演習14.1　モデルを活用したシステム化にはどのようなものがあるだろうか？ (5分)

受講生からは以下のようなアイデアが挙げられた．

- 購入者 (と予測された人) に対して，さらに別の商品をおすすめする
- 接触非購入者 (と予測された人) に対して，クーポンをおすすめする

まず，購入者 (と予測された人) は，おそらくなにかしらの商品を1つ以上購入すると思われる．そういった人に対して例えばデジタルサイネージなどリアルタイム性に優れた販促ツールによって広告を発信するということが考えられるだろう．このように，顧客の単価を向上させるための営業手法を一般的に**アップセル** (up-selling) といい，他の商品を併せて買ってもらうことを**クロスセル** (cross-selling) という．

14.1.2　システム化のアーキテクチャ

アーキテクチャとしてはどのようになるだろうか．例えば，図14.1のように，

1. ショッパーが売場で購買行動を行う
2. その結果 (GIデータのうち `buy_flag` だけが付いていない状態) と構築したモデルを用いて“予測”を行う
3. その予測結果で“購入者”と判断された人に対して，デジタルサイネージで広告を表示する

といった処理の流れが考えられる．このとき，3で表示する広告もいろいろと工夫ができそうだ．仮に2の結果属性がリアルタイムに判断できるとしたら，その属性の人がどのような商品をよく買う

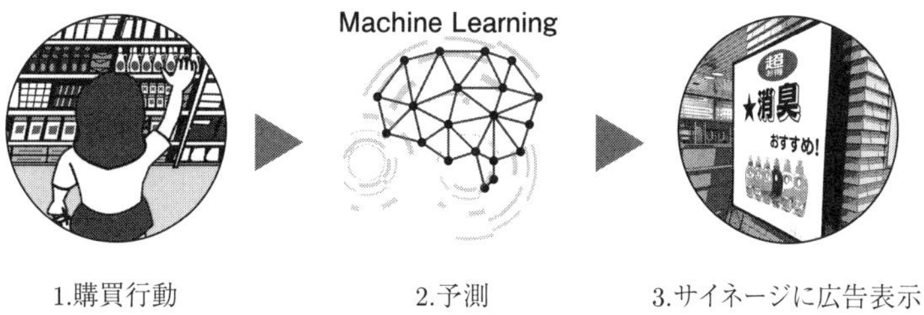

Machine Learning
1.購買行動
2.予測
3.サイネージに広告表示

図 14.1 システム化の例 1

かもあらかじめ統計的にわかることだろう．その商品の広告を打てばアップセルが期待できるかもしれない．

また，接触非購入者 (と予測された人) に対しては，なにも購入しないよりは 1 品でも購入してもらったほうがよいという考え方から，割引クーポンを発行するといったことができるとよいかもしれない．

1. ショッパーが売場で購買行動を行う
2. その結果 (GI データのうち `buy_flag` だけが付いていない状態) と構築したモデルを用いて“予測”を行う
3. その予測結果で“接触非購入者”と判断された人に対して，デジタルサイネージでクーポン二次元コードを発行する
4. 二次元コードをスマートフォンで読み込み，その情報をレジで提示すると割引が受けられる

クーポンの発行の仕方にもいろいろ方法があるが，例えばその場でデジタルサイネージにクーポン二次元コードを表示して，それを読み取ってもらうなどの方法があるかもしれない．アーキテクチャとしては図 14.2 のようになるだろう．

Machine Learning
1.購買行動
2.予測
3.サイネージに二次元コード表示
4.レジで割引

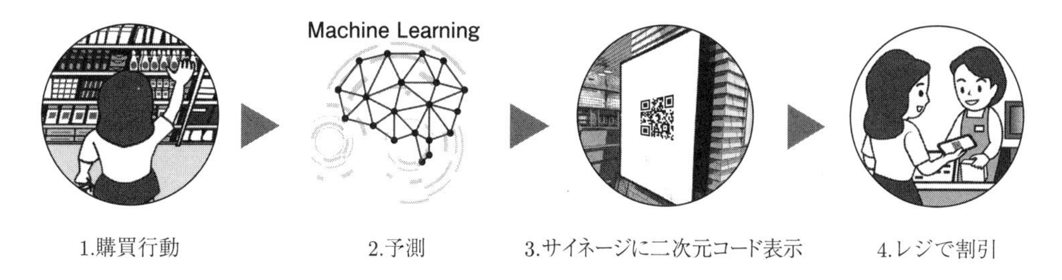

図 14.2 システム化の例 2

14.1.3 システム化で必要な「連携」

システム化するためには，データサイエンスとは異なる IT スキルが必要になる．例えば上記のようなシステムのアーキテクチャを検討する，データベースを設計・開発する，スマホアプリやサイネージの表示などのフロントエンドを設計・開発する，などだ．これらをすべて持ち合わせたスーパーマンであれば一人でこと足りるのだが，一般的にはそのようなスキルに特化したエンジニアは

データサイエンティストとは異なることが多い．そのため，機械学習モデルを開発した人とシステムを開発する人とがお互いに情報を共有しながらプロジェクトを進めることになるだろう．

この際，お互いの思い描く完成図をより精緻にすり合わせることが必要になる．よくビジネスの世界では“連携”といったりする．例えば機械学習モデルが優れていても，その精度やモデルが発揮されないようなワークフローになっていたり画面表示になっていたりすると，その効果は薄まるだろう．逆に，UX/UIに富んだシステム設計がされたとしても，そこに機械学習モデルの精度が追いつかない場合もある．お互いの限界もきちんとすり合わせをして「連携」し，全体としてバランスのよい出口戦略を考えることが必要だ．

14.2　売場・販促施策の改善

14.2.1　様々なアイデア

また，システム化とは別の観点で，このようなデータを活用することで以下のような取り組みも考えられるだろう．

- 売場改善
- 販促物改善
- キャンペーン改善

売場改善はおもに小売側，販促物改善はおもに消費財メーカー側の施策，キャンペーン改善は両方の施策となる．

売場改善としては，具体的には商品の棚割変更が挙げられる．第2章で紹介したとおり，商品棚割の最適化は大きな課題の1つである．例えば今回のデータ分析の結果，商品によってCVRの違いがみられた．CVRが高い商品はどこにあっても購入率が高いと想定されるため，例えばエリア3にCVRが高い商品を設置し，必ずエリア3まで来てもらうようにするという施策が考えられる．ショッパーの動線を少しでも伸ばすことで，より多くの商品を知ってもらうという作戦だ．

販促物改善として，例えばGIデータの分析によって30代女性に多く手に取られているがCVRが低い商品があるとわかったとしよう．そうすると，30代女性がより購入してくれるようなキャッチコピーを考えて販促物として設置するといった施策が考えられる．ターゲットがより明確になることで，効果も高まると想定される．

キャンペーン改善も販促物改善と似たような形である．例えば「対象商品を700円以上購入するとくじ引きができる」といったキャンペーンを考えてみよう．キャンペーンの告知や対象商品の陳列などをどう工夫すれば，よりキャンペーンの効果を上げられるだろうか．あるいは，キャンペーンによって購買行動がどのように変わると想定されるだろうか．

このように，データ分析結果から様々な施策アイデアが出てくる．このようなアイデアが実際に実現できるかどうかはもちろん状況によるのだが，気付きからアイデアを出すことはタダであるから，様々なアイデアを出してみるとよいだろう．こういった知的生産はマーケティング活動の一番の醍醐味であるといえる．

コラム　売場改善ができる環境

『心理マーケティング 100 の法則』[※1]では，スーパーマーケットでアップテンポの BGM を流すと顧客の滞留時間は短くなり，スローテンポの BGM を流すと滞留時間が長くなり，顧客はゆっくりお買い物をし購入額も増える，といった実験結果が紹介されている．差別化が難しい商品についてはオマケを付けることでその商品の付加価値や魅力度をアップさせるといったアイデアもあるだろう．

このように，売場改善はちょっとしたアイデアでいろいろとできることがあるのだ．ただ，こういったアイデアをどんどん実行していく小売店舗と，そうではない小売店舗に分かれる．どういったところに差があるのだろうか．筆者が感じるところでは，その小売店舗が置かれた環境が影響しているようだ．

- アイデアを出せる環境
- アイデアを実践できる環境
- アイデアを検証できる環境

アイデアを出すには，アイデアを出しやすい環境が必要になる．例えば，規律が厳しくどんよりとした職場環境の中では，従業員がなにかアイデアをいう雰囲気ではないかもしれない．あるいは，従業員自体が売場やショッパーのことをあまり理解しておらず，そもそも気付きを得られる環境にないかもしれない．

次に，そのアイデアを出した後に実践できるような環境であることも重要だ．アイデアを実践するためには，チャレンジすることを厭わない職場環境や，そのための費用などが必要になってくる．

さらに，その結果を検証するための分析組織が必要になるだろう．これがないと，ただ単にやりっぱなしになって終わってしまうため，次の機会が出てきてもやってみようという気概が生まれないかもしれない．

売場改善の種は無数にある．しかし，アイデアを出し，実践し，検証できる環境というのが整っている店舗はそう多くない．これから日本の小売業が活性化されていくには，このような環境が整うことが必要になるだろう．

14.3　DEFP2021 発表資料からの学び

具体的にどのようなアイデアがあったのかを紹介しよう．DEFP2021 でも離脱客 (接触非購入客) に買ってもらうためにはどのような施策を打てばよいかという宿題について発表をしてもらった．

Angels チームは現状の課題と原因を示した上でその解決案 (アイデア) を 3 つ考えだした (図 14.3)．例えば，土曜日の 16 時台は 10 代の商品接触者が他の時間帯より多いものの，購入に至る率が低いということを割り出した上で，解決策として 10 代向けのキャンペーンを展開するといった案を出した．また，エリア間で相乗効果のある配置にすればよいのではと考え，購入率が高いように配置換えを行うとよいのではないかということも考えた．例えば，多くの人が購入するお茶を真ん中に据えることで，ショッパーの動線を伸ばすこともできるかもしれない．実は店舗のレイアウト (棚割) というのは，明確な根拠がなくずっと同じままという場合が多い．商品棚を入れ替えることは物理的に労力がかかることから大掛かりな店舗オペレーションがなかなか行われてこなかったというのが現実だ．そのため，変更することによって劇的に購買行動が変わり売れ行きが改善される可能性もあるのだ．

Fujiyama チームはモーリーフラフト社の「ミルクマシマシラテ 450ml」に着目した (図 14.4)．こ

[※1] 酒井とし夫『心理マーケティング 100 の法則』(日本能率協会マネジメントセンター，2018)

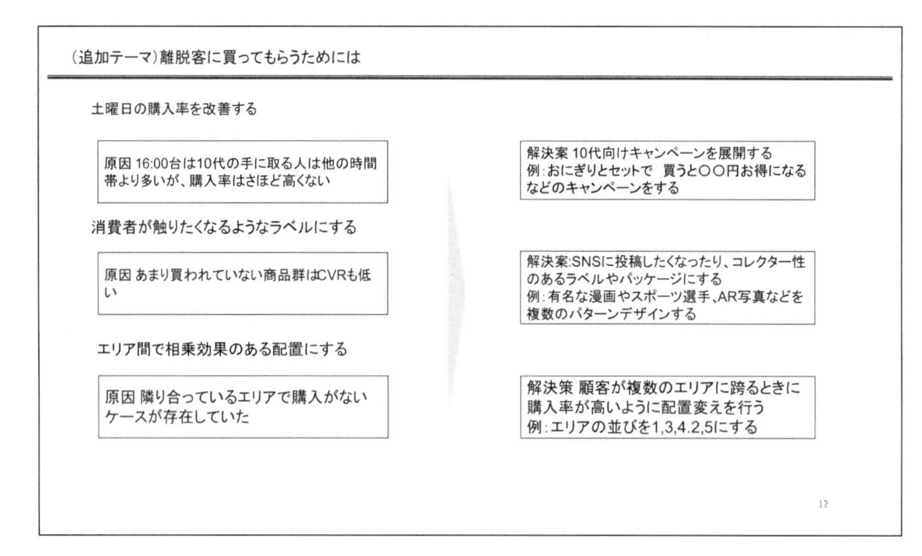

図 14.3　Angels チームの発表資料

の商品を手に取った客層で競合他社に負けているのは若い女性であるということを特定した上でその原因にアプローチした．例えば成分や容量などといった観点で検討をし，打ち手として量を少なめにした商品やフルーツ風味など値段相応の果物オレを販売するといったアイデアが出された．マーケティングリサーチの結果をもとにして，既存商品の改善や，新商品の企画アイデアも出てきた好例といえるだろう．

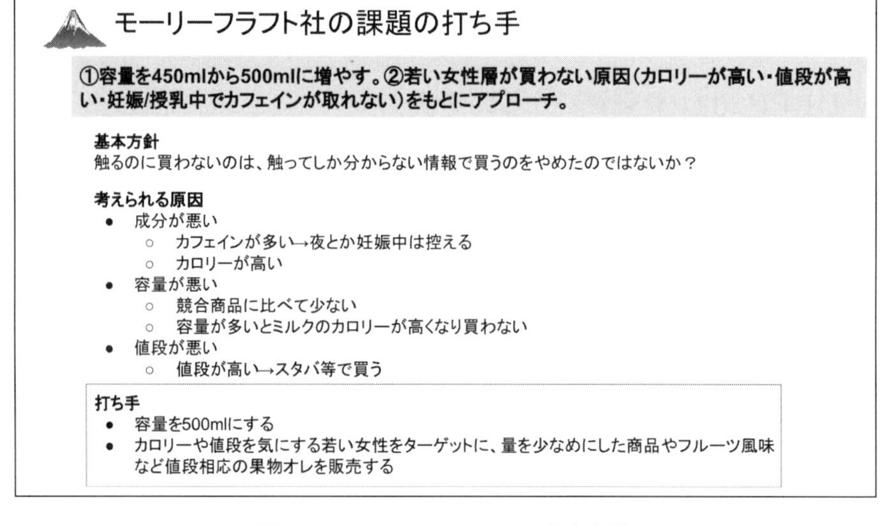

図 14.4　Fujiyama チームの発表資料

14.4 回帰

14.4.1 回帰とは

本書ではここまで統計的な分析と教師あり学習である二値分類を行ってきた．ここからは少し別の機械学習でのアプローチを考えてみよう．まずは回帰である．第8章でも述べたとおり，回帰は「教師あり」学習に分類される機械学習の手法である．回帰モデルはマーケティングにおいては非常によく使われており，Excelでも簡単に実装ができる．例えば『Excelでできるデータドリブン・マーケティング』※2では，「アルコール飲料の売上の予測モデルを作る」と題してExcelを用いて実装する方法を紹介している．GIデータを使っても回帰モデルを構築することができそうだ．今回は1週間分のデータのみであったが，例えばこれが1か月分，1年間分とあれば，なにか傾向がみえてきそうである．11か月分の購買行動データを使って回帰モデルを構築し，12か月目の購買行動を予測することができるかもしれない．

14.4.2 単回帰分析

単回帰分析 (single/simple regression analysis) とは，Aが増えればBもこれだけ増える，というように，1つの説明変数で1つの目的変数を予測するものだ．例えば本書で取り上げた飲料の場合，業界的に気温と売れ行きには相関関係があるといわれている．

例を挙げてみよう．表14.1は今回のGIデータの対象である2020年10月26日〜11月1日の東京都の最高気温と，今回使用したGIデータにおけるラボラトリー社の「マイルドラバー600ml」の日販 (購入回数) データを一覧表に表したものだ．

表 14.1 最高気温とマイルドラバーの購入回数の関係

	最高気温	購入回数
10月26日	22.9°C	6
10月27日	20.8°C	15
10月28日	20.2°C	10
10月29日	22.8°C	10
10月30日	18.5°C	24
10月31日	19.2°C	21
11月 1日	19.9°C	20

これをExcelを用いて散布図に表して単回帰分析を行った結果が図14.5である．

この結果，$y = -3.5x + 87.7$ という近似式が得られた．傾きがマイナスであるから，気温が低くなればなるほどマイルドラバーの購入回数が多くなる，というモデルである．単回帰の仕組みを説明するために敢えて簡単なモデルを構築した．このモデルについてどう感じるだろうか．

演習 14.2 このモデルについて「気付き」を書き出してみよう (1分)

※2 小川貴史 (社会情報サービス監修)『Excelでできるデータドリブン・マーケティング』(マイナビ出版，2018)

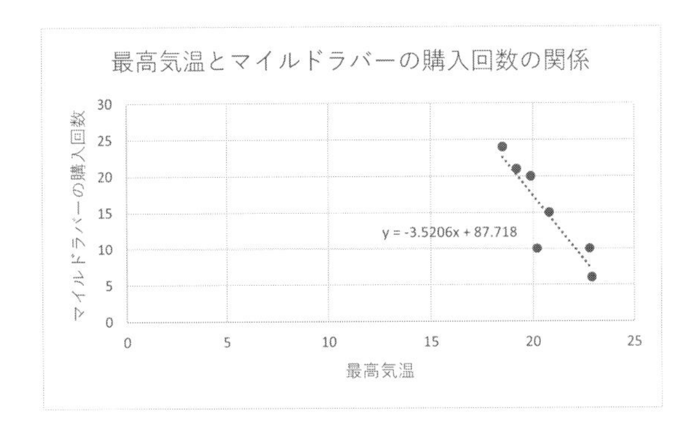

図 14.5 最高気温とマイルドラバーの購入回数の関係のグラフ

例えば以下のようなことが挙げられる.

- そもそも気温が下がれば商品が売れるようになるという単純なものなのか？
- このまま気温が下がり続けると，0°C でマイルドラバーは 87 本も売れることになる．そんなことはありえないのではないか
- 商品の売れ行きは気温だけに左右されるとはいえないのではないか

もし気温が 0°C になれば 1 日に 87 本も売れるということになる．これは凄い，気温をどんどん低くしよう…とはもちろんいかない．気温は人間にはコントロールできないし，そもそも気温が低くなるほど売れるといっても限界があるはずなのだ．あるデータを使って学習した機械学習モデルにおいて，その訓練データの範囲内で数値を予測することを**内挿** (interpolation) といい，その範囲外で数値を予測することを**外挿** (extrapolation) という．この例の場合，説明変数である最高気温は最小値が 18.5°C，最大値が 22.9°C であり，その範囲内は内挿であり予測が可能といえる．一方でそれ以外の範囲，例えば最高気温が 0°C のような場合は外挿であり，今回構築した機械学習モデルはそのまま適用できない．また，上記のとおり商品の売れ行きは気温だけに左右されるとはいえないだろう．単回帰分析で説明が成り立つほど，この世の中は簡単ではない．どうやらもっといろいろな要素が関係していそうだ．そこで出てくるのが重回帰分析である．

14.4.3 重回帰分析

重回帰分析 (multiple regression analysis) とは，複数の説明変数で 1 つの目的変数を予測するものだ．さきほどの単回帰分析の例でいうと，気温だけでなく湿度や天気 (晴れ・雨・曇りなど) の情報，店舗への来客者数の情報，他の商品の配荷の状況など，様々な情報を説明変数として考慮する．

重回帰分析を用いると，様々な条件を考慮してモデルを構築することができる．ここでは実装しないが，ぜひ章末問題で取り組んでみよう．

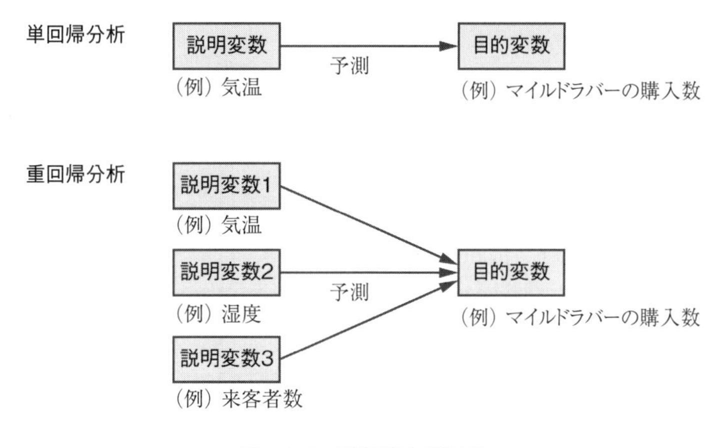

図 14.6 単回帰と重回帰

14.5 クラスタリング

14.5.1 クラスタリングとは

次に**クラスタリング** (clustering) を紹介する．クラスタリングは「教師なし」学習に分類される機械学習の手法である．なお，クラスタリングをクラスタ分類と表現することもある．クラスタリングの本質は「似たものどうし」をまとめてくれることである．「似たもの」の基準は機械学習がよしなに考えてくれる．

14.5.2 *k*-means 法とは

クラスタリングでよく使用されるのが ***k*-means 法** (*k*-means clustering) だ．k 平均法とも呼ばれる．*k*-means 法では以下の手順に従ってクラスタリングを行う．

1. データを適当なクラスタに割り当てる
2. 各クラスタに割り当てられたデータについて "重心" を計算する
3. 各データと重心の距離を計算し，距離が一番近いクラスタに割り当て直す
4. 2 と 3 の工程を，割り当てられるクラスタが変化しなくなるまで行う

Python では Scikit-learn に sklearn.cluster.KMeans クラスが用意されており，それを使用して実装する．章末問題としてぜひ取り組んでみてほしい．

14.5.3 DEFP2021 発表資料からの学び

ここで 1 つ実例を紹介しよう．GIDelta チームでは購買行動に応じてショッパーを 6 つのクラスタに分類した (図 14.7)．このとき，商品の購入数，店舗滞在時間などの特徴量を用いている．それぞれのクラスタに独自の名称を付与しており，例えば「週末家族層」「仕事帰り会社員層」などといった名称にしているところがユニークだ．なお，クラスタリングは「似たものどうし」をまとめてくれるものの，その「似たものどうし」がいったいどのようなまとまり (グループ) なのかを解釈するのは，分析者自身が行う必要がある．「週末家族層」などといったわかりやすい名称を付けるためには，ネーミングセンスとともにビジネス知識も必要になってくるだろう．

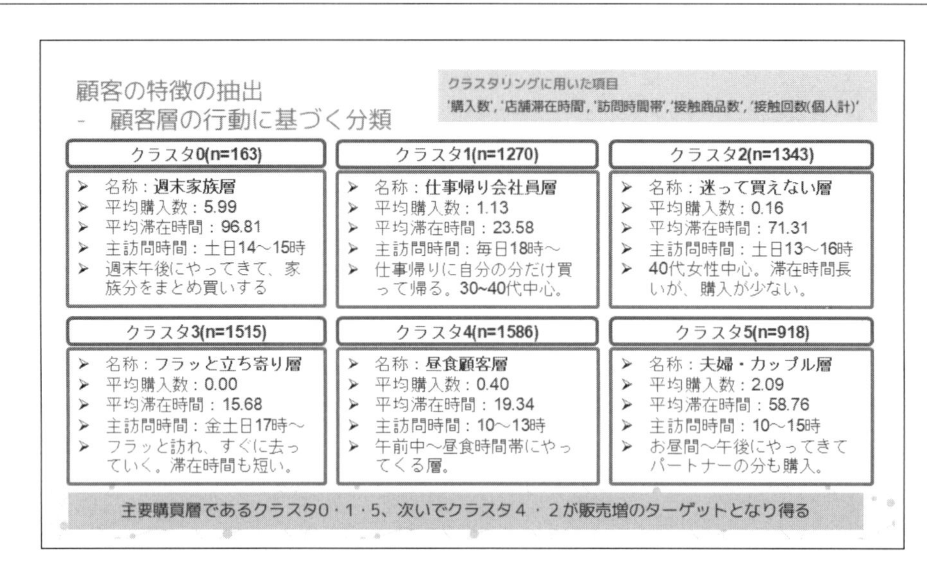

図 14.7　GIDelta チームの発表資料

14.5.4　クラスタリングの活用法

クラスタリングできるとなにが嬉しいだろうか．クラスタリングは「似たものどうし」をまとめてくれることが本質であった．「似たものどうし」には同様の施策を打てば効果的だということが想像が付くだろう．例えば前項で紹介したクラスタリングの場合だと，「フラッと立ち寄り層」に分類されるショッパーには，同様の施策が効きそうである．

14.6　機械学習のさらなる活用

本書でおもに扱った「分類」に加え，「回帰」と「クラスタリング」という 3 種類の機械学習について紹介した．それぞれ使いどころが異なるため，どのようなシチュエーションでどのように活用すればより効果が得られるか，考えてみても面白いだろう．以上で本章を終わりにする．RPG でいえば，分類は本書におけるメインの物語であったが，回帰やクラスタリングはアディショナルな“裏面”にあたるといえる．システム化と合わせて考えることでより一層マーケティングにおけるデータサイエンスの活用の道が拓けることだろう．

章末問題

14.1 ラボラトリー社の商品を１つ取り上げて，売上予測の重回帰モデルを作ってみよう．

14.2 k-means 法を使ってクラスタリングを行ってみよう．

14.3 回帰やクラスタリングがどのようなシチュエーションで使えそうか考えてみよう．

解答例は ▶サポートページ参照

第15章

全体のふりかえりと今後にむけて

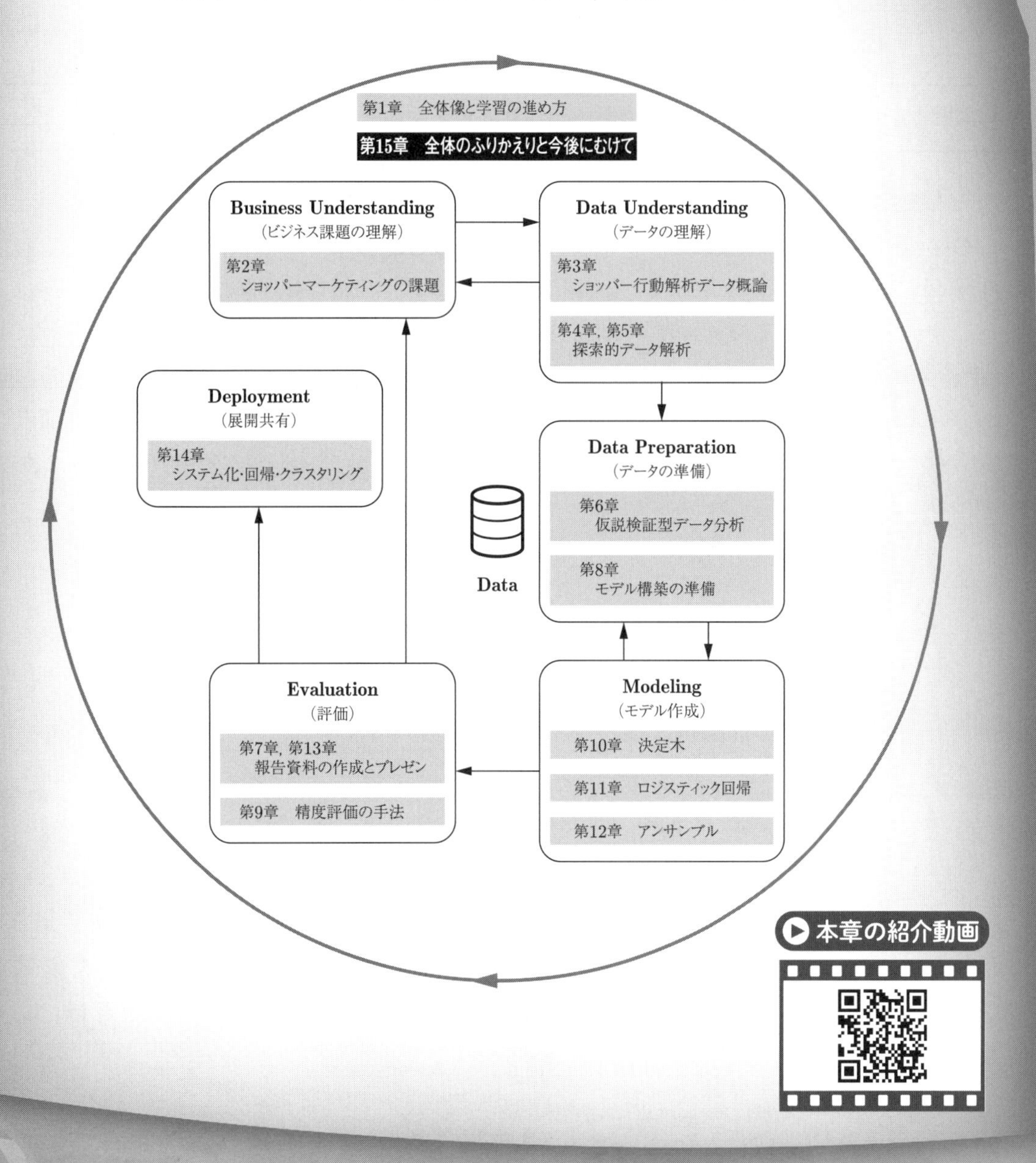

本章の紹介動画

15.1　全体のふりかえり

本書で紹介したのはあくまでも全体の大きな流れであり，詳細については割愛しているところも多い．RPGでも全クリ(全面クリア)した後にもう一度気になったところや飛ばしたところをやり込んでプレイすることがあるだろう．ダンジョンの奥に眠っている宝箱を取りに行ってみてもよいし，より効率的に敵を倒せるように武器や魔法の使い方にさらに磨きをかけるのもよい．本章ではカテゴリごとに参考文献を挙げるので，より詳しく学びたい人はぜひ手に取っていただきたい．2周目，3周目の学習はまた違った気付きが得られることだろう．

では，今回のクエスト全体をふりかえってみよう．

演習 15.1　第1章〜第14章までの取り組みをYWTでふりかえろう(10分)

どんな意見が出てきただろうか．参考にチームの発表資料をみてみよう．

GIDeltaチームではKPTでふりかえりを行い，Keep(良かったこと)，Problem(悪かったこと)，Try(次に挑戦すること)を挙げていた(図15.1)．例えば，「生活に身近なお題ということもあり，メーカー，店舗，消費者の多面的な視点を持って取り組めたこと」を良かったこととして挙げたり，「データ加工の不備に気づかず，精度改善をしていた」を悪かったこととして挙げたりしている．そのうえで次に挑戦することとして「メーカーだけでなく小売業の顧客をターゲットとして，店内行動分析データを活用した販促・プロモーションを検討してみたい」といった能動的なコメントが挙げられた．

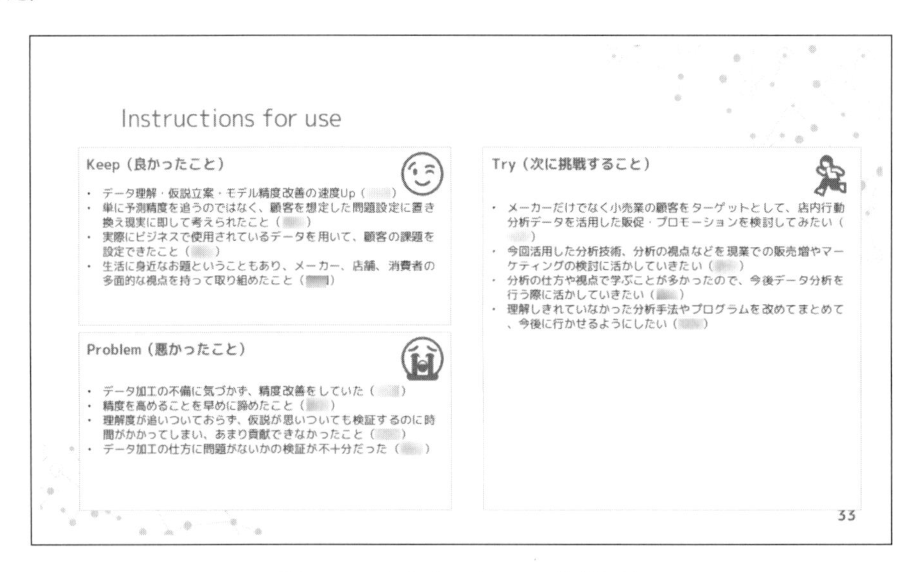

図 15.1　GIDeltaチームの発表資料

精度向上という意味では，Angelsチームが興味深い示唆だしをしていたので紹介したい．Angelsチームではマーケティング観点，特徴量観点，モデル観点の3つの観点でfuture workを挙げていた(図15.2)．例えば特徴量として予測結果への影響度にもとづいた特徴量の解釈，改善を挙げている．

第10章，第11章でインポータンスをみて特徴量の寄与率を確認したが，それをもとにして「こういう特徴量ならもっと効くかもしれない」という発想を膨らませて，別の特徴量を作ってみようという取り組みだ．このように，一度実行してみた結果をもとにして改善をして再度実行し，その結果をもとにさらに改善をする，というサイクルを回していくと，どんどんよいものが生まれてくるだろう．

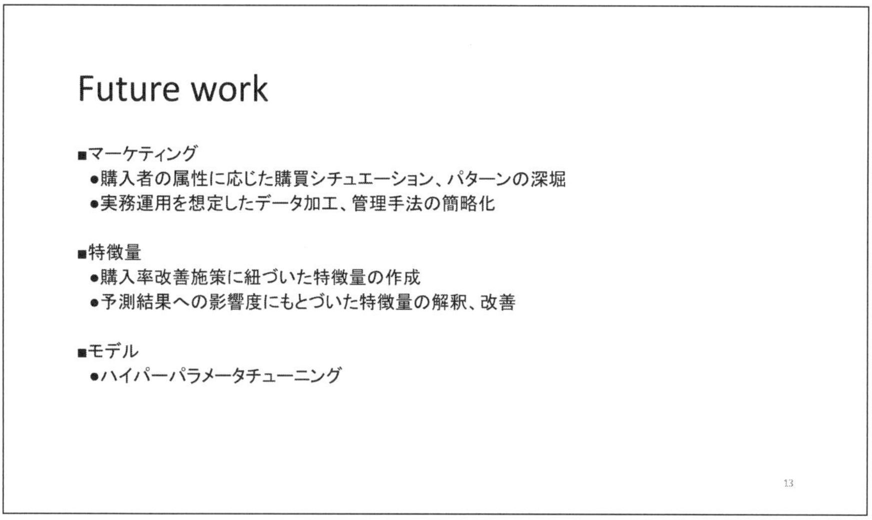

Future work

■マーケティング
●購入者の属性に応じた購買シチュエーション、パターンの深堀
●実務運用を想定したデータ加工、管理手法の簡略化

■特徴量
●購入率改善施策に紐づいた特徴量の作成
●予測結果への影響度にもとづいた特徴量の解釈、改善

■モデル
●ハイパーパラメータチューニング

13

図 15.2 Angels チームの発表資料

15.2 今後取り組んでみると面白いテーマ

本書に従って行うことができた取り組みはまだごく一部にしか過ぎない．例えば第14章で紹介したような回帰モデルやクラスタリングなどにチャレンジしてみてもよいし，今回の結果をもとにしてもっとビジネス価値を高める取り組み (例えば販促・プロモーションの検討など) に昇華していくのもよいだろう．また，本書ではおもにGIデータを活用してきたが，他のデータと組み合わせることによってさらに様々なデータサイエンスが可能になっていくことだろう．第2章を思い出してほしい．ショッパーマーケティングには様々な課題があった．

- 販促物効果の検証ができていない
- 棚割の最適化ができていない
- 計画購買・非計画購買の割合が把握できていない

これらの課題にはどのようにアプローチしていくとよいだろうか．改めて考えてみよう．

15.2.1 販促施策の効果検証

鳥居さんは「店頭マーケティングでもA/Bテストができるのではないか」という話をされていた．**A/B テスト** (A/B testing) とはおもにデジタルマーケティングで使われる用語で，2つの施策 (AとB) どうしを比較検討することを指す．販促物の設置やキャンペーンなど販促施策の効果検証のためにA/Bテストを行うことも可能だ．

今回は基礎調査として1週間だけのGIデータを使用したが，例えば通常の売場(A)でのGIデータと，販促物を設置した売場(B)でのGIデータを用意することを考えよう．ここで，Aのデータを**対照群**(またはコントロール群)，Bのデータを**実験群**(またはトリートメント群)と呼び，販促物の設置という行為を**介入**と呼ぶ(図15.3)．

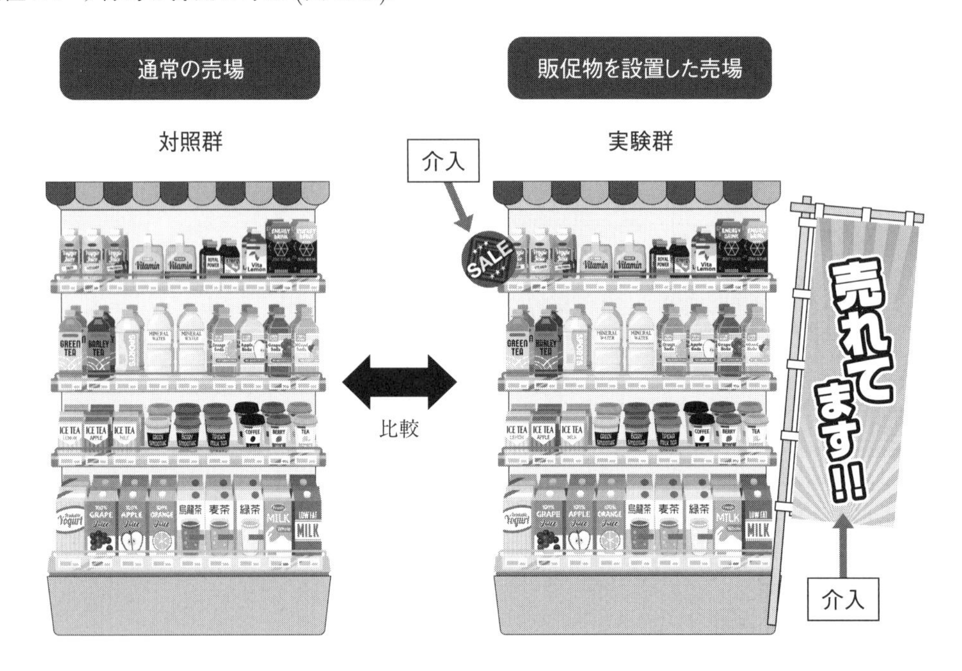

図15.3　A/Bテストの概要

対照群と実験群でどれだけ売場のショッパー購買行動が異なるかを分析していく．もしかしたらより多くの商品に接触しているかもしれないし，より長く売場に滞在してくれているかもしれない．もちろん，ほとんど変わらないということだってありうるのだ．

このとき，バイアスをいかに除去するかが大切だ．例えば，AとBとでそもそも異なる店舗での実験であったら，その店舗差異を考慮しなければならない．Aのデータは夏，Bのデータは秋というように季節が異なれば，売れ行きや購買行動も変わるかもしれない．そもそも異なる期間だと商品の配荷や棚割も変わってくるかもしれない．リアル店舗の来店客数は天候にも左右されるから，このあたりも気にする必要があるだろう．つまり，リアル店舗におけるA/Bテストは常にバイアスとの戦いなのだ．

『効果検証入門』※1では「どのようにすればバイアスを取り除きフェアな比較ができて，因果関係を示す正しい効果を知ることができるのかについて解説」されている．「与えられたデータを使ってどうすればより正しい比較ができるのか？を考える統計学の一分野」である**因果推論**と，「因果推論のアプローチによって経済的な事象の効果を評価するために用いる分野」である**計量経済学**とを紹介しており，このような効果検証を行う上では必読の一冊といえるだろう．

また，『岩波データサイエンス　Vol. 3』※2ではまさに因果推論が特集されているが，この中で人

※1 安井翔太(ホクソエム監修)『効果検証入門　正しい比較のための因果推論／計量経済学の基礎』(技術評論社，2020)
※2 岩波データサイエンス刊行委員会編『岩波データサイエンス　Vol. 3』(岩波書店，2016)

工池の水位を例に出して因果の流れについて説明している．水は低きに流れるので，上にある池から下の池へ水が流れることはあっても，下の池から上の池へ水が流れることはない．このように，因果には向きがあり，A → B はいえても，B → A は必ずしもいえない．第 14 章で扱った最高気温と日販の単回帰を思い出してほしい．仮に気温が 1°C 上昇したらある飲料が 3 個売れることがわかったとする．だが，ある飲料が 3 個売れたからといって気温が 1°C 上昇するということはもちろんありえない．

このように，バイアス除去や因果推論などの手法を用いながら販促施策の効果検証を行う．第 2 弾の書籍を執筆する機会に恵まれたら，ぜひこのテーマについても取り扱ってみたい．

15.2.2 棚割の最適化

さらに，どの商品が商品棚のどこにあるのかという情報と組み合わせれば，棚割に関する理解も進むであろう．同じ商品についても棚割 A の場合と棚割 B の場合とでは購買行動が変わるかもしれない．そうすると，より購入される棚割のほうが最適であるといえるだろう．

15.2.3 計画・非計画購買の予測

今回の GI データについて，例えばカメラ動画を閲覧したり店頭でショッパーにインタビューするなどして，それぞれの人物 ID ごとに計画購買者，非計画購買者というフラグ付けをするということも面白い．それを分けるものがいったいなんなのかを，二値分類モデルを構築して解明していくのだ．目的変数を「購入フラグ」から「計画購買フラグ」に変えるだけで，ほぼ本書で実施したような機械学習モデルの構築手順を同様に行えば良さそうだ．

もしこれができるようになったら，なにに使えるだろうか．例えば計画購買者はもともと計画的に考えて売場にやってきているから，それ以上新たに商品を購入したりすることはあまり考えられない．一方で非計画購買者はまさに店頭でなんの商品を購入するかを決めているといえるから，店頭販促物の最後のあと一押しで購入してくれるかもしれない．こういったショッパーのほうが販促物の効果が高そうである．したがって，「非計画購買者に特化して販促を打つ」という施策が考えられるだろう．

15.3 商品開発や戦略への応用

これをもう少し抽象化してより上段の課題を考えてみよう．

15.3.1 新商品の開発

第 14 章で売場・販促施策の改善について述べたが，このようなリサーチ結果はもう少しさかのぼって新たな商品の企画や開発に繋げることができる．市場における競争はますます激しくなり，企業のマーケティング担当者は従来のように「既存の商品を売る」だけではなく，「売れる新商品を作る」ということが必要になってきた．その際に，このような市場のデータは大いに活用できるものとなろう．

『マーケティング・リサーチ入門』[※3]では，**リーンスタートアップ**のプロセスを引用し，「成功する確率を高めるためには，必要最小限の機能を有する商品やサービスを開発し，市場に導入し，市場の評価をもとに商品・サービスの改良を行うという一連のプロセスをできるだけ早く回すことが求められる」と述べられている．『リーン・スタートアップ』[※4]では，構築 (build) →計測 (measure) →学習 (learn) →構築…というループを回すことが述べられているが，本書で行ってきたことはまさに計測と学習のプロセスにあたる．これをもとにして次の商品または施策を「構築」し，さらに計測と学習を行い…としながら改善のループを回していくとよいだろう．例えば，今回鳥居さんの所属しているラボラトリー社は，水関連の商品に強いことがわかったとする．一方で他のカテゴリの商品は競合商品に比べて競り負けている様子が見受けられたとしよう．もし水関連の市場が頭打ちなのであれば他カテゴリの商品開発や販促物の作成にリソースを割くのが正解かもしれない．

また，イノベーションのメカニズムを解き明かした『ジョブ理論』[※5]では，ポータブル音楽カセットプレイヤー〈ウォークマン〉を開発したソニーの創業者・盛田昭夫の言葉を引用する形で，市場調査 (マーケティングリサーチ) だけに頼るのではなく，人々の生活を注意深く観察して彼らの望みを直観することを提言している．GI データによってみえてきた購買行動はあくまでリアル店舗の棚前における「目に見えるデータ」であるが，もっと人間の感情や気持ちの浮き沈みなど「目に見えないデータ」にアプローチしていくことで，様々なインサイトが生まれてくることもあろう．データの種類や質を変化させることで多角的に事象を捉えることも新商品開発には重要になってくるといえる．

15.3.2　事業戦略への展開

このような商品企画・開発のさらに上段にあるのが事業戦略だ (図 15.4)．例えば消費財メーカーにおいては，どのような商品を企画・開発し，それをどれくらいつくり，どう販売していくのか，その司令塔のような役割を担う．その構造上事前の市場理解がより重要になるポジションでもあろう．鳥居さんも「この結果を上層部にもあげて」といった趣旨のことを仰っていたが，古今東西問わず戦略立案においてデータは重要かつ貴重なものであるといえるだろう．

第2章でどのような部門でどのようなデータ活用の方法があるのかを書き出したことを覚えているだろうか．その際に，商品開発部，マーケティング部，営業部・商品部，経営層といった様々な部門でデータ活用ができると想定していた．本書を通して，想定どおり様々な部門でデータ活用ができそうなことが実感できたことだろう．

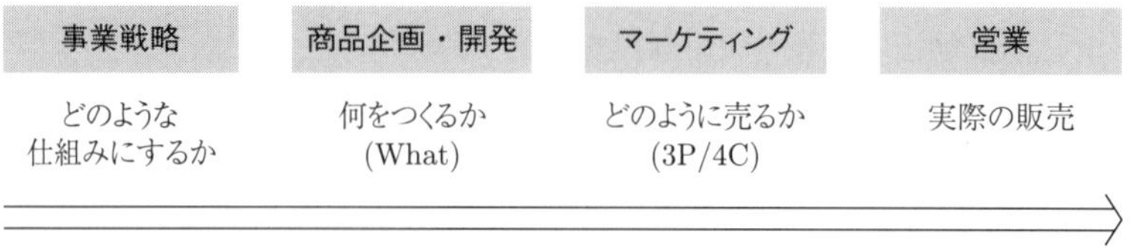

図 15.4　商品の開発と販売の流れ

※3 星野崇宏・上田雅夫『マーケティング・リサーチ入門』(有斐閣，2018)

※4 Eric Ries (井口耕二訳)『リーン・スタートアップ　ムダのない起業プロセスでイノベーションを生みだす』(日経BP，2012)

※5 Clayton M. Christensen, Taddy Hall, Karen Dillon, and David S. Duncan (依田光江訳)『ジョブ理論　イノベーションを予測可能にする消費のメカニズム』(ハーパーコリンズ・ジャパン，2017)

ビジネスにおいて，1つの部署における取り組みを起点として全社的な施策に広げていくことは，よくあることだ (筆者の場合「一点突破全面展開作戦」といっている)．特にこのように新しいデータを使った取り組みの場合，そのアウトプットがわからないままだと全社的な取り組みをいきなり始めることはリスクが高い．だが，1つ事例を作ればその事例を用いて説明することができるため，様々な展開がしやすいのだ．事業戦略はまさにその究極的なところでありビジネスの根幹を担うところであるから，野心的に提案をしていくとよいだろう．

15.4 参考文献

本書で紹介したのはあくまでショッパーマーケティングという限られたドメインにおける探索的データ解析および二値分類モデルの構築という限られた範囲でのものだった．そこで，もっと学びを深めたい方向けに，参考書籍をリストアップした．それぞれ本書関連箇所と筆者の所感を記してある．ぜひ手に取って更なる学習を進められたい．友人や同僚と輪講会などを設け，お互いに気付きを共有しながら学びを深めることもおすすめだ．知の冒険はまだまだ始まったばかりである．

15.4.1 ビジネス活用・プロセス関連

- Foster Provost, Tom Fawcett (竹田正和監訳)『戦略的データサイエンス入門　ビジネスに活かすコンセプトとテクニック』(オライリー・ジャパン，2014)
〈本書関連：全般 (特に第1章，第7章，第13章)〉
データをビジネスに活かすために身に付けておくべき基本的な考え方が体系的に紹介されており，特にビジネスでデータサイエンスを活用したい人におすすめしたい．CRISP-DM についても紹介されている．
- あんちべ『データ解析の実務プロセス入門』(森北出版，2015)
〈本書関連：全般 (特に第1章，第7章，第13章)〉
数理統計の研究室で学び金融機関で業務を行った方が執筆されており，新商品のマーケティングや宣伝広告の効果検証など，まさに実務におけるデータサイエンスプロセスの勘所を抑えた必携の一冊．
- 株式会社日立製作所 Lumada Data Science Lab. 監修『実践　データ分析の教科書』(リックテレコム，2021)
〈本書関連：全般 (特に第1章，第7章，第13章)〉
日立グループ内のトップデータサイエンティストメンバーが執筆しており，実際のビジネスの現場でなにをゴールとして，どのように分析をしていくのか，実践的に紹介されている．
- 加藤エルテス聡志『機械脳の時代—データサイエンスは戦略・組織・仕事をどう変えるのか？』(ダイヤモンド社，2017)
〈本書関連：第1章，第13章～第15章〉
こちらもビジネス視点でのデータサイエンスについて書かれている名著だ．プログラムの話は一切なく，非エンジニアのビジネスマンにも理解しやすいだろう．

- 河本薫『会社を変える分析の力』(講談社，2013)
  〈本書関連：第1章，第15章〉
  大阪ガスでビジネスアナリシスセンターを立ち上げた河本薫さんの著書．実務家としてビジネスにおいてデータサイエンスを使う上での勘所やコツなどを平易にわかりやすく紹介している．技術的な紹介は少ないため，初心者にも大変読みやすい．
- 内田和成『仮説思考　BCG流　問題発見・解決の発想法』(東洋経済新報社，2006)
  〈本書関連：第1章，第2章，第7章，第13章〉
  著者である内田和成さんはボストンコンサルティンググループの日本代表を務めた方であり，仮説思考の要諦について解説しているのが本書である．データサイエンス案件におけるビジネス理解と仮説の設定に大いに役立つことだろう．

15.4.2　報告書作成関連

- Barbara Minto (山崎康司訳)『考える技術・書く技術　説得力を高めるピラミッド原則』(ダイヤモンド社，1995)
  〈本書関連：第7章，第13章〉
  世界の主要コンサルティングファームでライティングのコースを教えるバーバラ・ミントさんが執筆した世界的な名著．論理構造に着目して，ピラミッド原則と呼ばれる考え方を示しており，20年以上経った今でも多くの企業で読まれており，ビジネスの現場でそのノウハウが活用されている．
- 山崎康司『入門　考える技術・書く技術　日本人のロジカルシンキング実践法』(ダイヤモンド社，2011)
  〈本書関連：第7章，第13章〉
  上記のバーバラ・ミントさんによる「考える技術・書く技術」の入門書である．日本人や日本語ならではの課題に着目して同著をわかりやすく入門編として再構成したもので，原典と合わせてぜひ読みたい．
- 山口周『外資系コンサルのスライド作成術』(東洋経済新報社，2012)
  〈本書関連：第7章，第13章〉
  プレゼンのスライド作成は，データサイエンティストに限らずビジネスパーソンの必須スキルである．そのノウハウやテクニックがギュッと凝縮されており，データ分析結果をどのようにスライドに落とし込んで相手に伝えればよいのかを考える際に非常に有益な1冊だ．
- 大石哲之『コンサル一年目が学ぶこと』(ディスカヴァー・トゥエンティワン，2014)
  〈本書関連：第7章，第13章〉
  「話す技術」「思考術」「デスクワーク術」「ビジネスマインド」といった観点で，ビジネスマン必須のスキルについて紹介している良著．データ分析系の報告書を作成しプレゼンを行う上ではぜひとも身に付けておきたいスキルがこの1冊に凝縮されている．

15.4.3　ショッパーマーケティング関連

- 星野崇宏・上田雅夫『マーケティング・リサーチ入門』(有斐閣，2018)

〈本書関連：第1章〜第3章，第7章，第13章〉
「集まるデータ」と「集めるデータ」の2つに着目し，顧客理解やマーケティング施策の立案・評価を行うリサーチの方法について学ぶことができる．マーケティングに関する学術界の重鎮により執筆されておりアカデミアでの評価も高い．

- 公益財団法人流通経済研究所編『インストア・マーチャンダイジング 第2版』(日本経済新聞出版，2016)
  〈本書関連：第1章〜第3章，第7章，第13章〉
  長年日本の流通業を科学的な視点から解釈してきた流通経済研究所により執筆されており，インストアマーケティングやショッパーマーケティングの基礎を学ぶのに最適な一冊だ．
- Paco Underhill (鈴木主税・福井昌子訳)『なぜこの店で買ってしまうのか ショッピングの科学』(早川書房，2014)
  〈本書関連：第1章〜第3章，第7章，第13章〜第15章〉
  マーケティング・コンサルタント会社エンバイロ・セル社の創業者・CEOが執筆されている．店頭を観察してショッパーがどのような行動をしているのかを観察する「ショッピングの科学」について書かれており，1つ1つの地道な観察がのちに多くの知見をもたらす過程を感じることができるだろう．
- リテールAI研究会『リアル店舗の逆襲〜対アマゾンのAI戦略〜』(日経BP，2018)
  〈本書関連：第1章〜第3章，第7章，第13章〜第15章〉
  一般社団法人リテールAI研究会において活動するメーカー，卸売業，小売業の実務担当者が執筆しており，リテールテックの現場が理解できる一冊である．

15.4.4 行動経済学・認知バイアス関連

- 松本健太郎『人は悪魔に熱狂する 悪と欲望の行動経済学』(毎日新聞出版，2020)
  〈本書関連：全般 (特に第2章，第4章〜第7章，第13章)〉
  データサイエンスにもとづき，ユーザーの心を捉えたアイデアを引き出す「インサイト」の開発支援に携わった松本健太郎さんの著書．データサイエンスと行動経済学，それにマーケティングのつながりを理解するのに最適な一冊だ．
- Daniel Kahneman (村井章子訳)『ファスト＆スロー 上・下』(早川書房，2014)
  〈本書関連：全般 (特に第2章，第4章〜第7章，第13章)〉
  心理学者ながらノーベル経済学賞を受賞し，行動経済学ブームの火付け役となったダニエル・カーネマンさんの代表的著作．人間には感情的な「速い思考 (システム1)」と論理的な「遅い思考 (システム2)」とがあり，人間は考えられていた以上に不合理であるということを説く．行動経済学の著書は数あるが，原典はなにかと問われたら本書を推薦したい．
- Sheena S. Iyengar (櫻井祐子訳)『選択の科学』(文藝春秋，2014)
  〈本書関連：全般 (特に第2章，第4章〜第7章，第13章)〉
  「選択する」ということを深掘りして，選択するとはなにか，どう選択すればよいのか，などを科学的に捉えた書籍．講義形式で進むため読みやすくなっている．選択肢が多いと売上が下がることを示した通称「ジャムの実験」は有名だ.

- 大松孝弘・波田浩之『「欲しい」の本質　人を動かす隠れた心理「インサイト」の見つけ方』(宣伝会議, 2017)
  〈本書関連：全般 (特に第2章, 第4章〜第7章, 第13章)〉
  本書のキーワードにもなっている「インサイト」をいかに見つけ出し, どのようにビジネスに活かすのかを実践的に紹介している一冊. 豊富な事例とともに紹介されており,「気付き」をどう昇華するかがイメージできるだろう.
- 鈴木宏昭『認知バイアス　心に潜むふしぎな働き』(講談社, 2020)
  〈本書関連：全般 (特に第2章, 第4章〜第7章, 第13章)〉
  注意と記憶のバイアス, 思考に潜むバイアス, 自己決定というバイアスなど, 誰しもが日常的に経験しているであろう行動について紹介されている.
- 高橋昌一郎 (情報文化研究所監修)『情報を正しく選択するための認知バイアス事典』(フォレスト出版, 2021)
  〈本書関連：全般 (特に第2章, 第4章〜第7章, 第13章)〉
  こちらも認知バイアスに関する本であり, 論理学・認知科学・社会心理学3つの専門分野について紹介されている.

15.4.5　マーケティング全般・仮説検証関連

- 森岡毅・今西聖貴『確率思考の戦略論　USJでも実証された数学マーケティングの力』(KADOKAWA, 2016)
  〈本書関連：第1章〜第3章, 第7章, 第13章〜第15章〉
  大手消費財メーカーP&Gを経てユニバーサル・スタジオ・ジャパン (USJ) をV字回復させた森岡毅さんと, 数理科学のスペシャリストである今西聖貴さんの共著. ビジネス戦略の成否は「確率」で決まっていると語られ, 数字とビジネスがいかに密接にかかわっているのか, その魅力を余すところなく感じられる一冊だ.
- 生田目崇『マーケティングのための統計分析』(オーム社, 2017)
  〈本書関連：第6章〉
  統計学について, 特にマーケティングという観点で理解したい場合はこの一冊で間違いないだろう.
- 朝野熙彦編著『マーケティング・サイエンスのトップランナーたち　統計的予測とその実践事例』(東京図書, 2016)
  〈本書関連：第2章, 第3章, 第7章, 第13章〉
  著名な企業の第一線で活躍されている現場の担当者が執筆しており, 購買履歴データによる消費者の類型化など, リアルなマーケティング・サイエンスの実践例を知ることができる.
- 古川一郎・守口剛・阿部誠『マーケティング・サイエンス入門　新版』(有斐閣, 2011)
  〈本書関連：第2章, 第7章, 第13章〉
  『マーケティング・リサーチ入門』と同じく学術的な切り口で執筆されており, マーケティングの基本からしっかり学ぶことができる読み応えのある教科書だ.

- 羽田康祐『問題解決力を高める「推論」の技術』(フォレスト出版, 2020)
〈本書関連：第 2 章, 第 7 章, 第 13 章〉
仮説を立て推論をし成果に導くための考え方が紹介されている. 不確実性が高く将来の予測が困難な時代において推論の技術はデータサイエンティストにとっても必須スキルとなろう.

15.4.6 アジャイル・システム開発

- 森一樹『アジャイルなチームをつくる　ふりかえりガイドブック　始め方・ふりかえりの型・手法・マインドセット』(翔泳社, 2021)
〈本書関連：第 1 章, 第 2 章, 第 7 章, 第 13 章〉
ふりかえりの具体的なやりかたがわかる一冊. システム開発の現場だけでなく, データサイエンスのプロジェクトを進める上でも活用できるプラクティスが見つかることだろう.
- 平鍋健児・野中郁次郎・及部敬雄『アジャイル開発とスクラム　顧客・技術・経営をつなぐ協調的ソフトウェア開発マネジメント　第 2 版』(翔泳社, 2021)
〈本書関連：第 15 章〉
アジャイル開発がどのようにビジネスと紐づくのかを記している. 著者の一人である野中郁次郎さんはナレッジマネジメントの第一人者で, 暗黙知を形式知に変えるフレームワークである SECI モデルを提唱している. 第 2 章でも紹介したとおり店頭マーケティングにはまだ暗黙知が多く, データサイエンスを活用して形式知に落とし込んでナレッジを組織の経済活動に活かすことが必要だろう.
- Eric Ries (井口耕二訳)『リーン・スタートアップ　ムダのない起業プロセスでイノベーションを生みだす』(日経 BP, 2012)
〈本書関連：第 15 章〉
起業に関する本ではあるものの, そのプロセスやマインドセットは商品開発やそれに紐づくデータサイエンスなどでも活用できる. データサイエンスでイノベーションを生み出したい人には必読だろう.
- Clayton M. Christensen, Taddy Hall, Karen Dillon, and David S. Duncan (依田光江訳)『ジョブ理論　イノベーションを予測可能にする消費のメカニズム』(ハーパーコリンズ・ジャパン, 2017)
〈本書関連：第 15 章〉
『イノベーションのジレンマ』など数々の名著を生み出し, 企業のイノベーション研究の第一人者といわれるクレイトン・クリステンセンさんの書籍. 人が商品やサービスを買う背景にあるメカニズムを論理的に説明しており, マーケティングにも活用できる考え方が満載だ.

15.4.7 Python 関連

- 下山輝昌・松田雄馬・三木孝行『Python 実践データ分析 100 本ノック　第 2 版』(秀和システム, 2022)
〈本書関連：全般 (特に第 4 章〜第 6 章)〉

汚いデータを綺麗に整理して機械学習を行っていくための一連のノウハウが詰まっており，本書で実践した内容をさらに詳しく学習したい場合によいだろう．続編である『Python実践機械学習システム100本ノック』や『Python実践 データ加工／可視化100本ノック』も大変素晴らしい．

- 塚本邦尊・山田典一・大澤文孝『東京大学のデータサイエンティスト育成講座』(マイナビ出版，2019)
〈本書関連：全般 (特に第4章〜第6章，第8章〜第12章)〉
Pythonプログラムの基礎から始まり，データの前処理，機械学習モデルの構築など，網羅的・体系的に学ぶことができる名著である．こちらも本書で実践した内容の復習に適している．
- 森巧尚『Python 3年生　機械学習のしくみ　体験してわかる！会話でまなべる！』(翔泳社，2021)
〈本書関連：第8章〜第12章〉
著者の森巧尚さんはFlashやUnityなどのゲーム開発関連書籍も執筆されており，カラフルでわかりやすい挿絵と会話形式で読んでいて楽しくなるような一冊．それでいて機械学習のポイントをきちんと抑えており，本書を読み込んで実践すれば機械学習の基礎の大枠は理解できるだろう．

15.4.8　理論・数式関連

- Trevor Hastie, Robert Tibshirani, Jerome Friedman (杉山将ほか監訳)『統計的学習の基礎』(共立出版，2014)
〈本書関連：第8章〜第12章〉
Deep Learning以外の各機械学習手法について，網羅的に記載がされている．すべてを初めから順に読むというより，必要になった手法について調べる際に辞書的に使用することを推奨したい．理論寄りでレベルは高め．
- 中川裕志 (東京大学工学教程編纂委員会編)『東京大学工学教程　情報工学　機械学習』(丸善出版，2015)
〈本書関連：第8章〜第12章〉
機械学習手法全般にかかわる基礎的な理論について記載されていて，数式を追いたい場合に読むことを推奨．理論寄りでレベルは高め．
- Sebastian Raschka, Vahid Mirjalili (株式会社クイープ訳・福島真太朗監訳)『Python機械学習プログラミング 達人データサイエンティストによる理論と実践　第3版』(インプレス，2020)
〈本書関連：第8章〜第12章〉
機械学習の理論と詳細なプログラムについてじっくり学びたい場合は，この一冊で間違いないだろう．分厚く読み応えがあるが，その分吸収できることも多い．
- 立石賢吾『やさしく学ぶ　機械学習を理解するための数学のきほん』(マイナビ出版，2017)
〈本書関連：第8章〜第12章〉

今回紹介した機械学習モデルを数式を用いてもっと詳しく知りたいという場合は，こちらの本がおすすめだ．対話形式ですいすい読んでいけるし，Python での実装例も豊富で大変わかりやすい．

- 安井翔太 (ホクソエム監修)『効果検証入門　正しい比較のための因果推論／計量経済学の基礎』(技術評論社，2020)
〈本書関連：第 8 章〜第 12 章〉
効果検証を行うために知っておくべき因果推論と計量経済学の基礎を学ぶことができる一冊．
- 齋藤優太・安井翔太 (ホクソエム監修)『施策デザインのための機械学習入門　データ分析技術のビジネス活用における正しい考え方』(技術評論社，2021)
〈本書関連：第 8 章〜第 12 章〉
ショッパーマーケティングでは販促物を設置したりキャンペーンを実施したりと様々な「施策」を打つが，その施策に着目してどのように施策を設計・運営すればよいのか，そのために機械学習をどう活用すればよいのか知りたい場合におすすめの一冊．
- 門脇大輔・阪田隆司・保坂桂佑・平松雄司『Kaggle で勝つデータ分析の技術』(技術評論社，2019)
〈本書関連：第 8 章〜第 12 章〉
分析コンペ「Kaggle」における指標評価と特徴量の作成，モデルの作成やチューニングなどについて技術的な勘所を細かく紹介している一冊．GI データを使ってさらに精度の高いモデルを構築してみたい人や，さらに難易度の高いコンペにチャンレンジしてスキルを磨きたい人にはおすすめだ．

15.4.9 データサイエンス全般

- 竹村彰通・姫野哲人・高田聖治編『データサイエンス入門　第 2 版 (データサイエンス大系)』(学術図書出版社，2021)
〈本書関連：第 2 章，第 15 章〉
全国で初めてデータサイエンス学部を創設した滋賀大学の執筆陣による，データサイエンスの初歩から活用事例までを解説したリテラシー醸成の教科書．全般的な知識を体系的に学ぶのに適している．
- 野村総合研究所データサイエンスラボ 編『データサイエンティスト入門』(日経 BP 日本経済新聞出版本部，2021)
〈本書関連：第 1 章，第 15 章〉
「データサイエンス」ではなく「データサイエンティスト」に着目した，これまでありそうでなかった一冊．データサイエンティストという人がどのような能力を要求され，その仕事の内容がどのようなものかを現場視点で紹介している．

あとがき

最後までお読みいただきありがとうございます．ショッパーマーケティングデータをめぐる探究の旅路はいかがでしたか？

最初にデータサイエンスは冒険のようなものだという例えをしました．本書を通して自分なりの武器や魔法を身に付け，様々な知の出会いを通してクエストを楽しむことができましたら，筆者としてはそれに勝る喜びはありません．

マーケティングを楽しむ

日本のマーケターは本来的な意味でマーケティング活動に専念できていない現状があります．営業成績の管理や販促物の発注業務など，日々の雑務に追われる毎日．もっと創造的で豊かな発想のもとに多くの気付きやアイデアを得てマーケターの方がもっと楽しく仕事ができるようになれば…．いつもそう感じていました．一方で日本の学生に目を向けると，しっかり勉強をして知識も技術も備わっており大変優秀であるものの，企業における実際の業務内容には理解が追いついておらず，スキルを十分に発揮できていないように私には感じられ，「せっかく優秀なのにもったいない」という思いをいつも抱いていました．

企業にお勤めの方にはデータからアイデアを得る楽しさを，学生の方にはビジネスの楽しさを．そんな想いを抱きながら「楽しく読める教科書」を目指し，RPG という空想の世界を引き合いに出してみました．このチャレンジがうまくいったかは読者の皆様に委ねたいと思いますが，少しでも本書を通じてデータサイエンスとビジネスのかかわりを実感していただき，楽しい世界があるのだなと思っていただければ大変嬉しく思います．

学術の学びをビジネスに活かす

筆者 (清水) の学生の頃の専門は宇宙物理学でした．「壮大だね」とか「夢はあるね」といった言葉の裏で，実務にはなんの役にも立たない学問だと言われてきました．宇宙の成り立ちがわかったところで，日々の生活がよくなるわけではない，と．学術研究とはいったいなんなんだろう，とずっと頭を悩ませてきました．

しばらく宇宙開発関連事業に従事していたのですが，6 年前にデータサイエンスとマーケティングに出会い，地球上にはまだこんなに謎に満ちた世界が広がっていたのか，と感慨深く思いました．しかも，宇宙といった深遠なものではなく，日々お買い物をしているスーパーマーケットやドラッグストアといった，非常に身近な場所に，です．解決しごたえのあるクライアントの課題は“ラスボス”のようなものでありながら，好奇心をくすぐられ解き明かし甲斐のある“謎”でもありました．

マーケティングデータ分析の仕事をはじめ，電気通信大学におけるデータアントレプレナーフェロープログラムでの講義の機会をいただき，その流れで本書の出版の機会を賜りました．この一連の活動で気付いたことがあります．それは，宇宙物理学もマーケティングも，ともに仮説を立てて検証をし学びを得るというプロセスがまったく同じだということです．

ブラックホールを例として挙げてみましょう．ブラックホールはかの有名なアルベルト・アインシュタインが100年以上も前に発表した一般相対性理論により想定された宇宙の構造物で，誰もがその名前を聞いたことがあると思います．しかしそれはずっと仮説に過ぎず，理論的には存在すると思われるものの決定的証拠が見つかりませんでした．その名のとおり望遠鏡で観察することができないブラックな存在だったのです． ところが2019年4月，遂に人類はブラックホールの撮影に成功しました．仮説が検証され，架空のものが実在のものとなったのです．これは様々な観測機器により銀河や宇宙空間のデータを取得して画像解析などの技術で解析を行った人類の英知の結晶だといえるでしょう．

ショッパーマーケティングにも目を向けてみましょう．例えば本書でも紹介したゴールデンゾーンは，小売業界では古くからその存在を語られてきましたが，実店舗における実験エビデンスが乏しく，経験上から語られているだけの仮説でした． ところが本書で紹介したようなデータの分析によって，どこに置かれた商品がどのくらい手に取られているか，ゴールデンゾーンがどのへんにありそうか，ということがわかってきたのです． この過程をみて，私はブラックホールとまったく同じだと思いました．一般相対性理論の代わりに売場の知見や気付きから仮説を立て，望遠鏡で観測をする代わりに店頭に設置したカメラなどで観測を行い，銀河の画像を解析する代わりに統計的データ解析や機械学習モデルの構築を行う．まったく同じプロセスだと思いませんか．

それに気付いてから，宇宙物理学を学んで身に付けたスキルをビジネスの舞台で活かすということがどういうことなのか，だんだんとわかってきました．論理的な思考によりクライアントの課題を整理して解決の道しるべを立てること，プログラミングのスキルを活かしてデータ分析を行うこと，そして難しいデータサイエンスについて言葉を選びながらわかりやすく伝えること．宇宙物理学という学術を通して学んだことが，今ではビジネスにおいて大いに役に立っています． もしかしたら本書を読んでいる学生の方の中には，学術 (アカデミア) の道とビジネスの道，どちらに進もうか迷っている方がいらっしゃるかもしれません．あるいは，学術で学んだことはビジネスにはなんの役にも立たないのではと不安な思いに駆られている方もいらっしゃるかもしれません．学生の頃の私のように． ですが私がお伝えしたいのは，ビジネスの現場には皆さんが活躍できる場所がたくさんあるということ，そして学術で培ったスキルやプロセスが大いに役に立つということです．ぜひ自信を持って学びを深め，次の一歩を踏み出していってください．

謝辞

まず本書を執筆するきっかけを与えて下さった斉藤史朗先生，ありがとうございました．斉藤先生との出会いがなければ，この本は生まれませんでした．学術図書出版社の貝沼稔夫さんには本書の企画段階から校正・発行にかけて大変お世話になりました．本を書くとはなんたるかをまったく知らない若輩者の私たちに溌溂とアドバイスを下さり，心から御礼申し上げます．本書で一貫して使用したGIデータの商品名・メーカー名を考えていただいたインターン生の長瀬准平さん，素敵なアイデアをありがとうございました．商品A，商品Bなどというよりもリアリティが出て，皆さんも楽しく課題に取り組めたと思います．本書をレビューしていただいた高橋威知郎さん，中井大輔さん，山極綾子さんにも感謝申し上げます．高橋さんにはこれまでに何冊もの書籍を執筆された経験を，中井さんにはデータサイエンスや機械学習に従事するビジネスサイドとしての意見を，山極さんにはデータサイエンスにかかわる学生としてのフレッシュな感想を，それぞれ賜ることができました．サポートページのサンプルプログラムや章末問題解答例の作成にご尽力いただいた内山真人さん，迅速かつ的確に対応いただき大変助かりました．そして，電気通信大学との産学連携や本書の執筆活動を心から応援してくださった岡本賢祐さん．「サイエンスの力でマーケターのやりたいを実現する」というミッションを掲げ岡本さんが事業を大きく成長させてくださったからこそ，私たちは学術の知見をビジネスの舞台に活かすというチャレンジができました．最後に，休日にもかかわらず部屋に籠って執筆作業を行う私を支えてくれた妻の梢と息子の創太に感謝します．ありがとうございました．

索　引

英字

A/B テスト 251
accuracy_score 178
AIDMA モデル 138
any 56
astype 65
AUC 169

boxplot 62

concat 55
CRISP-DM 5
CVR 86

DataFrame 52
DataFrameGroupBy 72
Dataset 220
datetime 112
D-DRIVE iv
DecisionTreeClassifier 178
DEFP iv
describe 59
drop_duplicates 74
dtypes 54
duplicated 73
DX vi

EDA 50

fit 180
FMCG 22
FN 165
FP 165

GBDT 219
get_dummies 148
GI データ 38
groupby 72

head 52
hist 61

info 58
IoT 26
IQR 63
isin 74
ISM 17
isnull 56

joblib 157

k-means 法 245
KPT 11
k-分割交差検証法 172

LightGBM 219
lightgbm 220
loc 58
LogisticRegression 201

Matplotlib 51

notna 57
notnull 73
NumPy 51
nunique 56

OODA ループ 28
Optuna 222

Pandas 51
PBL iv
PDCA サイクル 23
PEP8 61
pie 79
plot_tree 178
POP 21
POS データ 19
predict 181, 222
predict_proba 181
PREP 法 120
print 55
p 値 107

random_state 179
roc_auc_score 178
ROC 曲線 168
ROI 21
RPG 9

scatter 90
Scikit-learn 178
scipy.stats 107
Series 55
shape 53
size 55
sklearn 178
SKU 24
sort_index 80
StandardScaler 198, 204
sum 73

tail 52
TN 166
TP 165
train 221
train_test_split 178
ttest_ind 107
t 検定 107

unique 55

value_counts 58
VMD 21

Web マーケティング 17

YWT 11

あ

アソシエーション分析 111
アップセル 238
アンサンブル 212
異常値 144
一般化線形モデル 206
因果推論 252
インサイト 50
インストアマーケティング .. 17
インストアマーチャンダイジング 17
ウーダループ 28
ウェルチのt検定 107
エリア 40
エリアアウト 40
エリアアウト時刻 40
エリアイン 40
エリアイン時刻 40
エリア滞在時間 40
オプチュナ 222

か

回帰木 176
回帰分析 196
外挿 244
介入 252
過学習 170
確証バイアス 106
可視化 50
カスタマージャーニー 22
仮説 98
仮説検証型データ分析 98
課題解決型学習 iv
カテゴリ変数 60
カニバリゼーション 23
偽陰性 165
機械学習 7, 27, 140
棄却 106
疑似相関 92
帰無仮説 106
強学習器 212
偽陽性 165
偽陽性率 166
クエスト 10
区間推定 108
グリッドサーチ 182
クラスタリング 245
クリスプディーエム 5
クロスセル 238
訓練データ 141
計画購買 24
計量経済学 252
決定木 176
検証データ 141
交差検証法 172
購入 41
購入者 41, 139
勾配降下法 219
勾配ブースティング決定木 . 219
混同行列 165
コンバージョン区分 41
コンバージョン率 86

さ

サイキット・ラーン 178
再現率 167
散布図 90
実験群 252
質的データ 60
質的変数 60
四分位範囲 63
弱学習器 212
重回帰分析 244
集団学習 212
ショッパー 16
ショッパーマーケティング .. 16
ショッパー行動解析データ .. 38
真陰性 166
人工知能 8
真陽性 165
真陽性率 167
スタッキング 215
正解率 166
正則化 199
接触 41
接触者 41, 139
接触非購入者 139
説明変数 140
線形回帰 196
相関 90
相関行列 91
相関係数 91

た

滞在 41
滞在時間 40
滞在者 41
対照群 252
対立仮説 106
多重共線性 149
多値分類 142
立寄 41
立寄者 41
棚割計画 24
ダミー変数化 148
単回帰分析 243
探索的データ解析 50
チェリー・ピッキング 106
知識の呪縛 231
ディープラーニング 27
データアントレプレナーフェロープログラム iv
データ型 64
データ関連人材育成プログラム iv
データクレンジング 7
データサイエンス 2
データドリブン 28
データマイニング 5
適合率 167
デザイン思考 32
デジタルマーケティング 17
テストデータ 141
店頭マーケティング 17
店舗マーケティング 17
統計的仮説検定 106
投資対効果 233
トータル滞在時間 40
特徴量 143
特徴量重要度 188

な

内挿 244

二値分類 142
認知的不協和 232
認知バイアス 106

は

バーチャル店舗 16
ハイパーパラメータ 182
ハイパーパラメータチューニング 182
バギング 213
箱ひげ図 62
バスケット分析 111
外れ値 63
早まった一般化 104
ハロー効果 106
汎化性能 170
販促物 21
バンドワゴン効果 106
非計画購買 24
ビジュアルマーチャンダイジング 21
ヒストグラム 61
非接触者 139
否定演算子 74
標準化 204
標準偏回帰係数 205
ビン 61
ファクトブック 125
ブースティング 214
ブートストラップ 213
ブートストラップサンプリング 213
フェース 24
ふりかえり 11, 118
フレームアウト 40
フレームアウト時刻 40
フレームイン 40
フレームイン時刻 40
フレーム滞在時間 40
分散拡大係数 206
分類木 176
併接触分析 110
ペルソナ 22
偏回帰係数 205
ホールドアウト法 171

ま

マーケティングリサーチ 17
目的変数 140
モデル 140

や

有意水準 107

ら

ランダムフォレスト 213
リアル店舗 16
リーンスタートアップ 254
量的データ 60
量的変数 60
レコメンド 19
レトロスペクティブ 118
ロングテール 62

わ

ワン・ホットエンコーディング 148

著者プロフィール

清水　隆史（しみず　たかし）

埼玉県狭山市出身．日本大学理工学部物理学科宇宙物理学専攻卒．コニカミノルタ株式会社所属シニアプロジェクトマネージャー．

新卒で就職したシステムインテグレータにて宇宙開発関連システムの技術開発・運用などに従事．その後プロジェクトマネージャ，営業，事業戦略など広範な業務を横断的に担当し，技術とビジネスの橋渡しに面白さを感じる．コニカミノルタに転籍後，2018年よりショッパー行動解析サービス「Go Insight」のサービス企画・開発・運用に従事しプロダクトマネージャを務める．現在はPMOとして横断的にDXやデータサイエンス系プロジェクトのマネジメント全般に従事，人財育成にも取り組むとともに，スクラムマスターとしてアジャイル関連の活動も行う．趣味は天体写真とサッカー観戦．

淺田　晃佑（あさだ　こうすけ）

1992年生まれ．東京工業大学数学科卒業．コニカミノルタ株式会社所属シニアデータサイエンティスト．

新卒でIT企業にて画像処理やIoT関連webアプリ，顧客基盤システムなどの開発に従事．その後データサイエンティストに転身．金融向け予測モデル，自然言語処理関連プロダクト開発に携わる．2019年にコニカミノルタに転籍．数理スキルを活かし小売向けに時系列分析による需要予測，発注量の最適化などを行っている．趣味は数学・情報科学の勉強やゲーム，美味しい飲食店の探索．

量子AI・データサイエンス叢書

実践 マーケティングデータサイエンス

—ショッパー行動の探索的データ解析と機械学習モデル構築—

2023年3月30日　第1版　第1刷　発行
2023年6月30日　第1版　第2刷　発行

著　者　清水隆史
　　　　淺田晃佑
発行者　発田和子
発行所　株式会社　学術図書出版社

〒113−0033　東京都文京区本郷5丁目4の6
TEL 03−3811−0889　振替　00110−4−28454
印刷　三和印刷（株）

定価はカバーに表示してあります．

ISBN978−4−7806−1051−2　C3034